De Vierde Dimensie

"Na het lezen van dit boek, is je kijk op het universum nooit meer hetzelfde."

Hans Peter Roel

DE VIERDE DIMENSIE

Toeval bestaat niet

N.E.X.T. Company
PUBLISHERS

Colofon

Omslagontwerp: Looney2

De Vierde Dimensie, Toeval bestaat niet
Hans Peter Roel

Tiende druk, februari 2018
ISBN: 978 9079 677 238
NUR 801

Een uitgave van:
Uitgeverij N.E.X.T. Company BV te Baarn
E-mail: info@nextcompany.nl

www.facebook.com/devierdedimensie
www.hanspeterroel.nl
www.nextcompany.nl

"Je verlaat dit leven met lege handen. Het is niet belangrijk wat je vergaart, maar wat je achterlaat."

Leef de beste versie van jezelf

Heb je wel eens stilgestaan bij de volgende twee vragen:

1. *Waarom gebeurt er wat er gebeurt?*
2. *Waarom doen mensen wat ze doen?*

Deze twee vragen hebben filosofen al eeuwenlang van de straat gehouden. Is je leven het resultaat van toevallige gebeurtenissen of zit er een geordende intelligentie achter? De antwoorden op bovenstaande vragen zijn niet te vinden in de beperkte driedimensionale wereld, zoals wij deze elke dag ervaren. Als je antwoord wilt krijgen op bovenstaande levensvragen, heb je een diepgaand inzicht in de universele wetten van de vierde dimensie nodig. Pas dan kun je de mooiste reis van je leven maken, namelijk de reis naar binnen.

Niets is zo intimiderend en tegelijkertijd zo verleidelijk als het ontdekken van een extra dimensie in je leven. Alleen al het noemen van de term "de vierde dimensie" is genoeg om direct ieders aandacht te trekken. Want mensen voelen intuïtief aan dat er meer is tussen hemel en aarde dan dat wij zien. De vierde dimensie gaat verder dan de driedimensionale wereld die we kennen en die wetenschappelijk beschreven is. We staan aan de vooravond van een nieuwe fase in de ontwikkeling van de mensheid. De vierde dimensie geeft ons inzicht in en toegang tot menselijke eigenschappen als teleporteren, helderziendheid, aura's lezen, intuïtie, reïncarnatie en gedachten lezen.

Dit boek is bedoeld om inzicht te geven in de vierde dimensie (de tijddimensie) en de wetten die daar gelden. Een van de eerste wetenschappers die zich met deze dimensie bezighield, was Albert Einstein. Hij geloofde dat God het gehele univer-

sum omvat, inclusief de wetten die het universum reguleren. Hij was ervan overtuigd dat er in dit universum niets gebeurt, zonder dat er ergens een oorzaak voor is. Toeval, zoals wij dat noemen, bestaat dus niet! Met de kwantumtheorie legde Einstein de wetenschappelijke basis om de vierde dimensie te bewijzen. Daarmee hield hij zich direct bezig met het grootste mysterie van deze planeet, namelijk hoe mensen, situaties en tijd met elkaar zijn vervlochten. Het is een groot wonder hoe de enorme informatiestromen ervoor zorgen dat mensen en gebeurtenissen in het universum op een geordende wijze met elkaar worden verbonden en hoe de informatie precies op het juiste moment beschikbaar wordt gesteld. Deze universele intelligentie noemen we *Het Veld*. Steeds meer mensen beseffen, net als Albert Einstein, dat toeval niet bestaat en dat er meer is tussen hemel en aarde dan wij met onze zintuigen kunnen waarnemen.
Als je eenmaal gelooft dat er buiten deze fysieke, driedimensionale wereld een andere, onzichtbare wereld bestaat, verandert er veel in je leven. Je ziet ineens kansen die je vroeger nooit had gezien. Je intuïtie wordt sterker en je maakt betere beslissingen. Er komt nieuwe informatie beschikbaar en het lijkt alsof er een blinddoek is afgedaan. Door bewustwording en oefening, ga je de onzichtbare patronen zien. Elke ontmoeting is een les en je gaat inzien hoe alles met elkaar is verbonden. Je emoties en je ervaringen worden rijker en er komen mensen op je pad die een boodschap voor je hebben. Je herkent de signalen die je verder helpen, waardoor het leven een stuk leuker wordt en je kunt gaan werken aan meer kwaliteit in je leven. Kortom, de vierde dimensie helpt je om in de flow van het leven te komen.

Je wordt uiteindelijk wat je denkt. Zo simpel werkt het leven. Voor velen is het heel lastig om te aanvaarden dat we met ons denken en overtuigingen bepalen wie we zijn en hoe ons leven verloopt. Maar dat maakt het niet minder waar! Mahatma Gandhi zei ooit: "*Wees de verandering die je wilt zien in de wereld.*" Er zit veel waarheid in zijn uitspraak: je bouwt door het richten van je aandacht en je gedachten je eigen werkelijkheid.

Dit boek is geschreven in romanvorm. De reden is dat mensen informatie gemakkelijker opnemen in de vorm van mythen en verhalen. Daarom is dit boek geen saaie wetenschappelijke verhandeling over kwantumtheorie en universele velden, maar gewoon een verhaal dat had kunnen plaatsvinden of dat misschien zelfs echt is gebeurd. Het is een verhaal waarin wens, werkelijkheid en fictie dwars door elkaar heenlopen, net zoals in het leven. Je gaat mee op reis met de hoofdpersoon Nick, die beide kanten van de maatschappij meemaakt. Als gevierde beurshandelaar leeft hij in luxe en heeft hij veel aanzien. Hij verliest echter alles en gaat, als hij volledig aan de grond zit, op zoek naar het geheim van het leven.

Laat je meevoeren door dit verhaal, dat je kennis laat maken met de magie van het leven. Lees het boek met een open geest en beleef de wanhoop die Nick tot het uiterste drijft. Als je voelt wat hij meemaakt, doemt ook voor jou vanuit de mist een nieuwe dimensie op. Hierdoor ontstaan er meer mogelijkheden in je leven dan ooit tevoren.

Je krijgt van professor Markowitz handvatten aangereikt om direct met de vierde dimensie aan de slag te gaan. Door direct in actie te komen, ga je de vierde dimensie ervaren en kun je de wetten die daar gelden, toepassen. Op één been kun je slechts hinkelen en niet rennen, daarvoor heb je twee benen nodig. Zie de ruimtedimensies (lengte, breedte, hoogte) als het ene been en de vierde dimensie (tijd) als het andere been. Door met ruimte en met tijd aan de slag te gaan, ga je van hinkelen naar hardlopen. Je wereld verandert op een manier die je nu nog niet kunt overzien.

Ten slotte wil ik je erop wijzen dat je dit boek niet toevallig in handen hebt gekregen, maar dat het boek voor jou een wake up call kan zijn, die je nodig hebt. Laat deze kans niet aan je neus voorbijgaan. Je bent geen lichaam met een geest, maar een spiritueel wezen dat door de tijd leeft in vier verschillende dimensies. Zet al je vooroordelen aan de kant en leef de beste versie van jezelf!

Hans Peter Roel
www.facebook.com/devierdedimensie
www.nextcompany.nl
www.hanspeterroel.nl

"Iedereen voegt iets toe aan deze wereld. Iedere ontmoeting is een les op ons levenspad."

Proloog

Mijn hele leven heb ik naar de hemel gezocht, zonder ook maar iets te vinden dat daar op lijkt. Ik had mijn zoektocht al bijna opgegeven, tot die bewuste zaterdag: 7 juli 2007, toen ik een e-mailbericht ontving van een voor mij nog onbekende afzender. Ik kon ondanks verwoede pogingen de persoon achter het e-mailadres niet achterhalen. De e-mail bevatte informatie die meer dan boeiend was, omdat ik haar niet kon verklaren. Het maakte me nog nieuwsgieriger naar de afzender van het e-mailbericht. Het eerste wat ik na het lezen deed, was de informatie op internet controleren op het waarheidsgehalte. Tot mijn verbijstering klopten de feiten, stuk voor stuk. Op het geprinte vel papier stond de inhoud van de e-mail. Aandachtig las ik de zinnen nogmaals door, maar de woorden bleven hetzelfde.

Onderwerp: Toeval of magie?

Abraham Lincoln werd in 1846 in het congres gekozen.
John F. Kennedy werd in 1946, precies honderd jaar later, in het congres gekozen.

Abraham Lincoln werd in 1861 beëdigd als president van de Verenigde Staten.
John F. Kennedy werd in 1961 beëdigd als president van de Verenigde Staten.

De namen Lincoln en Kennedy bestaan beide uit zeven letters.
Beide presidenten werden vermoord door een zuiderling.
Beide presidenten werden opgevolgd door een zuiderling.

De naam van beide opvolgers was Johnson.
Andrew Johnson, die Lincoln opvolgde, werd geboren in 1808.
Lyndon Johnson, die Kennedy opvolgde, werd geboren in 1908.

Kennedy stierf in een limousine met de naam "Lincoln".

John Wilkes Booth (drie namen), die Lincoln vermoordde, werd geboren in 1839.
Lee Harvey Oswald (drie namen), die Kennedy vermoordde, werd geboren in 1939.

John Wilkes Booth ontsnapte uit een theater en werd aangehouden in een flatgebouw.
Lee Harvard Oswald ontsnapte uit een flatgebouw en werd aangehouden in een theater.

Booth en Oswald werden beiden vermoord voor hun proces.
Kennedy en Lincoln hadden beiden mensenrechten hoog op hun politieke agenda's staan.
Beide presidenten werden gedood door een kogel in hun hoofd.
De echtgenotes van beide presidenten verloren ieder een kind tijdens hun verblijf in het Witte Huis.

Beide presidenten stierven op een vrijdag.
De secretaresse van Kennedy heette Lincoln en de secretaresse van Lincoln heette Kennedy.

De vergelijking tussen de levens van de twee beroemdste presidenten van de Verenigde Staten kreeg ik niet meer uit mijn hoofd. Is dit toeval of speelt er meer? Bestaat er een hogere, intelligente macht die volgens haar eigen systeem de wereld organiseert? Bestaat er een andere dimensie dan de bekende driedimensionale wereld om ons heen? Deze vragen lieten mij niet meer los en vormden de basis voor het schrijven van dit boek.

De e-mail kwam binnen op een moment in een periode waarin ik me grote zorgen maakte over onze planeet aarde. Grondstoffen worden uitgeput en we groeien in de komende decennia naar de tien miljard inwoners wereldwijd. De economische ontwikkeling van grote machten als China, Rusland, Brazilië en India verergeren de milieuproblematiek. Hebben we straks voldoende voedsel, energie en schoon drinkwater voor al die mensen? Het gat tussen een kleine groep rijken en een grote groep mensen die onder de armoedegrens leeft, groeit. Gelovigen van verschillende geloofsovertuigingen radicaliseren en gaan elkaar met terroristische aanslagen te lijf. Ons mooiste bezit, de planeet aarde, zijn we systematisch aan het verwoesten voor de volgende generaties. Kortom, het is tijd voor een ommekeer, voordat het te laat is.

Albert Einstein stelde dat *je een probleem niet kunt oplossen vanuit hetzelfde soort denken dat tot het probleem heeft geleid*. Dat gegeven maakte mijn onderzoek naar de universele wetten van de vierde dimensie alleen maar belangrijker. We zijn op zoek naar een verandering in ons denken, al was het alleen maar om onze planeet aarde te redden van haar ondergang. Daarvoor moeten we veranderen van een *'ik'* gerichte maatschappij naar een *'wij'* gerichte maatschappij. In een 'wij-maatschappij gaat het niet meer om materiële welvaart, maar vooral om welzijn, geluk en bewustzijn. In deze nieuwe wereld staat "ik" op de tweede plaats ten gunste van het mondiaal denken en de overkoepelende verbondenheid van mensen onderling en de verbondenheid met de natuur. Geld verdienen wordt vervangen door bewustzijnsontwikkeling, overdaad transformeert naar genoeg en bezit wordt vervangen door ons verlangen naar ervaring.

Door de e-mail met daarin de vergelijking tussen de levens van Abraham Lincoln en John F. Kennedy, groeide mijn verlangen om inzicht te krijgen in wat ons werkelijk drijft en in hoe de wereld werkt. Ik besloot om met een open vizier naar antwoorden te zoeken. Het e-mailbericht kwam niet toevallig op 7 juli 2007 op mijn pad; het getal zeven is heilig en symboliseert de kosmos. Niet voor niets was Gods schepping op dag zeven volbracht. Dit moest dus wel een belangrijk bericht voor mij zijn, misschien zelfs het belangrijkste e-mailbericht dat ik ooit heb ontvangen.
Ik besloot om mezelf af te zonderen in Parijs. Daar kon ik onderduiken in de massa mensen die de lichtstad rijk is. De wijk Montmartre heeft van jongs af aan een grote aantrekkingskracht op mij uitgeoefend. Het is alsof ik daar ooit in een vorig leven ben geweest. Ik word mijn leven lang al door een onzichtbare kracht naar Parijs toegetrokken, daar ervaar ik vrijheid en leef ik als de schrijver die op zoek is naar de ultieme waarheid. Ik slaap in de wijk Montmartre, in een klein hotel vlak naast de witte Sacre Coeur. Na de dagelijkse ochtendmeditatie zit ik de rest van de dag in het schrijverscafé Les Deux Margots op Rue Saint Germain te werken aan mijn boek.

Parijs kent een rijke historie van literaire cafés. De bekendste is het in 1875 geopende café Les Deux Margots op een van de drukste kruispunten van Parijs. Al meer dan honderd jaar is dit café een thuis geweest voor schrijvers. Velen van hen hebben hier hun boeken geschreven en met hun uitgevers de publicaties van hun werk gevierd. De Engelse dichter Arthur Symons schreef er zijn *The Absint Drinker*. Picasso ontmoette er zijn grote liefde Dora. Oscar Wilde was hier een graag geziene gast en ook de Franse filosoof Jean Paul Sartre werkte hier. In dit Parijse café, begeleid door vele koppen cappuccino en glazen rode huiswijn, worden in een blauw schrift met een harde kaft de eerste hersenspinsels over de vierde dimensie opgeschreven. Gedachten, fantasieën en inspiratie komen bij me binnen en worden als vanzelf via mijn pen in woorden en zinnen omgezet. Op de voorkant van het blauwe aantekeningenboek staat *De vierde dimensie* geschreven. Zo moet het boek gaan heten, dat is mij al vanaf de eerste dag duidelijk. Het is een verhaal over de onzichtbare wereld om ons heen, die zo bepalend is voor het succes en het geluk in ons leven, maar ook voor het voortbestaan van deze planeet. Het moet een boek worden dat inzicht geeft in de wetmatigheden die in de vierde dimensie gelden. Wij zijn tijdreizigers die zelf hun bestemmingen kiezen door de realiteit met ons denken en onze aandacht te sturen. Alleen de mensheid is in staat om de planeet aarde te redden van haar ondergang, die we overigens zelf hebben veroorzaakt.

De aantekeningen in Parijs vormden de basis van dit boek. De persoonlijke levenservaringen in de jaren tussen 2007 en 2014 maakten de receptuur van dit boek compleet en leerden mij de kracht van de vierde dimensie. Terugkijkend op de zeven (jawel!) jaren waarin dit boek in deze vorm tot stand is gekomen, kan ik stellen dat het schrijven van dit boek de meest inspirerende en intensieve periode in mijn leven is geweest. Het verhaal neemt je mee op een reis die even onvoorspelbaar is als het leven zelf. Het boek is een reis die je de wetmatigheden leert die in het universum gelden. *Het Veld* is onzicht-

baar, krachtig en bepalend voor het geluk van jou, je dierbaren en de wereld om je heen.
Ik heb haar uiteindelijk gevonden: de poort naar de hemel!
De magie van het leven heeft toegeslagen.

Hans Peter Roel
Kerstavond 2014

"Elke positieve gedachte, verhoogt de trilling in het universum."

-1-

Het is de tijd van het licht, maar tegelijkertijd is dit het jaargetijde van de duisternis: kerst 2007, waar door vele Nederlanders al maanden naar is toegeleefd. Dat geldt niet voor mij, ik heb het te druk met mijn werk gehad om ruimte in mijn hoofd te hebben voor het naderende kerstfeest. Van 's ochtends vroeg tot 's avonds laat houden de wereldwijde beurskoersen mij in hun macht. Bureau Reuters, dat zorgt voor een nauwkeurige vastlegging van de beurskoersen, is mijn grootste vriend. Als de beurzen in Japan en Hong Kong sluiten, gaan de Europese beurzen open en deze worden op hun beurt afgewisseld door Wall Street. Zo kun je dag en nacht bezig zijn met de koersgrafieken. Vandaag was het erg rustig op de beurs en daarom ga ik bij uitzondering een keer vroeg naar huis. Niets geen eindejaarsrally op de beurs. Eigenlijk is het hele jaar al één grote rally geweest en we sluiten de AEX-index dit jaar af met een "all time high". Ook voor mij is het een jaar geweest waarin geluk, geld verdienen en succes hebben gestreden om de eerste plaats in mijn leven. Maar niet alleen voor mij is het groot feest: alle aandeelhouders in Nederland en misschien zelfs wereldwijd hebben geld verdiend. Of je nu op de Dow Jones hebt belegd, op de London Stock Exchange of op de Shanghai Stock Exchange, overal is het dit jaar groot feest en vieren mensen hun rendementen. De bonussen, die aan de beurshandelaren wereldwijd dit jaar worden uitgekeerd, lopen in de vele miljarden. Voor wat de bonussen betreft, sta ik niet achteraan in de rij.

Goedgehumeurd rijd ik vanuit de gebruikelijke file op de A1 mijn woonplaats Laren binnen. Dit is ons dorp waar je op straat wordt begroet met "hé kerel" en wel op zo'n bekakte wijze dat je denkt dat het gespeeld is. Als beurshandelaar ben ik een graag geziene gast op de Gooische feestjes en naar mij wordt er volop geluisterd. Zelfs onze slager Spoelder, die al sinds 1885 gevestigd is aan de Nieuweweg in Laren, belegt sinds dit jaar in aandelen. Als ik nu op zaterdagmorgen mijn vleeswaren kom halen, begint hij steevast over de vooruitzichten op de beurs voor de komende week en of ik nog een gouden tip voor hem heb. Ik ben ook niet de vervelendste man en help hem graag. Dit kan nauwelijks misgaan, want praktisch alle aandeelkoersen kennen de weg omhoog.

Zo net voor kerst zijn er al veel huizen getooid met hun kerstverlichting. Pronken is, naast beleggen, de favoriete sport van ons prachtige dorp. Alles lijkt hier een wedstrijd te zijn, zelfs de kerstbomen en kerstverlichting in de tuinen worden afgezet tegen wat de buurman te bieden heeft. Over ruim twee weken zwaaien we het jaar 2007 uit met een knalfeest in huize Larson. De ouders van Kathleen komen tezamen met veel vrienden, champagne en vuurwerk. Het hoogtepunt van de avond is een grote verrassing voor mijn lief Kathleen. De Porsche 911 Cabrio is vorige maand al bij de importeur in Leusden besteld en wordt met een doek erover en een grote rode kerststrik thuis afgeleverd op Oudejaarsdag. De Porsche is een nieuw hoogtepunt in mijn leven dat bestaat uit rijkdom, succes en aanzien. Wie had ooit gedacht dat ik, geboren in een armoedige arbeiderswijk in Southampton, het zo ver in mijn leven zou schoppen. Wat zou de buurt van destijds opkijken als ze wisten dat de introverte, verlegen Nick zo succesvol is geworden. Ik ben geen autistische nerd, waarvoor velen mij vroeger hebben versleten, maar een briljante beurshandelaar geworden. Als dertigjarige heb ik straks twee Porsches op de oprit van mijn grote witte villa in Laren staan die symbool staan voor mijn succesvolle carrière. Kathleen krijgt de turbo-uitvoering en met dit zwarte racemonster gaan we deze zomer toeren in ons favoriete vakantieland Italië. Lekker met de kap open genieten van de oude cultuur, het lekkere eten en vooral van elkaar. De bonus van dit jaar is meer dan voldoende om de Porsche contant af te kunnen rekenen. Eerlijk gezegd zou ik van mijn bonus wel vijf stuks in de meest luxe uitvoering kunnen kopen. Zoveel rijkdom is er in mijn leven nog nooit geweest.

Mijn vader John was een Engelsman en kwam oorspronkelijk uit Southampton. Mijn moeder was geboren en getogen in de Jordaan in Amsterdam. Ze hebben elkaar ontmoet bij café Ome Jan, ergens in de Jordaan, op een zaterdagavond toen mijn vader met een drietal vrienden de hoofdstad van ons land bezocht. Het was liefde op het eerste gezicht, had mijn moeder me verteld. Na een paar jaar heen en weer te hebben gereisd, zijn mijn ouders uiteindelijk in Amsterdam getrouwd en in Southampton gaan wonen. Ze kregen een sociale huurwoning op Wellington Street 10. Pas vele jaren later ben ik ter wereld gekomen, toen ze eigenlijk hun kinderwens al hadden opgegeven. Een liefdesbaby en van harte welkom, zeker bij mijn moeder. Ik ben altijd een moederskindje geweest en ik ben tweetalig opgevoed. Mijn jeugd heb ik doorgebracht in een slechte wijk van deze grauwe havenstad. Wegens mijn introverte en schuchtere gedrag was ik een willig slachtoffer van de jonge fanatieke supporters van FC Southampton, die bij mij in de straat woonden. In elke buurt is er wel een kind het pispaaltje en ik was de speelbal van de wijk Northam. Daarom kwam ik niet veel op straat. Ik zat liever computerspelletjes te spelen, want ik was niet opgewassen tegen de rauwe mentaliteit die deze grijze arbeidersbuurt kenmerkte. Veel herinneringen aan mijn jeugd zijn door de jaren heen verdwenen, misschien heb ik ze zelfs bewust verdrongen. Maar nog altijd kan ik me de dag dat mijn vader overleed helder voor de geest halen. Ik was pas veertien jaar oud en te jong om te beseffen dat deze gebeurtenis mijn leven zou vormen. Ik dacht dat mijn vader sliep, toen ik hem opgebaard in de voorkamer zag liggen, maar niets aan hem bewoog meer. Hij maakte geen grapjes en sloeg me niet meer joviaal op mijn schouders. Misschien wordt hij vanzelf weer wakker, hield ik mezelf wanhopig voor. Wat weet een jongen van veertien nu echt over de dood? Deze gedachte hield ik gek genoeg vol, ondanks al die huilende mensen om me heen. In de computergames kwamen mijn helden tijdens een nieuw spel weer tot leven, maar het echte leven is geen computerspel.

De dag van de begrafenis was de ergste dag in mijn leven. Mijn vader was die ochtend niet wakker geworden, zoals ik 's nachts had gedroomd Zwart geklede mannen hadden de kist inmiddels gesloten, terwijl mijn moeder huilend op de vloer op haar knieën zat. Ik moest een zwart kostuum aantrekken dat veel te ruim was. Samen met mijn moeder zat ik in een zwarte auto met grijze vlaggetjes die achter de lijkwagen met mijn vader reed. Hoewel ik al bijna vijftien jaar oud was, begreep ik het gewoon niet. Een vader laat je nooit in de steek en zeker mijn vader niet! Hij was een rauwe havenarbeider, groot en sterk en kon gewoon niet doodgaan. Maar dat sterke lijf had het begeven. Tijdens zijn werk was hij in elkaar gestort en hadden ze hem niet meer kunnen reanimeren. Als kleine jongen had ik ooit met mijn armen en benen gespreid, als een vliegtuig, in zijn machtige armen door de kamer gevlogen. Maar zo groot en sterk als zijn spieren waren, zo klein was het bloedpropje dat een hartslagader had afgesloten en hem zomaar van ons had weggenomen. Mijn moeder had gegild toen de politieagent aan de deur stond, maar het had niet geholpen. Voordat hij in het ziekenhuis was aangekomen, was hij al overleden. Pas toen ik in Nederland ging wonen, besefte ik dat ik mijn geliefde vader nooit meer in levende lijve zou zien.

Want niet alleen mijn vader was ik kwijt. Een half jaar na zijn begrafenis verlieten we ons oude, vertrouwde huis in Southampton en verhuisden we naar een piepklein huisje in Amsterdam-West. Mijn moeder is haar verdere leven alleen gebleven. We hadden niet veel bezittingen, maar we hadden in ieder geval elkaar. Mijn moeder is altijd bang geweest dat mij ook iets zou overkomen dus bleef ze als een moederkloek over me waken. Mijn herinneringen gaan weer terug naar het piepkleine huisje in Amsterdam-West. Op die plaats was ik samen met mijn moeder, ondanks het gemis van mijn vader, redelijk gelukkig. In Amsterdam werd ik meer met rust gelaten en ik sloot me op de kleine zolder met mijn computer op. Vader had een klein bedrag nagelaten, waarvan we samen met een bijstandsuitkering met moeite konden rondkomen. Toch had het mij aan niets ontbroken, zo heb ik het in ieder geval niet ervaren. In ons halletje, dat het formaat van één bij anderhalve meter had, hing een oud, bronskleurig Keltisch kruis, waar mijn moeder haar handen voor vouwde elke keer dat ze er langsliep. Ze geloofde heilig dat het universum het goede met haar voor had en dat mijn vader haar vanuit een andere dimensie aan het helpen was. Gek eigenlijk dat ik nu zo net voor de kerstperiode aan haar moet denken. Mijn moeder was er altijd voor me geweest en ze heeft me bijzondere dingen

geleerd, waarover ik op school tegenover mijn vriendjes, wijselijk mijn mond hield. Voordat ik twaalf jaar oud was, kon ik tarotkaarten lezen en was ik bekend met de oude Keltische kennis. Het mediteren was er met de paplepel ingegoten en elke ochtend en avond voor het slapengaan, was er een moment van stilte. Ik leerde mantra's en bijzonder klinkende formules. Ik wist niet wat ze betekenden, maar ik was zo getraind geworden in het opzeggen, dat ik ze tot op de dag van vandaag nog kan opdreunen. Mijn moeder leerde me ook hoe ik mijn gedachtenkracht kon omzetten in de harde realiteit.
Ze had me op het hart gedrukt om hierover nooit met anderen te spreken. Doordat ze er al zo vroeg mee begonnen was, zag ik het als een normaal deel van mijn opvoeding. Eigenlijk wist ik niet beter dan dat meditatie en astrologie bij het dagelijks leven hoorden, net als taal, rekenen en geschiedenis. Als ik weerstand bood tegen de vreemde dingen die ik moest leren, zei ze altijd: dat hoort bij je opvoeding en later zul je het begrijpen.

Maar tot nu toe had ik niets van spiritualiteit begrepen. Vijf jaar geleden is mijn moeder overleden op een druilerige dinsdagmorgen, in alle vroegte en tragisch genoeg helemaal alleen. Pas veel later hadden waakzame buren haar koude, verstijfde lichaam gevonden. Ze was overleden aan een hartstilstand, had de huisarts geconstateerd en daarmee was de kous af. Ik had gehuild en ik had me nog fanatieker op mijn werk gestort. De pijn had ik weggedrukt, maar deze is nooit weggegaan. Het besef om zonder familie helemaal alleen op de wereld te zijn, benauwde me. Natuurlijk had ik Kathleen, maar dat voelde toch anders dan bloedverwanten.
Het opruimen van mijn moeders huisje in Amsterdam was een confronterende gebeurtenis geweest. Mijn jeugd kwam terug en flarden van herinneringen kwamen weer bovendrijven. Ik

zag opnieuw de boekjes met cryptogrammen die ik moest oplossen en ik heb haar tarotkaarten bewaard. In de kledingkast vond ik een pakketje met daarin een hoop brieven, die ik niet kon thuisbrengen. De brieven waren niet ondertekend en er stonden opdrachten in die mijn moeder met mij moest uitvoeren. Natuurlijk had ik willen weten wie deze brieven had geschreven en vooral waarom. Jammer genoeg was er geen enkel aanknopingspunt en mijn carrière nam destijds al mijn tijd en aandacht in beslag. Zo verzandde mijn voornemen om de herkomst van de brieven uit te zoeken. Het bronzen Keltische kruis uit de gang had ik meegenomen en bij ons in de gang gehangen. Elke keer als ik naar het Keltische kruis kijk, moet ik even aan mijn moeder denken. In de boekenkast vond ik tussen de leesboeken een oud boek met een harde, blauwe kaft, waar voorin de naam van mijn vader was genoteerd. Het boek staat nog ergens in onze boekenkast.

Mijn moeder had, naast het overdragen van oude kennis, mij altijd gestimuleerd om goed mijn best te doen op school. Ik ben gezegend met een talent voor wiskunde en cijfers. Sneller dan andere studenten doorzag ik patronen in cijferreeksen. Daarom heb ik voor een studie econometrie aan de VU in Amsterdam gekozen en ik ben daar cum laude afgestudeerd. Met zo'n achtergrond lagen de banen voor het oprapen na mijn studie. Uiteindelijk ben ik bij ABN AMRO gaan werken. Daar kwam ik met mijn cijfermatig inzicht al snel op de dealingroom van de bank terecht en ik ben zo het vak van beurshandelaar ingerold. In de dealingroom van ABN AMRO heb ik een fantastische leerschool gekregen. Al spoedig bleek dat ik sneller met cijfers was en meer werklust had dan mijn collega's. Als een droge spons zoog ik de kennis op die de oude rotten mij over het vak leerden. Ik werd snel steeds beter en handiger en legde me toe op de optiehandel en futures. Ik bleek talent te hebben in het beoordelen van de koersontwikkeling. Waar dat talent vandaan komt? Ik heb geen idee, maar mijn cijfermatig inzicht gecombineerd met mijn sterke intuïtie bleek een gouden duo te zijn op de beursvloer. Zo begon in de dealingroom van ABN AMRO op mijn vierentwintigste jaar mijn succesverhaal dat niet meer eindigt. Na drie jaar bij ABN AMRO de kost te hebben verdiend, werd ik weggekocht door de investeringsbank Morgan Stanley in New York. Daar specialiseerde ik me verder in de wereldwijde optiehandel, warrants en derivaten. Ik was een van de pioniers van deze uiterst complexe financiële high tech instrumenten die we aan verzekeraars, instituten en pensioenfondsen verkochten. Deze bankproducten waren zodanig ingewikkeld dat ik vaak dagenlang met de interne compliance- en riskafdelingen aan tafel zat om de risico's goed in te schatten. Daar kwam ik altijd als winnaar uit, zodat ik mijn volgende bonusronde veilig kon stellen. Op alle fronten was ik de medewerkers van de afdeling risk te slim af.

Wie had dat ooit kunnen denken? Het gepeste jongetje dat als een bang vogeltje op het schoolplein in Southampton in een hoekje zat, werd een briljante en succesvolle beurshandelaar, die in New York veel aanzien had verworven en een auto met chauffeur tot zijn beschikking had. Ik was in New York lid van de eliteclub voor beurshandelaren. Masters of de Universe was de naam van deze club met de best presterende beleggers van Wall Street, die elke vrijdagmiddag bijeenkwamen om te drinken, over de koersen te praten en daarnaast alles te doen wat God had verboden.

In de jaren dat ik in Manhattan in New York in een topappartement woonde, heb ik geleerd dat er altijd een meer of een beter bestaat en dat genoeg nooit genoeg is. De enorme beleggingswinsten die ik jaar na jaar liet zien, verschaften mij direct toegang tot de Raad van Bestuur van Morgan Stanley. De deur van deze topbankiers stond altijd voor mij open. Twintig procent van de winst van Morgan Stanley werd door ons team gedraaid en we werden als godenzonen behandeld. De verwachtingen werden elk jaar verder opgevoerd, maar ik had de markt mee en bijna alles wat ik en mijn team aanraakten, veranderde in goud. Mijn bonussen groeiden explosief en ik raakte elk gevoel voor realiteit kwijt. Langzaam begon ik te geloven dat ik echt een Master of the Universe was. Het gaf mijn zelfvertrouwen een ongekende kick. Terwijl al die stoere ventjes van weleer uit de Wellington Street in Southampton elke dag moesten bikkelen in de haven met als enig verzetje het wekelijkse voetbal, reisde ik de wereld rond, reed in een Porsche, had een prachtige vrouw en gooide het geld met grote hoeveelheden over de balk. Je leeft tenslotte maar één keer was mijn motto. En eerlijk is eerlijk: de jaren in New York waren de mooiste jaren uit mijn leven, maar ze kenden zeker ook een zwarte kant.

"Het zijn juist de gewone mensen, die buitengewone prestaties leveren."

-2-

Mijn Porsche draai ik langzaam de verlichte oprijlaan van onze vrijstaande witte villa op, terwijl het grind onder mijn banden knispert. Het huis bevindt zich op de grens tussen Blaricum en Laren. Het is binnen donker en ik weet dat Kathleen nog college heeft. Zij is drie jaar jonger dan ik en mijn grote liefde. We kennen elkaar al vanaf mijn negentiende jaar, we hebben elkaar ontmoet op een terras op het Leidseplein. Direct was ik smoorverliefd op Kathleen met haar lange blonde haren, slanke lijf en blauwe ogen waarin je helemaal kunt wegzinken. Haar schoonheid was verschillende jongens opgevallen, maar ik liep uiteindelijk met haar weg. Die verliefdheid is nooit meer overgegaan. Kathleen is het type vrouw waarbij mensen opkijken als ze binnenkomt. Maar ook onze karakters passen bij elkaar; ik begrijp haar en zij begrijpt mij, als ware het dat we elkaar al eeuwenlang kennen. We hebben een vaste relatie zonder dat we elkaar de vrijheid ontzeggen. Passioneel en vrijheid in gebondenheid, zo zou je onze relatie kunnen omschrijven. Soms denk ik wel eens dat we elkaar al kennen uit een vorig leven, maar dat is voor mij geen verklaarbare benadering. Ik geloof, ondanks mijn opvoeding, meer in harde cijfers, zoals data en beurskoersen, dan in een tijdloze liefde en in vorige levens. Hoe dan ook: we zijn twee handen op één buik, maken veel plezier en onze liefde heeft een magisch randje. Zo beschrijven vrienden onze relatie en daar ben ik best trots op. Misschien zelfs net zo trots als op mijn successen die ik op de beurs bewerkstellig.

We zijn wel getrouwd, maar jammer genoeg is onze relatie niet bezegeld met de komst van een kind. Jarenlang hebben we er alles aan gedaan, maar tot nu toe zonder succes. Een kind was de voorwaarde van Kathleen om met mij mee te verhuizen naar New York en haar baan hier in Nederland op te zeggen. Toen de zwangerschap niet wilde lukken, zijn we naar een gespecialiseerde vruchtbaarheidskliniek gegaan. Daar volgde een behandelreeks met exotische namen als IVF, ICSI (Intra Cytoplasmatische Sperma Injectie) en tenslotte deed Kathleen een ultieme poging om zwanger te geraken met de TESE (TEsticulaire Sperma Extractie) methode, waarbij ze met een punctie mijn zaad rechtstreeks uit mijn zaadbal halen. Het werd een lange lijdensweg die de eerste barstjes heeft gegeven in onze relatie. Ik gruwel nog altijd als ik aan de behandeling denk. Het frustreert me dat ik haar, ondanks de dure behandelingen, niet zwanger heb kunnen maken. Ik heb alles bereikt wat je kunt bereiken op de beurs, maar een kind kon ik blijkbaar niet verwekken. Dat steekt me en ik voel me daardoor minder een man. Het doet me denken aan mijn jeugd in Southampton, toen ik mezelf een grote mislukking vond. Toch verbleekt dat gevoel bij de mensonterende behandelingen die we in de kliniek moesten ondergaan. Daarom zijn we in goed overleg ook gestopt. Elke maand hadden we spanning, met telkens weer dezelfde teleurstellende uitslag. Natuurlijk begrijp ik Kathleen met haar kinderwens. Ik heb mijn werk op de beurs, maar zij zat thuis in ons appartement aan het Central Park. New York is fantastisch om te shoppen en voor haar cultuur, maar op een dag ben je klaar met winkelen en wil je iets nuttigs voor de maatschappij doen. Zeker met haar studie antropologie aan de Universiteit van Amsterdam. Het was haar door de Amerikaanse overheid verboden om te werken.

Zwanger worden was daarom haar hoogste doel geworden en dat was ons niet gelukt. Ook niet toen we uiteindelijk terugkeerden naar Nederland. Dat frustreert en is aan haar gemoedstoestand gaan vreten. Uiteindelijk moesten we ons erbij neerleggen dat het zwanger worden niet ging lukken. Ik sta weer met beide benen op de grond. De kliniek kostte ons een godsvermogen, maar kinderen kun je niet kopen. De specialist in New York vertelde dat we waren uitbehandeld, maar dat we altijd kunnen hopen op een wonder van de natuur. Ik stortte me met nog meer energie op mijn werk. Met een team bouwden we een nieuw type kredietderivaat voor Morgan Stanley met een nog hogere multiplier. De klanten stonden ervoor in de rij. Niemand kon het product doorgronden en al helemaal niet het risico dat het derivaat heeft als het misloopt, maar wij hielden wijselijk onze mond. De grote pensioenfondsen en instituten die we bedienden, dachten alleen maar aan geld verdienen en ze plaatsten de ene naar de andere grote order voor de door ons ontwikkelde CFD's.

Kathleen had een psychische tik van de behandelingen gekregen en was niet te genieten. Dat leverde veel huilbuien en spanning thuis op. Zodoende bezocht ik steeds vaker onze club Masters of the Universe. Enerzijds om de thuissituatie te ontvluchten, maar anderzijds om de spanningen en mijn frustraties te doven. In de club leerde ik cocaïne te gebruiken. Het eerste lijntje coke snuiven was spannend en verrassend. Ik voelde me direct energiek en het was alsof ik de wereld aankon en alle spanning en problemen waren verdwenen. Het gelukzalige gevoel waarin ik me letterlijk een Master of the Universe voelde, werkte verslavend. Steeds vaker gebruikte ik cocaïne en op een gegeven moment gebruikte ik het zelfs op wekelijkse basis. In mijn karakter zit besloten dat ik gevoelig ben voor verslaving, dat had ik al eerder gemerkt. Het mooiste van mijn vak als beurshandelaar vond ik namelijk de kick bij het nemen van grote risico's. Ook de kick van risico's nemen, is een vorm van verslaving. Een vlakke beurskoers is al snel saai; hoe grilliger de markt, hoe meer ik in mijn element ben en hoe meer ik met risico's kan spelen. Maar risicovol beleggen is iets anders dan drugs gebruiken. Ik wist dat drugs gevaarlijk waren, maar ik kon niet aan de drang ontsnappen om even uit de werkelijkheid weg te vluchten. De druk bij de bank en thuis was simpelweg te hoog om niet af en toe even te willen ontsnappen met behulp van een lijntje cocaïne. Ik voelde dat ik op het kantelpunt stond om echt verslaafd te raken en was eerlijk gezegd blij dat Kathleen voorstelde om terug te gaan naar Nederland, zodat ze daar een nieuwe studie sociologie aan de Universiteit van Amsterdam kon oppakken. Tot haar grote verrassing stemde ik direct toe. Mijn cocaïnegebruik had ik zorgvuldig voor haar verborgen gehouden.

Met mijn naam en reputatie had ik voldoende keuze bij de verschillende grootbanken in Nederland. Het was uiteindelijk de charme van Richard den Draaier, de CEO van het handelshuis Van Der Moolen, die mij binnenhaalde. Ik kende Richard al van Wall Street, waar Van Der Moolen als een agressief handelshuis bekend staat. Een bedrijf dat niet bang is voor een beetje risico. Van der Moolen was in 1892 opgericht en het bedrijf handelde voor eigen rekening. In Nederland waren ze gevestigd op de Keizersgracht in Amsterdam en ze deden zaken met alle grote pensioenfondsen ter wereld. Wat de doorslag gaf, was dat Van Der Moolen openstond voor de nieuwe producten, die ik bij Morgan Stanley had ontwikkeld. Ik stemde toe om terug naar Nederland te gaan en aan de wens van Kathleen tegemoet te komen. In werkelijkheid gaf de carrière move mij de kans om los te komen van de club voor beurshandelaren, die leven op spanning, drank, seks en het gebruik van cocaïne. Ik had het voorgevoel dat het in New York niet goed met me zou aflopen als ik daar zou blijven. Zo was Kathleen niet alleen mijn grote liefde, maar werd ze ook mijn grote redder. Gelukkig wist ze niets van al die praktijken die zich in de club afspeelden. Ik denk niet dat we dan nog bij elkaar waren geweest.

Door mijn overstap naar Van Der Moolen in Amsterdam sloot ik een donkere periode in New York af. Ik bezwoer om me nooit meer met drugs en andere uitspattingen in te laten en ik heb tot op de dag van vandaag me aan mijn woord gehouden. Ooit zal ik de gebeurtenissen in New York aan Kathleen opbiechten, maar daarvoor zijn de misstanden nog te vers.

New York is passé en ook mijn jaarbonussen van minimaal zestig maandsalarissen behoorden tot het verleden. Zo verruilde ik drie jaar geleden mijn hemelsblauwe Wall Street handelsjas voor het zwart-wit gestreepte jasje, die de handelaren van Van der Moolen op de Amsterdamse handelsvloer dragen. De wereldstad New York als woonplaats werd ingeruild voor het slaperige villadorp Laren. Voor Nederlandse begrippen verdien ik overigens nog altijd een astronomisch salaris, hoewel ik er flink op achteruit ben gegaan. Tegenwoordig rijd ik een zwarte Porsche en mis ik mijn vuurrode Ferrari. Ik ben overigens al bij Kroymans in Hilversum wezen informeren naar de aanschaf van een Ferrari. Misschien doe ik volgend jaar eens echt gek en schaf ik weer een vuurrode Ferrari aan. Maar ik twijfel nog. Succes mag je in Nederland niet laten zien. Zelfs voor Laren is een Ferrari op de oprit too much.

"Alles begint met een gedachte. Met onze gedachten creëren we de wereld. Zo worden we wat we denken en geloven."

Boeddha

-3-

Het is een algemeen aanvaarde waarheid dat een man zijn succes afmeet aan zijn vermogen, de schoonheid van zijn vrouw en de waarde van zijn huis. Op al deze drie vlakken ben ik succesvol te noemen. Ik zou dan ook elke ochtend met een glimlach moeten opstaan en met een glimlach moeten thuiskomen. De druk die op mijn schouders ligt, is er debet aan dat ik me niet gelukkig voel, ondanks mijn geld, Kathleen en de prachtige villa. Ik weet dat ik een tevreden mens zou moeten zijn, maar toch voelt het anders. Als ik de deur van ons huis openduw, word ik hartelijk begroet door onze kat Bibi, die blijkbaar honger heeft en daarom voor mijn voeten loopt en kopjes geeft. Ik trek de deur achter me dicht, knip het licht van de kroonluchter in de hal aan en loop door de marmeren gang naar de open keuken. Daar hang ik mijn colbertjasje over een eetkamerstoel en lees het briefje van Kathleen dat op tafel ligt:

Schat,
Ik zit op de universiteit. Ben pas na 23.00 uur thuis.

xxx

In de keuken geef ik eerst onze kat Bibi te eten, die hinderlijk kopjes blijft geven totdat haar etensbakje is gevuld. Daarna pak ik een bak rauwkost uit de koelkast en bak twee eieren. Sinds Kathleen een programma heeft gezien over hoe we met dieren en de aarde omgaan, staat duurzaamheid hoog op de huiselijke agenda. Puur en eerlijk voedsel hoort daarbij en ik doe gehoorzaam met haar mee.

Gelukkig is de wijn nog niet van het menu geschrapt, zodat ik mezelf kan verwennen met een glas dieprode Barolo wijn uit de Italiaanse streek Piemonte. Ik zet de televisie aan om naar mijn favoriete programma 'Made' te kijken. Ik ben geen echte televisiekijker, maar dit programma sla ik nooit over en zeker niet met een glas mooie wijn in mijn handen. De uitzendingen laten zien hoe sterk de kracht van de menselijke geest is. Hoewel ik als handelaar geloof in harde data, heb ik ook een andere kant die in mijn leven maar weinig aan bod komt. Het bovennatuurlijke en paranormale heeft me nooit losgelaten. Het is de erfenis van mijn moeder, maar ik praat er met niemand over, zelfs Kathleen weet van niets. Er moet in mijn overtuiging meer zijn tussen hemel en aarde dan we kunnen waarnemen met onze zintuigen. Nadat mijn moeder mij vroeger alles had geleerd, heb ik het pas in New York voor de eerste keer ervaren. Het was een heftige ervaring. Ik stond na de beurs nog even met een handelaar te praten en zag in een flits zijn begrafenis voorbijkomen. Ik schrok geweldig van de beelden, maar schonk er geen verdere aandacht aan tot ik twee weken later hoorde dat hij bij een verkeersongeluk was overleden. Toen kwamen de beelden terug en bleken ze levensecht te zijn. Ik was door deze ervaring geschrokken en wilde niets meer met mijn paranormale gaven te maken hebben. Maar je hebt het niet altijd zelf voor het zeggen. Ik wist op een avond ineens dat mijn buurvrouw ziek zou worden. Een maand later vertelde Kathleen me dat de buurvrouw ongeneeslijk ziek was. Het is vreselijk om gebeurtenissen ingegeven te krijgen die je niet wilt weten. Waar de heldere gevoelens vandaan komen, weet ik niet en wil ik ook niet weten. In mijn wereld gaat het om harde valuta, aandelen, derivaten en rendement. Mijn gevoelens van helderziendheid houd ik voor mezelf. Af en toe maak ik wel gebruik van deze gaven om te weten waar de beurs heengaat. Zo maak ik praktisch gebruik van de talenten die ik liever niet had gehad. De beursvoorspellingen kloppen niet altijd, maar ik zit vaker goed met mijn gevoel dan statistisch mogelijk zou zijn. Daarnaast schijn ik veel kracht in mijn handen te hebben, die ik gebruik om bijvoorbeeld de buikpijn bij Kathleen weg te halen als ze in haar maandelijkse periode zit. Het schijnt dat de warmte van mijn handen de pijn doet oplossen. Er is nog zoveel in de wereld wat we niet weten. Hoewel het me zeker interesseert, heb ik niet het geduld om mezelf erin te verdiepen.

Na het reclameblok start de uitzending van 'Made'. Ik ga er eens goed voor zitten. Er wordt een administrateur benaderd die werkzaam is bij een bank. In vier weken wordt de bankier omgetoverd in een stuntman om de strijd aan te gaan met drie professionele stuntmannen van topklasse. Ik kijk naar de sullige administrateur. Dat soort types lopen er bij bosjes rond bij banken. De man moet begin veertig zijn, hij ziet er enigszins suf uit met een beginnend buikje en de eerste grijze haren. In de verste verte heeft hij niet het postuur en de uitstraling van een stoere en sportieve stuntman. Het gaat hem toch echt niet lukken om na drie weken tussen de stoere stuntmannen niet als mol ontmaskerd te worden. Dat kan gewoonweg niet in zo'n korte tijd! De administrateur, die John blijkt te heten, neemt de uitdaging weifelend aan en begint de volgende dag met de fysieke training. Hij wordt door een grote, donkere kickbokser getraind in een sober bokszaaltje ergens net buiten Londen. John blijkt nauwelijks sportief te zijn, maar toont wel karakter en zet door. Alles in zijn lijf doet pijn, maar je ziet hem in de loop van de eerste week veranderen. Een heel team van specialisten en psychologen wordt ingezet om John verder te transformeren. Hij krijgt een ander kapsel, draagt sportieve kleren en krijgt steeds meer zelfvertrouwen. De spieren worden losser en sterker gemaakt. De psychologen helpen hem om zijn beperkende overtuigingen los te laten en hij begint te geloven dat hij daadwerkelijk een stuntman is. Het is wonderbaarlijk hoe een suffige administrateur in een paar weken tijd wordt veranderd in een stoere stuntman. Hij is gekleed als een stuntman, praat als een stuntman en gedraagt zich als een stuntman. Hoe sterk is onze menselijke geest wel niet als dit mogelijk is?

De tweede week leert John stuntrijden op een circuit even buiten London. Nadat John eerst met zijn rijgedrag de instructeur tot wanhoop heeft gedreven, krijgt hij door inzet en doorzettingsvermogen binnen een paar dagen tijd het slippen en stunten met auto's onder de knie. Hij spiegelt zich aan de instructeur en gaat ook hier door zijn geestelijke barrières heen.

Na drie weken is John fysiek veranderd. Het is niet te geloven hoe een mens in zo'n korte tijd een metamorfose kan ondergaan. Zijn buikje is verdwenen en John straalt het zelfvertrouwen uit van een jonge kerel, die zo in een sigarettenreclame kan acteren. In geen enkel opzicht is hij nog de ingedutte administrateur van drie weken geleden. De laatste week voor de filmopnames oefent hij het vallen bij stunts en ook daar wordt John bijgestaan door de beste specialisten ter wereld.

Na vier weken is het 'moment suprême'. Tijdens de filmopnames komen drie stuntprofessionals samen met John in actie. Ze spelen alle vier dezelfde scène uit een actiefilm: de stuntrijder komt slippend aangereden, duikt uit de auto en rent al schietend het huis in. Daar staat hij voor een open raam op de tweede etage van het huis en wordt neergeschoten. De man valt gewond achterover dwars door het raam naar beneden. De drie stuntprofessionals zijn ervaren en hebben al in vele spectaculaire actiefilms gespeeld. Een jury van drie experts, bestaande uit een bekende regisseur van actiefilms, een hoofdredacteur van het grootste filmblad van Engeland en een filmkenner, krijgen de vier filmscènes te zien en moeten kiezen wie van de vier stuntmannen de mol is. Het resultaat is verbluffend. Slechts één van deze experts haalt John eruit als de mol.

Wederom heeft het programma mijn verwachtingen overtroffen. John is binnen vier weken met behulp van intensieve training en begeleiding van specialisten getransformeerd van een gezapige bankman tot een echte stuntman met uitstraling. Waar houdt de kracht van de menselijke geest op? Blijkbaar kun je met een professionele aanpak en de juiste middelen op elk terrein een topprofessional worden. Je kunt een Master of Excellence worden op elk gebied dat je wenst. Waarom worden we dan geen Masters of Excellence op ons eigen terrein? Zou ik in vier weken iemand mijn vak kunnen leren? Met de juiste instelling en inzet denk ik van wel. Ook mijn vak werkt met codes, afspraken en een systeem. Ik leerde het vak bij de ABN AMRO topprofessionals. Waarom zou iemand geen beurshandelaar kunnen worden als hij of zij de beste mensen en technieken tot zijn of haar beschikking heeft staan? Blijkbaar werpen we onszelf grenzen op met onze beperkende overtuigingen. John had zonder hulp van de professionals nooit geloofd dat hij in slechts vier weken een stoere stuntman kon worden die deze scène zou kunnen spelen. Voor het realiseren van onze dromen is onze geest blijkbaar de grootste beperkende factor. Ik schakel de televisie uit, drink mijn laatste slok wijn en wacht op Kathleen, die nu elk moment thuis kan komen.

*"Onze vervulling ligt niet in het hebben,
maar in het zijn."*

-4-

We zijn de tovenaars van deze schepping, zo mag je dat toch wel stellen. Het is indrukwekkend wat het mensenras in de laatste eeuwen heeft bereikt. Dat is ook de reden geweest dat ik na mijn studie heb gezocht naar het geheim van succesvolle en gelukkige mensen. De hang naar filosofische vraagstukken heb ik waarschijnlijk van mijn moeder meegekregen. Al snel kwam ik tot de conclusie dat de manier om succesvol te worden, niet meer is dan de succesvolle professionals kopiëren. Dat is ook het geheim achter het programma 'Made'. Zelfs die sullige bankier kon door te trainen en zich te spiegelen aan topprofessionals binnen vier weken uitgroeien tot een stuntman van internationale klasse, zodat zelfs experts moeite hadden om hem als mol eruit te pikken. In mijn eigen carrière heb ik deze strategie vaak toegepast.

Toch speel ik ook met vragen, waarvan de antwoorden niet zo simpel te vinden zijn. Er zijn twee vragen, die zelfs na veel lezen, discussiëren en logisch nadenken onoplosbaar lijken te zijn:

Waarom gebeurt er wat er gebeurt?
Waarom doen mensen wat ze doen?

De vragen lijken oplosbaar, maar dat is schijn. De antwoorden leiden rechtstreeks naar het grote mysterie dat schuilgaat achter ons leven. Ik ben er al achter dat de antwoorden iets met ons denken en onze intentie te maken hebben. Hoe het precies werkt, dat heb ik nog niet kunnen ontrafelen. Ook de administrateur kreeg tijdens zijn training langzaamaan de overtuiging dat het voor hem mogelijk was om een stuntman van wereldklasse te zijn. Kortom, de antwoorden moeten iets van doen hebben met de menselijke geest. Al sinds mensenheugenis zijn er wijsgeren en filosofen geweest die hun leven hebben gewijd aan het doorgronden van de werking van de menselijke geest. Ik heb ze vroeger van mijn moeder allemaal moeten lezen: Plato, Socrates, Confucius, Tao en Descartes. Ze concentreerden zich op de vraag waar de grens ligt van het menselijk denkvermogen en hoeveel macht ons denkvermogen heeft. Juist ons denkvermogen en onze geest onderscheiden ons van de rest van de schepping. De mens kan zich dingen inbeelden. Waarom zijn er machtige leiders en vorsten, nu en in het verleden geweest, die in staat zijn gebleken om hun rijk te vergroten tot het veelvoudige waarmee ze ooit waren begonnen? Wat was hun geheim en hoe hebben ze dat gedaan? Aan de andere kant, waarom zijn er ook mensen die hun levensdoel vergeten en die niet in staat zijn om hun bestaan inhoud te geven? Zij zetten hun krachten verkeerd in of soms zelfs helemaal niet. Waarom weet de één iets bijzonders van zijn leven te maken en de ander niet? Is het de denkkracht die een energie aantrekt die ervoor zorgt dat alles wat je nastreeft en aandacht geeft, ook realiteit wordt?

Ik denk, nee, ik ben er zelfs van overtuigd dat de kracht van onze intentie immens is: wanneer de mens daadwerkelijk iets wil en dat nastreeft, dan zal het gehele universum zich samenspannen om hem daarbij te helpen het doel te bereiken! Dat was precies wat mijn moeder mij vroeger heeft geleerd. Als beurshandelaar heb ik deze wetenschap toegepast. Het was tevens de eerste les die ik van Willem Verbeek bij ABN AMRO heb geleerd: alles wat je aandacht geeft, groeit en alles wat geen aandacht krijgt, is gedoemd te verdwijnen. Als je de beste handelaar wilt worden, moet je jezelf invreten in de materie en met niets anders bezig zijn dan met het beleggen en met de koersen. Je moet technische analyse en fundamentele analyse beheersen en snel kunnen inzetten. Tijd is geld en als je sneller bent dan de ander kun je veel geld verdienen. Zijn wijze raad heb ik ter harte genomen; niet voor niets ben ik dag en nacht met de beurskoersen bezig en heb ik daar alles voor opgegeven. Tot in mijn vezels geloof ik dat ik ondertussen tot de beste beurshandelaren ter wereld behoor. Ik ben lid geweest van de club Masters of the Universe, waar alleen de beste handelaren op voordracht voor worden uitgenodigd. De wereld is blijkbaar een weerspiegeling van wat we geloven en waar we onze energie instoppen. Dat betekent dat we onszelf en ons leven werkelijk kunnen vormen door ons denken. Dat is het grote geheim achter succesvolle mensen, daar ben ik achter gekomen. Focus en positief denken veroorzaken positief handelen en dit zorgt weer voor positieve resultaten en nog meer focus. Dit is het cirkeltje dat elke succesvolle beurshandelaar keer op keer maakt; positieve gedachten geven je energie, waardoor je tot nieuwe daden en resultaten komt. Zo gaat de positieve successpiraal draaien en kun je alles bereiken wat je wilt. Eigenlijk is het niet zo moeilijk als je weet hoe het werkt. Niet voor niets behoren de banken tot de rijkste instituten ter wereld. Gedachten zijn onvoorstelbare krachten, deze wijsheid leerde ik ooit van mijn mentor Willem Verbeek en heb ik nauwgezet toegepast in mijn carrière. Succesvol ben ik zeker geworden, dat mag ik wel stellen. Op mijn laptop check ik nog even de koersen van Wall Street, maar de beurs is zo weinig inspirerend, dat ik direct mijn laptop weer uitzet.

Ik hoor een auto het grindpad opdraaien, dat moet Kathleen zijn. Op mijn horloge zie ik dat het kwart over elf is en ik loop naar de keuken om daar voor haar een glas wijn in te schenken. Ze begroet me met een vluchtige kus op mijn mond. Hoewel we geliefden zijn, is niet alles koek en ei tussen ons. Ik denk dat het te maken heeft met het gedoe om kinderen te krijgen, maar Kathleen vindt dat er teveel op haar schouders neerkomt. Dat neemt ze mij kwalijk. Ook ons seksleven is sinds onze terugkeer naar Nederland niet meer wat het ooit is geweest. Misschien dat de oorzaak ligt bij de mensonterende onderzoeken in de kliniek, maar het is waarschijnlijker dat de reden ligt bij ons drukke en stressvolle leven. Vaak ben ik moe van mijn werk en val ik 's avonds op de bank in slaap. Als ik niet moe ben of tot diep in de nacht werk, dan is zij wel moe of heeft ze geen zin. Daardoor blijft ons seksleven vaak beperkt tot een wekelijkse vrijpartij in het weekend, wanneer we meer tijd voor elkaar hebben en beter uitgerust zijn. We gaan samen aan de keukentafel zitten om te genieten van het glas wijn. Een afzakkertje om de dag door te nemen en dan naar bed.

Maar de laatste paar woorden die ik voor ogen had, worden een gesprek van een uur. Kathleen heeft vanavond een interactief college gehad over het onderwerp passie en heeft duidelijk de behoefte om over dit onderwerp verder te praten. Mijn zakelijke passie is duidelijk en daar leef ik ook naar, maar voor Kathleen is het een zoektocht vol met valkuilen. Nadat ze eerst haar baan als fotomodel voor mijn carrière had opgezegd en haar daarna het moederschap is ontnomen, is ze nu op zoek naar een nieuwe invulling van haar leven. Ze wilde bij onze terugkeer naar Nederland niet meer als fotomodel werken en is daarom opnieuw gaan studeren naast haar al afgeronde studie antropologie. De studie sociologie houdt haar nu bezig, maar ze heeft nog geen idee wat ze daar straks echt mee wil doen. Als ik haar vraag hoe ze het allerliefst haar dagen zou invullen, blijft het stil. Het maakt mij niet uit hoe

gek haar idee ook is, als ze er zelf in gelooft, dan heeft ze haar roeping gevonden. Dit gekke universum zorgt er uiteindelijk toch wel voor dat het realiteit wordt, dat is mijn rotsvaste overtuiging. Ik adviseer haar om op zoek te gaan naar haar hartstocht. Want als ze vol passie en liefde in het diepe springt, kan ze vliegen en ontvouwt er zich een leven wat bij haar persoonlijkheid en ziel past. Zo is het bij mij gegaan, zo werkt het bij succesvolle mensen en zo zal ook bij haar het geluk zich ontvouwen.
Maar zoeken naar je passie is als het afpellen van een ui, totdat er niets anders overblijft dan de witte kern. Kathleen fleurt op en vindt het fijn dat ons gesprek eindelijk weer eens ergens over gaat. Ze is in bed extra lief voor me en sinds onze komst in Nederland vrijen we weer eens doordeweeks. Wat houd ik toch godvergeten veel van deze prachtige meid!

"Onze ratio is te beperkt om de werkelijke kracht van het leven te begrijpen."

-5-

Alle succesvolle mensen lijken op elkaar, maar elke mislukkeling mislukt op zijn eigen wijze. Dat geldt zeker ook voor mij, net als zovelen in het gedenkwaardige jaar 2008. Maar zo'n klap zie je nooit aankomen en besef je pas achteraf.

Het jaar begint meer dan goed. We tikken in februari met de AEX-index de 520 punten aan en mijn derivaatproducten verkopen als een trein. Toch zegt mijn voorgevoel dat er iets niet klopt, maar in de roes van de winsten druk ik mijn voorgevoel naar de achtergrond. Wel komen er steeds meer negatieve berichten op de markt van beursgoeroes, die beweren dat de koersen opgeblazen zijn en dat er een stevige correctie naar beneden moet plaatsvinden. De kranten staan vol met deze doemdenkers, maar de koersen blijven onveranderd hoog. In de zomermaanden zakt de AEX-index inderdaad even terug naar 430 punten, net op mijn verjaardag. Dat is de bodem; in de technische en fundamentele analyses kan de koers alleen maar stijgen. Dit is ook het moment dat ik mijn kansen heb afgewacht om een definitieve klapper te maken. Mijn tweede les van Willem Verbeek bij ABN AMRO was ooit om als handelaar altijd anticyclisch te acteren en tegen de mening van de massa in te gaan. Als de massa verwacht dat de beurs zakt, ga ik juist met mijn derivaten inzetten op een koersstijging. En nu is de tijd rijp! De koers staat niet voor niets zo laag. Al wekenlang zie ik op zaterdagmorgen het bezorgde gezicht van slager Spoelder, die zich afvraagt wanneer hij zijn aandelen moet verkopen, maar dat toch nooit doet omdat hij te laf is om zijn verlies te nemen.

Soms is een enkel moment bepalend voor de rest van je leven. Zo'n moment heb ik op de Bahama's op 21 juli 2008. We genieten daar van onze welverdiende vakantie bij Clubmed op Columbus eiland, een klein paradijs op aarde. Een beetje sporten, maar vooral genieten van het eten, de zon, de zee en van elkaar. Voor even ben ik van de dagelijkse stress verlost, die na al die jaren op de beursvloer zijn tol begint te eisen en mij naar de rand van de afgrond brengt. Het slapen is steeds moeilijker geworden en ik voel de energie uit mijn lichaam wegstromen. Om toch aan mijn slaap te komen, slik ik slaappillen. Ik voel dat er een burn-out op de loer ligt. Op deze manier wil ik niet oud worden; vroeg sterven in het harnas vanwege een hartaanval, veroorzaakt door de onmenselijke stress die elke dag op de beursvloer heer en meester is. In het vakantieparadijs realiseer ik me dat ik het spuugzat ben om dagen van veertien uur of langer te maken. Er zijn hectische perioden waarin ik soms een nacht doortrek. In de kracht van mijn leven trek ik dat nog wel, maar ik ben net de dertig gepasseerd. Welke keuzes heb ik als er dagelijks vele tientallen miljoenen door mijn handen gaan? Tot mijn klantenkring behoren de allergrootste pensioenfondsen ter wereld, die geen boodschap hebben aan vrije tijd, maar op het juiste moment de deal willen doen. Natuurlijk had dat harde werken ook zijn voordelen. Wie kan zich immers op zijn eenendertigste jaar al een rode Ferrari 458 veroorloven? In mei heb ik hem eindelijk bij importeur Kroymans besteld. Een auto voor in de garage en voor in de weekenden. Van mijn Private Banker heb ik vernomen dat deze auto een prima investering is, die zijn waarde door de tijd heen behoudt. Zo heb ik deze investering aan Kathleen verkocht, maar als je diep in mijn hart kijkt, is het ge-

woon een nieuw 'toys-voor-de-boys' speeltje voor een man die werkelijk alles al heeft.
Toch blijven de onrustige gevoelens mijn leven beheersen. Wat heb ik straks aan een Ferrari als ik nauwelijks de tijd heb om ervan te genieten? En niet alleen voor mijn nieuwe speeltje heb ik geen tijd, ook voor Kathleen ontbreekt er voldoende tijd en dat zet onze relatie verder onder druk. Ze is een begerenswaardige vrouw die om aandacht schreeuwt. Maar het allerergste is dat ik ook voor mezelf geen tijd meer overhoud. Filosoferen, wat ik zo graag doe, schiet erbij in en zelfs de afleveringen van 'Made' gaan aan mijn neus voorbij. In deze vakantie komen alle twijfels samen. Wat heb ik aan geld, macht en aanzien als ik niet aan mijn eigen leven toekom, zo vraag ik me af. Dat is de belangrijkste les die ik meeneem van de twee weken durende vakantie op de parelwitte stranden van Columbus eiland aan de azuurblauwe oceaan. Voor even heb ik me laten onderdompelen in de stille onderwaterwereld, die zo rijk is aan veelkleurige vissen. Als ik duik, de stilte om me heen voel en de pracht van de natuur zie, ben ik pas echt gelukkig.
Op het witte strand staar ik naar de azuurblauwe oceaan en overdenk ik mijn leven. Na de vakantie zink ik weg in de dagelijkse sleur van hard werken, risico's nemen en de stresspieken die me opnieuw naar het randje van de afgrond brengen. Mijn dagen bestaan uit honderden telefoontjes, vergaderingen over nieuwe kredietderivaten en het volgen van de wereldwijde beurskoersen. Dat was het laatste jaar het geval en dat gaat ook de komende dertig jaar het geval zijn, totdat ik eindelijk uitgeblust met pensioen kan gaan. Maar de kans dat ik eerder sneuvel aan een hartaanval is groter. Mijn vader is ook niet ouder geworden dan zesenveertig jaar. Hij is mijn voorbeeld van hoe het vooral niet moet. Op het moment dat ik in een flits mijn toekomstig leven overzie, knapt er iets in mijn hoofd.

Ik wil niet net als mijn vader al jong komen te overlijden. De hectische wereld van derivaten, aandelen, opties en futures leidt me naar de afgrond. Ik wil ontsnappen uit de gouden gevangenis waarin ik verzeild ben geraakt. Het is een wereld, waarin de grote pensioenfondsen en instituten aan de touwtjes trekken ten koste van mijn vrijheid en met kans op een hartaanval. Hoewel ik altijd absurd veel geld heb verdiend, is ook mijn uitgavenpatroon extravagant geweest. Auto's, vakanties, dure horloges, een grote villa en veel uitjes hebben ervoor gezorgd dat ik weliswaar een flink vermogen bezit, maar niet genoeg om nu al te kunnen stoppen. Mijn verslaving aan risico's, geld, macht en status maakt dat ik mijn baan niet kan opzeggen en dat ik moet blijven meedoen aan het spel op de beursvloer. Ik heb gevangenismuren van geld, status en macht om me heen gebouwd, die ervoor zorgen dat ik niet meer kan ontsnappen uit de wereld van het grote geld.

Terwijl ik de Telegraaf van drie dagen geleden op het strand lees, waarin de pessimisten het weer eens voor het zeggen hebben, krijg ik een briljant idee. Kathleen ligt ondertussen met een iPod naast me te genieten van haar muziek. Waar komen inspiratie en een geniaal idee toch vandaan? Niemand die het weet. Soms heb je ineens een briljant idee en vergeet je het weer. Zo lijkt het alsof er een hogere macht met ons speelt en ons af en toe een idee toeschuift. Mijn beste beleggingsinvesteringen zijn zo ontstaan. Enfin, terwijl ik onder de parasol de financiële Telegraaf zit te lezen, krijg ik het idee om met persoonlijk geld fors in te zetten op een nieuw FTI (Financiële Termijn Index) 350-future, die Van der Moolen nu in haar verkoopassortiment klaar heeft staan voor pensioenfondsen om zich op in te schrijven. Het is een door ons team gebouwd derivaat, die de inzet vertwintigvoudigt als de AEX op 31 december 2008 boven de 350 punten sluit. Eerlijk gezegd, de kans daarop is 99,9 %. Op onze spaarrekening staat vijfhonderdduizend euro. De kans dat de AEX onder de 350 punten eindigt, is nagenoeg nihil. Dan zou de index op het dieptepunt van dit jaar nog eens 80 punten moeten wegzakken. Daarbij is er elk jaar ook nog een eindejaarsrally geweest, dus waarom dit jaar niet. Met een multiplier van twintig betekent dit dat ik aan het einde van het jaar van die vijf ton aan spaargeld, tien miljoen euro heb gemaakt en dat ik niet meer hoef te werken. Ik kan dan in vrijheid voor mezelf gaan beleggen en kom meer aan mezelf en aan Kathleen toe.

Ik kijk even naar Kathleen, die met gesloten ogen geniet van haar muziek en ik besluit het plan niet te vertellen. Ik beheer de financiën thuis en ze zal er geen erg in hebben als ik vijfhonderdduizend euro aan spaargeld inzet. Dit kan niet misgaan en ik kan haar de verrassing van haar leven bezorgen! Wat zal ze blij zijn als ik haar tijdens kerst vertel dat we multimiljonair zijn en ik mijn baan kan opzeggen en meer tijd voor haar heb. Dat is het mooiste kerstcadeau dat ik haar ooit zou kunnen geven.

Hoewel mijn voorgevoel twijfelt, druk ik deze gevoelens weg. Dit geniale plan kan niet misgaan! Het is uiteindelijk ook het verhaal dat ik aan mijn klanten vertel. Hoe langer ik erover nadenk, hoe enthousiaster ik word. Tot nu toe heb ik het altijd bij het rechte eind gehad op de beurs, dus waarom nu niet? En wie maakt er nu een rendement van tweeduizend procent in een half jaar tijd? Het addertje is dat als de koers onder de 350 eindigt, dat ik dan tien miljoen moet betalen, maar de kans daarop is verwaarloosbaar klein. Het is een briljant idee en het laat me de gehele vakantie niet meer los. Nog een half jaar hard werken en leven in de stress om dan met pensioen te gaan en zeker te weten dat ik niet op jonge leeftijd aan hartfalen kom te overlijden. Wie had dat gedacht? Op mijn eenendertigste jaar al met pensioen. Dat doen niet veel mensen mij na!

"Als toeval niet zou bestaan, waarom hebben we er dan een woord voor bedacht?"

-6-

De perfecte storm. Zo noemen ze een situatie die ontstaat als al het ongeluk samenvalt en zich ontwikkelt tot een catastrofe. Het jaar 2008 blijkt voor mij het jaar te zijn van de perfecte storm.
Na onze vakantie op de Bahama's hervat ik op maandagmorgen 11 augustus het werk op de Amsterdamse beurs. Als de beursvloer om negen uur opengaat, is er een positief sentiment en stijgt de index met vijf punten. Met het vakantiegevoel nog in mijn lijf, is dit het juiste moment om de klapper van mijn leven te maken. Nadat ik een groot Amerikaans pensioenfonds, PECON genaamd, aan de lijn heb gehad en hun voor een miljoen Euro de FTI350-future heb verkocht, boek ik 500.000 euro van mijn spaarrekening over naar mijn beleggingsrekening. De volgende dag heb ik het geld op de juiste rekening staan en kan ik zelf mijn transactie invoeren. Ik moet snel handelen, want op woensdag sluit de inschrijvingsperiode van de future en komt er een nieuwe Emerging market future voor in de plaats.

Die avond kom ik pas om elf uur thuis, terwijl Kathleen al ligt te slapen. Ik besluit om voor het slapengaan nog een glas GOOSE wodka te nemen en deze bij de open haard op te drinken. Dit doe ik wel vaker en het zijn de mooiste momenten van een dag. Het is laat op de avond, helemaal stil in huis en ik geniet van de wodka en van de rust om me heen. Geen

telefoon, beeldscherm of klant kan de stilte verstoren en ik kom even tot mezelf. Tegen Kathleen hoef ik niets over de order te zeggen die ik morgen ga plaatsen. Er is geen enkel twijfel meer bij me aanwezig om deze kans onbenut te laten. Sterker gesteld: morgen ga ik de belangrijkste transactie uit mijn leven uitvoeren. Slechts één druk op de entertoets maakt mij multimiljonair en verlost me van die slopende stress die mij ooit gaat vloeren. Ik heb aan mijn vader gezien, waartoe stress kan leiden. Hij heeft de vijftig jaar niet gehaald. Hoeveel risico loop ik daadwerkelijk? Bij het pensioenfonds PECON zijn ze toch ook niet helemaal gek; zij behoren tot de grootste pensioenfondsen ter wereld en ook zij zijn met een miljoen in dit product gestapt.
Ondanks mijn optimisme kan ik die avond de slaap maar moeilijk vatten. Een stemmetje diep van binnen maakt me aan het twijfelen. Het risico dat ik met deze transactie neem, is extreem hoog als het misgaat. Maar in de huidige markt is een AEX-index van onder de 350 onmogelijk. Ik moet me minder zorgen gaan maken en dus pak ik mijn vertrouwde blauwe, ovale pilletjes, die mijn slaapproblemen als sneeuw voor de zon doen oplossen. Morgen is het om half zeven weer vroeg dag en moet ik helemaal fit zijn om de transactie van mijn leven uit te voeren.

Op dinsdag 12 augustus om exact acht minuten over acht druk ik op de knop en schrijf ik mezelf voor vijfhonderdduizend euro in voor de FTI350-warant, die afloopt op 31 december van dit jaar. Het cijfer 8 is niet alleen voor de Chinezen een geluksgetal, maar vanaf nu ook mijn persoonlijk geluksgetal. Nu kan het niet anders zijn dan dat het goed gaat komen met deze investering. Eigenlijk moet ik de transactie melden bij de compliance-afdeling van Van der Moolen, maar ik vermoed dat ze daar niet achter komen. Er zijn strenge regels voor privé beleggingen van handelaren gemaakt om te voorkomen dat zij met voorkennis handelen. Met dit product kun je echter niet handelen met voorkennis, omdat het product aan de AEX is gekoppeld. Als ze me ervoor ontslaan, dan maakt het me niet meer uit. Aan het einde van dit jaar heb ik tien miljoen in mijn zak en ben ik vrij om te gaan en staan waar ik wil. Natuurlijk ken ik ook het risico van dit product, ik heb hem namelijk zelf gebouwd. Als de AEX dit jaar onder de grens van 350 punten eindigt, werkt de multiplier de andere kant op. Dan sta ik tien miljoen in het krijt in plaats van tien miljoen in de plus. Maar de kans op een AEX-index van onder de 350 punten is nihil, zo houd ik mezelf voor. Alleen in de crisis van de jaren dertig heeft de beurs zo'n klap naar beneden gemaakt. Maar de jaren dertig zijn voorbij en een beurskrach van die omvang gaat nooit meer gebeuren!

Eind augustus is er nog niets aan de hand en schommelt de AEX nog altijd rond de 410 punten. Ik heb voldoende speling en ben nog niet echt nerveus. Dat verandert als het op de markt bekend wordt dat het rommelt bij de hypotheken in de Verenigde Staten. Banken hebben daar op grote schaal Sub Prime hypotheken met lage, variabele rentes verkocht aan mensen, die zich dat eigenlijk niet konden veroorloven. Door de stijgende rentes komen de woningbezitters nu in de problemen en leveren ze massaal de sleutels van hun huizen in bij de banken. Zo ontstaat er druk op de huizenmarkt en kunnen de banken de huizen niet meer kwijt. Er zijn al hypotheekbanken, die in de problemen dreigen te raken. De koersen zijn onrustig en zakken vanaf begin september gestaag, dat maakt mij nerveus. Ik zit elke avond tot diep in de nacht te werken en volg de beurskoersen over de hele wereld. Het is een groot verschil of je voor grote pensioenfondsen belegt of dat je dat voor eigen rekening doet. Als de AEX begin september voor het eerst door de 400 punten grens heen zakt, slaat bij mij de paniek toe. Iets in mij zegt dat ik de grootste blunder van mijn leven ben begaan, maar ik kan niet meer terug. Ik voel me als iemand die op een klein bootje op de grote oceaan zit en de inktzwarte wolken van een naderende orkaan op zich af ziet komen. Nergens is er een schuilplek te vinden en vluchten is onmogelijk. De spanning en stress nemen met het opvolgen van de dagen en het vele slechte nieuws toe. Thuis ben ik niet te genieten, maar toch houd ik mijn kaken stijf op elkaar. Tegen Kathleen zeg ik alleen dat er veel stress op mijn werk is, wat ook daadwerkelijk het geval is. Maar de echte stress zit in de risicovolle beslissing die ik heb genomen. Met behulp van mijn blauwe vriendjes slaap ik elke nacht slechts een paar uur, maar echt uitgerust raak ik niet meer. Zelfs in het weekend ben ik afwezig en blazen we de vele feestjes af. Dit alles komt onze relatie niet ten goede.

Dan vallen begin september alle ongelukkige omstandigheden samen in de perfecte storm en gaat de rollercoaster van start. Een Amerikaanse bank waar ik veel zaken mee doe, is Lehman Brothers. Deze meer dan honderd jaar oude investment bank heeft erg te lijden onder de kredietcrisis en op 9 september 2008 verliest de bank binnen één dag 40 procent van zijn beurswaarde. Op de handelsvloer zien we de koersval gebeuren en kijken we verbijsterd naar de schermen. In paniek bel ik een paar van mijn grootste klanten om mijn eigen pakket met FTI350-future te verkopen, maar het is al te laat. De markt is onzeker, de pensioenfondsen wachten af en zetten alle nieuwe investeringen op 'on hold'. Ik kom er niet meer vanaf! De markt voor derivaten droogt razendsnel op en ik blijf met mijn pakket futures zitten.

Het ruikt op de handelsvloer naar angst en ik zie het ongeloof en de paniek in de ogen van de handelaren. De meesten hebben na dertig jaar opgaande koersen nog nooit een echte beurskrach meegemaakt. De angstige sfeer op de beursvloer voorspelt niet veel goeds voor de komende maanden en ik loop van het ene crisisoverleg naar het andere. Ongeloof is de beste omschrijving van wat ik bij mijn collega's in hun ogen zie. De stress heeft nu het alleenrecht in mijn lijf en ik ken mezelf niet meer terug. Ik ben gespannen en zelfs agressief. Ik probeer mijn rode Ferrari te annuleren, maar dat lukt me niet meer. Alleen met extra slaappillen haal ik nog een paar uur rust per nacht. In de spiegel zie ik elke ochtend de donkere wallen onder mijn ogen groter worden. Daaraan is af te meten dat het niet lang meer duurt, voordat ik de totale uitputting nabij ben.

"Ons logisch verstand is te beperkt om het leven te begrijpen."

-7-

Het regent op deze dag, zoals het op alle dagen met rampspoed lijkt te regenen. Het is een dag die nooit meer uit mijn geheugen wordt gewist. Maandag 15 september 2008 gaat de geschiedenisboekjes in als zwarte maandag. Het afgelopen weekend heb ik slecht geslapen en ben ik meer dan humeurig geweest, alsof ik aanvoelde dat mijn hoofd vandaag gedwongen op het hakblok zou worden gelegd. Mijn voorgevoel laat me ook dit maal niet in de steek. Voor de opening van de beurs om negen uur wordt bekend gemaakt dat Lehman Brothers failliet is en dat er naar een overname kandidaat voor deze bank wordt gezocht. De Amerikaanse regering heeft het nagelaten om de zakenbank te redden, zodat er geen andere optie voor de directie van Lehman Brothers overblijft dan uitstel van betaling aanvragen. Ik zie op de televisie totaal ontredderde bankiers het hoofdkantoor in New York uitlopen met een kistje met spullen onder hun arm. Het effect van het faillissement van de zakenbank op de beurzen wereldwijd is dramatisch. De AEX daalt met 40 punten en ik houd mijn adem in. In de middag volgt het nieuws dat Merrill Lynch wordt overgenomen door Bank of America voor 50 miljard dollar. Nadat Wall Street dramatisch slecht is geopend, zakt de AEX verder weg en komt met een verlies van bijna 4 % uit op 385 punten. Het is alsof ik midden in een film terecht ben gekomen en ik weet dat ik mijn futures absoluut niet meer kan verkopen. Wat onmogelijk leek, wordt door de val van Lehman ineens wel de waarheid. Ik probeer mijn futures in paniek te verkopen, maar het verlies is te groot, de marktvooruitzichten zijn te onzeker en er zijn geen kopers te vinden. Die nacht werk ik wederom door en heel even schiet het idee door mijn hoofd dat ik altijd nog voor de trein kan springen. Hoe is het mogelijk dat ik in slechts een paar maanden tijd van een van de beste en meest verdienende handelaren van Nederland regelrecht afsteven op een faillissement? Zo'n scenario kunnen schrijvers zelfs in de meest fantasierijke boeken niet bedenken.

De beurskrach overheerst de media en Kathleen heeft er begrip voor dat ik wederom een nacht doortrek. Wel maakt ze zich grote zorgen om mijn gezondheid. Als ik de telefoonverbinding met haar verbreek, loop ik naar het toilet om mijn gezicht op te frissen. Ik kijk in de spiegel naar mijn asgrauwe gezicht met donkere wallen onder mijn ogen. Hoe is het mogelijk dat ik het zo heb verkloot? Er is een gerede kans dat ik tien miljoen euro in slechts een half jaar tijd ga verliezen. En ik sleep Kathleen erin mee, zonder dat ze weet wat haar boven haar hoofd hangt. Hoe vertel ik straks aan mijn grote liefde dat haar luxe leventje voorbij is en dat alles van haar wordt afgenomen en verkocht? Ik heb nu het lef niet om naar haar toe te stappen en ik vind mezelf daarom een lafbek. Ik sta wankel van de vermoeidheid op mijn benen en loop terug naar mijn werkplek met de drie beeldschermen, die allemaal roodgekleurde cijfers laten zien. Dan val ik voor een korte tijd achter mijn beeldscherm in slaap en als ik uit mijn hazenslaapje ontwaak, zie ik dat ik niet meer de enige handelaar op de vloer ben. Een aantal collega's zit gespannen achter hun beeldscherm om te redden wat er nog te redden valt, terwijl anderen slapen.

Het harde werken heeft geen enkel effect en het slechte nieuws blijft maar komen. De volgende dag wordt voor de beursopening bekend dat de grootste verzekeraar ter wereld, AIG, door de Amerikaanse regering wordt genationaliseerd met een kapitaalinjectie van 85 miljard dollar om hen overeind te houden. Het is deze derde dinsdag in september de zwartste Prinsjesdag ooit. Terwijl de koersen verder kelderen, spreekt koningin Beatrix haar volledig achterhaalde troonrede uit en stelt dat de Nederlandse economie er relatief goed voor staat. Om zes uur stort ik in en rijd ik dodelijk vermoeid naar huis. De radio in de auto heb ik uitgezet om voor even niet geconfronteerd te worden met het ellendige nieuws. Helaas maakt de stilte me alleen maar depressiever. Ik trek snel op met mijn Porsche, die ik misschien over drie maanden kwijt ben. Niet alleen mijn Porsche ben ik straks kwijt; als alles tegenzit, heb ik helemaal niets meer. Geen auto, geen huis en geen bezittingen. Het enige dat ik dan bezit, is een schuld van tien miljoen euro en een enkeltje naar de schuldsanering. Hoe heb ik in hemelsnaam zo stompzinnig kunnen zijn om met al mijn spaargeld in dit risicovolle product te stappen? Ik ben altijd al verslaafd geweest aan het nemen van risico's, maar dat kende tot nu toe zijn grenzen. Maar met deze ene transactie heb ik meer risico genomen dan mijn polsstok lang is. Het meest verschrikkelijke is het feit dat verder nog niemand weet wat ons staat te gebeuren; Kathleen niet, mijn baas niet, mijn vrienden niet en mijn schoonouders niet. Helemaal niemand, behalve ik, zie een catastrofe van ongekende omvang op ons afkomen. Voor de tweede keer in de afgelopen dagen overweeg ik voor de trein te springen, maar nu met een meer serieuze ondertoon. Ik wijs deze optie van de hand. Met vluchten los ik niets op en maak ik het probleem alleen maar groter. Het kan nog altijd goed komen met de AEX, praat ik mezelf zonder veel overtuiging moed in.

Op 18 september kondigt de Amerikaanse regering een reddingsplan aan om de financiële sector te behoeden voor een onoverbrugbaar faillissement. Ze hebben inmiddels geleerd van de fout om niet in te grijpen bij Lehman Brothers. Het pakket heeft een omvang van 700 miljard dollar en moet ervoor zorgen dat de koersen stabiliseren. Even heb ik hoop en merk ik op dat de AEX-koers nog altijd iets boven de 350 punten ligt. Misschien word ik gered door de gong. Sterker gesteld: het aangekondigde steunpakket beurt me weer op. Deze verbetering van mijn humeur wordt weer snel tenietgedaan als blijkt dat Fortis, een van de drie banken die ABN AMRO heeft overgenomen, diep in de financiële problemen zit en dreigt om te vallen. De regeringen van België, Nederland en Luxemburg grijpen in en injecteren op 28 september 11,2 miljard euro aan nieuw kapitaal in Fortis en krijgen in ruil daarvoor 49 procent van de aandelen. Deze actie dempt het verdere puntenverlies op de AEX. Maar net als ik weer een beetje hoop begin te krijgen, wordt een dag later het Amerikaanse reddingsplan weggestemd in de Senaat. Dit is de tweede grote blunder van de Amerikaanse overheid en het voelt voor mij alsof de guillotine op het blok valt, waar mijn hoofd nog altijd op ligt. De reactie van dit besluit op de financiële markten is desastreus. De Dow Jones-index keldert met 778 punten in één dag en kent zijn grootste daling ooit. De Amerikaanse beurs sleept de AEX in zijn val mee en op 30 september zakken we met de AEX-index door de 350 grens naar een stand van 310. Dit is het grootste verlies van de AEX-index ooit. De sfeer op de beursvloer is niet te beschrijven chaotisch. Voor het eerst in mijn werkzame leven zie ik blinde paniek ontstaan zodra het bekend wordt dat er wereldwijd veel meer grote banken geïnfecteerd zijn met de verpakte, giftige CFD's. De beurskoersen kelderen verder en voor het eerst zie ik mensen huilen op de beursvloer. Ik begin tegen mijn zin mee te huilen en loop snel naar het toilet. Hoe lang houd ik dit nog vol? Ik verlies godbetert op deze ene dag 20 miljoen euro en ben in plaats van financieel onafhankelijk, failliet als deze koers zo blijft op 31 december van dit jaar. Ik kijk in het toilet naar mezelf in de spiegel en kan de harde realiteit niet geloven. Gelukkig leven we begin oktober en is het nog geen oudejaarsdag.

Op vrijdag 3 oktober geven minister Wouter Bos, premier Balkenende en Nout Wellink, de president van de Nederlandsche bank, een persconferentie. De Nederlandse overheid neemt voor 16,8 miljard euro Fortis Nederland en ABN AMRO Nederland over. Nadat er een run op de bank is ontstaan en grote instituten hun geld dreigen weg te boeken, raken zowel ABN AMRO als Fortis in liquiditeitsproblemen. De andere banken hebben inmiddels de kraan voor deze twee banken dichtgedraaid en de overheid moet direct ingrijpen om een totale catastrofe te voorkomen. Ik ben verbijsterd! Het grote, machtige ABN AMRO, waar ik ooit mijn carrière ben begonnen, is een staatsbank geworden. Voor mij is de val van ABN AMRO het bewijs dat het niet meer goed komt dit jaar. Niet alleen op de beurs is er paniek. Het openbare leven in Nederland komt tot stilstand. Misschien staat ons een depressie te wachten, met een omvang als in de jaren dertig van de vorige eeuw. De commentaren in de vele talkshows zijn sterk negatief. In het weekend leef ik teruggetrokken op mijn studeerkamer en ben ik zelfs op apathisch gedrag te betrappen. Gelukkig is Kathleen naar een vriendin in Groningen, waardoor mijn wanhoop niet teveel opvalt. Ik kan maar niet geloven dat dit mij overkomt en het lijkt alsof ik in een film speel, waarbij de regisseur elk moment met een klap de scène kan beëindigen en ik weer terugkeer naar mijn onbezorgde en succesvolle leventje van een half jaar geleden. Maar de film is niet meer dan de harde werkelijkheid, waarbij ik geen enkele kans heb om het script ook maar iets te veranderen.

Op maandag 6 oktober gaat de 'ellende-index' nog een niveau hoger en worden de tegoeden van de IJslandse bank Landsbanki bevroren. De Britse en Nederlandse internetspaarders van Icesave, die daar miljarden aan spaartegoed hebben geplaatst, kunnen niet meer bij hun geld komen. Er dreigt een bankrun waarbij het gehele Europese financiële systeem tot op de bodem wordt afgebroken. De AEX duikt ver onder de 300 punten en ik weet dat ik aan een verloren zaak werk. De hele dag heb ik klanten aan de lijn die in blinde paniek proberen te verkopen wat er te verkopen is. Professionele beleggers die de weg helemaal kwijt zijn. Ik heb het nog nooit meegemaakt. Het lijkt wel of er een hogere macht aan de touwtjes trekt en er plezier in heeft om het financiële kaartenhuis dat in de afgelopen honderd jaar is opgebouwd in één keer in elkaar te laten storten. Weer trek ik op dinsdag wederom een nacht door, waarbij ik me rond vier uur in de nacht serieus afvraag of een mens kan doodgaan aan extreme en langdurige stress. Ik durf geen antwoord te geven op deze vraag.

*"Als je denkt dat je niet dieper meer kunt vallen,
blijkt er altijd weer een dieper gat te zijn."*

-8-

Je moet in een oorlogsgebied leven om te weten wat vrijheid is en je moet armoede hebben gekend om rijkdom te kunnen waarderen. Dat was de wijze les die ik heb geleerd van mijn opa Joop, die de Tweede Wereldoorlog heeft meegemaakt en als boordschutter van een bommenwerper de dood een paar keer in de ogen heeft gekeken. Hij wist hoe we in de Tweede Wereldoorlog voor vrijheid hebben gevochten. Maar zoals mijn opa voor vrijheid vocht toen hij oorlog had leren kennen, zo zal ik financiële onafhankelijkheid pas gaan waarderen als alles mij is afgenomen. Ik zie de inktzwarte wolken van armoede op me afkomen en weet dat er geen manier is om de naderende orkaan van tegenslag te ontlopen.

De financiële wereld is op zijn kop gezet. In de derivaten- en optiemarkt werd nog maar een paar maanden geleden, dagelijks voor meer dan honderdvijftig triljoen in de OTC-markt (over the counter deals tussen banken) verhandeld. Geen wonder dat het toptalent werd aangetrokken tot de dealingrooms van banken en op de handelsvloeren, waar hoge salarissen en onwaarschijnlijk hoge remuneraties (bonussen) te halen waren. De markt is door de val van Lehman opgedroogd en er zijn dagen dat er minder dan vijftig triljoen over the counter gaat. De telefoon rinkelt minder vaak en dat geeft mij de tijd om me steeds meer te verbazen over het onmogelijk grote risico dat ik heb genomen. Ik ben niet de enige belegger die is lamgeslagen door de crisis, die als een dikke wollen deken over de beursvloer heen hangt. Beleggers likken hun wonden en bankiers betreden met hangende schouders en naar de grond gerichte blikken hun chique bankkantoren, die met veel marmer en schilderijen door hun voorgangers zijn ingericht. De Amsterdamse Zuidas en de grachtengordel waren samen het paradijs van de Nederlandse Masters of the Universe, maar ze vertonen nu sleetse plekken en verval. De crisis zuivert de uit haar proporties gegroeide financiële branche met harde hand.

De sector is nog niet reddeloos verloren want de reddingsoperaties van de regeringen komen op gang. Op 7 oktober meldt minister Wouter Bos van Financiën na een EU-beraad in Luxemburg, dat Nederland de garantie op het spaargeld per direct verhoogt tot 100.000 euro. Een dag later maken de centrale banken in Europa, Amerika, Zwitserland, Groot-Brittannië en Zweden bekend dat ze hun belangrijkste rentetarieven met 0,5 procentpunt verlagen. Weer een dag later maken minister Bos van Financiën en president Nout Wellink van De Nederlandsche Bank (DNB) bekend dat de Nederlandse staat per direct 20 miljard euro beschikbaar stelt voor de Nederlandse financiële sector om te voorkomen dat bedrijven in de problemen gaan komen. Allemaal nieuws dat een half jaar geleden direct tot een koersexplosie had geleid, maar nu remt het hooguit de koersval. Als de ING op 19 oktober een kapitaalinjectie van tien miljard euro van de staat krijgt, bereikt de AEX-index een all time low van 220 punten. We liggen op deze dag 130 punten onder de koers die ik nodig heb om met mijn warrants in de plus te geraken. Ik ben hopeloos verloren en elke vezel in mijn lijf weet dat. Pas als de Europese regeringen aankondigen om nog eens vele miljarden klaar te zetten voor kapitaalinjecties bij banken komt er rust in de markt, maar het kwaad is al geschied. Juist op dat moment belt een overenthousiaste verkoper van Kroymans mij dat mijn Ferrari klaarstaat. Het lijkt wel of die man in het Chinees tegen me praat. Het ophalen van mijn Ferrari is wel het laatste waar ik nu behoefte aan heb. Ik word gedwongen de auto af te nemen en met mijn laatste spaargeld de openstaande rekening te voldoen.

Niet alleen de beurs bereikt zijn dieptepunt, ook onze relatie loopt in deze periode een stevige deuk op. Het vooruitzicht dat ik de rampspoed aan Kathleen moet vertellen, maakt me onredelijk, prikkelbaar en nukkig. De afgelopen maanden ben ik niet echt de liefhebbende echtgenoot geweest. Zo'n behandeling heeft Kathleen niet verdiend, maar ik kan het niet stoppen. De stress houdt me stevig in haar greep. Zo mooi als Kathleen ook is, de passie tussen ons is bekoeld. Het zachte, hemelse zoenen heeft plaatsgemaakt voor een plichtmatige kus op de mond. Ik heb geprobeerd om ertegen te vechten, maar het is me niet gelukt. Stress maakt blijkbaar meer kapot dan je lief is! De spanning op de beurs en mijn stomste beslissing ooit doen de rest. De temperatuur van onze relatie zit ver onder het absolute nulpunt als we de kerstperiode ingaan. Ik weet wel dat ik niet alleen ons vermogen, maar ook onze relatie op het spel heb gezet, maar de werkelijke consequenties dringen niet tot mij door. Die zijn nauwelijks voorstelbaar voor iemand die jarenlang in extravagante rijkdom heeft geleefd. Het naderende onheil slokt al mijn energie op en de naderende catastrofe maakt dat ik mezelf leger en eenzamer voel dan ooit tevoren. Ik heb nog met niemand over mijn problemen gesproken en dat maakt me tot een vulkaan die op uitbarsten staat. Langzaam zuigt de stress alle energie uit mijn lijf. Ik voel me net een accu die langzaam leegloopt, krachteloos wordt en niet meer bruikbaar is.

Dan is het eindelijk kerstavond, de avond waar ik al wekenlang tegenop zie. De AEX-index schommelt rond de 240 punten en er is geen enkele kans meer dat op 31 december de 350 puntengrens nog wordt bereikt. Kerstfeest 2008 is daardoor het laatste perron voor mijn faillissement en misschien zelfs van mijn huwelijk. Maar hoe vertel je een vrouw dat ze failliet is, terwijl ze net voor vele honderden euro's cadeaus heeft gekocht voor onder de kerstboom? Hoe maak je je grootste liefde duidelijk dat het over is en dat ze over twee weken niets meer bezit? Hoe breng ik haar aan het verstand dat binnen een paar maanden het huis en al onze bezittingen worden verkocht, dat ze haar studie moet beëindigen en dat we een paar jaar lang in de schuldsanering moeten zitten? Kun je van een mens verlangen om de stap te maken van de top 1 % allerrijkste personen van Nederland naar de top 5 % van de allerarmsten van ons koude kikkerland? In plaats van dat we de man met de straatkrant bij de Albert Heijn geld geven, moeten we daar zelf ons handje gaan ophouden. Kunnen we straks een maand leven van het geld dat wij er normaal gesproken in een enkel etentje doorheen jagen? Kunnen we zonder een auto leven, als je eraan gewend bent om er minimaal twee op de oprit te hebben staan? Op mijn nieuwe Ferrari staat nog geen driehonderd kilometer op de teller. Hoe vertel ik mijn vrienden dat ik niets meer bezit, als we straks überhaupt nog vrienden hebben? Is onze relatie wel opgewassen tegen nog zo'n grote klap of pakt Kathleen haar biezen? De vele vragen maken me onzeker, maar er valt niet te ontsnappen aan het naderend onheil.

De week voor kerst kopen we samen de kerstboom op de Brink in Laren. Bij de Bijenkorf heeft Kathleen nieuwe kerstversiering gekocht, zoals elk jaar heeft ze een ander thema voor in de boom bedacht en daar spendeert ze vele honderden euro's aan. Ik laat haar begaan, maar raak de druk op mijn borst niet kwijt. Op kerstavond hebben we eindelijk tijd voor elkaar. Dat is het juiste moment om haar het slechte nieuws te vertellen. Op woensdag 24 december ben ik vroeg thuis. De beursvloer is zelfs op deze feestdag even depressief als in de afgelopen drie maanden het geval is geweest en sluit om vier uur. Terwijl heel Laren en Blaricum zijn gehuld in het licht van de vrede, dooft bij mij langzaamaan het licht. Nog altijd zit ik in de ontkenningsfase. Misschien vergeten ze mijn contracten wel uit te oefenen en kom ik er op 1 januari achter dat ik op miraculeuze wijze ben ontsnapt aan de guillotine, omdat de computer door een grote storing mijn transactie heeft gewist.

Kathleen doet boven haar zwarte avondjurk aan en ik zit in mijn smoking op de bank. Al jaren kleden wij ons op deze avond extra feestelijk aan en gaan afhankelijk van de stemming naar de nachtmis. Ook vanavond is het plan om naar de Sint Jans basiliek op de Brink te gaan, maar ik waag te betwijfelen of het zover komt. Als Kathleen het slechte nieuws heeft vernomen, zal de vrede op aarde haar vergaan. Met een glas rode wijn in mijn handen zit ik op de bank voor me uit te staren en wacht op Kathleen. Wat zou ik graag willen dat ik de tijd kon stoppen op deze kerstavond. Maar de seconden van de klok op de open haard tikken onverbiddelijk verder. Kathleen komt de kamer ingelopen en ik geef haar een compliment over de avondjurk. Als ze met een glas wijn tegenover me zit, weet ik dat het moment suprême is aangebroken.

"Ieder mens die iets blijvends aan deze wereld toevoegt, maakt zichzelf onsterfelijk."

-9-

Dit wordt misschien wel de meest trieste kerstavond die ik ooit in mijn leven heb meegemaakt. Het begint met dat ene zinnetje, dat wellicht door de eeuwen heen door miljoenen mannen en vrouwen tegen hun partner is uitgesproken, als ze iets op hun kerfstok hadden.

"Schat, ik moet je wat vertellen."

Verbaasd kijkt Kathleen me aan, waarbij ik de angst in haar ogen kan aflezen. De beladen stilte in huis kun je zelfs voelen.

"Je hebt een ander," zegt Kathleen.

Ik schud mijn hoofd.

"Wat is het dan?"

De paniek klinkt door in haar stem.

"We zijn failliet," zeg ik. "Simpelweg helemaal failliet."

De loodzware woorden zijn eruit, maar ze dringen zichtbaar niet door bij Kathleen.

"Failliet?"

"Ja, ik heb met ons spaargeld op de beurs gegokt en heb verloren. Op 1 januari ligt er een claim van tien miljoen euro bij ons op de deurmat. Dat geld hebben we niet en dus wordt alles ons afgenomen."

"Je maakt een grapje! Ik geloof je gewoon niet. Je hebt met ons spaargeld gegokt? Ben je helemaal gek geworden?"

De angst in Kathleen haar ogen heeft plaatsgemaakt voor

woede.

"Failliet! Waarom weet ik dit niet?" zegt Kathleen.

"Ik wilde je verrassen."

"Dat is je dan mooi gelukt," antwoordt Kathleen op kribbige toon. "Hoe groot is de kans dat we tien miljoen euro moeten betalen?"

"Negenennegentig komma negen procent," antwoord ik.

"Wat ben je toch een godvergeten klootzak."

Kathleen staat op en loopt met fel getik van haar pumps door de kamer naar de hal.

"Ik ben naar mijn ouders en hoef je deze kerst niet meer te zien. Misschien wel nooit meer. Klootzak! Waarom heb je dit gedaan?"

Zonder mijn antwoord af te wachten, heeft Kathleen haar jas gepakt. Even later slaat de voordeur met een harde klap dicht en hoor ik haar auto van het grindpad afrijden. In haar rijstijl zit woede besloten. Nog altijd zit ik verslagen op de bank. Wat moet ik zeggen? Ik aai onze kat Bibi, die de spanning blijkbaar aanvoelt en bij mijn benen is komen zitten om me kopjes te geven. Het is doodstil in huis en dat maakt me op kerstavond alleen maar depressiever. Ik heb het flink verkloot, dat weet ik zelf ook wel. Natuurlijk heeft Kathleen gelijk. Ik ben ook een zak die ons geld erdoorheen heeft gejaagd. Beter gezegd: ons met een niet te dragen schuld heeft opgezadeld. Kathleen wist van niets en heeft niet kunnen ingrijpen of ook maar enige invloed kunnen hebben op haar toekomst. De intentie was goed, maar het lot heeft ons genekt. Met een normale beurs waren we nu multimiljonair geweest en was mijn boodschap vanavond totaal anders geweest. Nu ik heb verloren, ben ik niet alleen mijn vermogen maar misschien ook Kathleen kwijt. Ik voel de tranen opkomen en weet dat er geen stoppen meer aan is. Ik begin te huilen, zo diep treurig dat het verdriet rechtstreeks uit mijn ziel lijkt te komen. Wat heb ik in hemelsnaam gedaan en waarom treft juist mij dit lot? Mijn schouders schokken en ik laat me van de bank afglijden. Als een klein kind zit ik op de grond te huilen. Alle spanning en ellende van de afgelopen maanden komen eruit. Mijn gekrenkte ziel huilt, zoals ik alleen eerder heb gedaan bij het overlijden van mijn vader. Alles ben ik kwijt, mijn trots, ons vermogen, mijn grote liefde en misschien ook mijn baan. Hoe kan een god zo genadeloos gemeen en hard zijn? Nadat al het verdriet vanuit mijn tenen naar boven is gekomen, pak ik een glas whisky en ga weer op de bank zitten waar Bibi naast me komt liggen. Ik staar naar de fonkelende lichtjes in onze kerstboom en denk alleen nog aan de dood. Ik zie de dood ineens niet meer als een angstaanjagend laatste station waar ik niet over wil nadenken, maar als een rusthaven in deze verschrikkelijke tijden. Met een overdosis aan pillen sterf ik hier een geruisloze dood en ben ik in één klap verlost van alle problemen. Het lijkt een aanlokkelijk alternatief. Kathleen zal me de komende dagen thuis vinden en niet meer boos op me zijn. Een zelfmoord lijkt zo eenvoudig uit te voeren. Gewoon net zo lang een cocktail van whisky met slaappillen drinken, totdat ik in een eeuwige slaap val. Ik heb genoeg van die blauwe vriendjes boven liggen om een olifant plat te leggen. Met een teug giet ik de laatste slok whisky naar binnen om vervolgens een nieuw glas in te schenken en daar blijft het niet bij. Bij het vierde glas whisky voel ik me zo zielig, dat ik naar boven loop om uit het laatje van mijn nachtkastje drie pakjes met slaappillen te pakken. *Zolpidem* staat er op de verpakking met een rode stikker op het doosje met daarop de tekst: niet meer dan twee stuks per etmaal gebruiken. Met twee doosjes ben ik zonder pijn richting de eeuwige jachtvelden vertrokken, geruisloos, zonder een spoor achter te laten. Dan kan de bank de AEX-futures niet meer uitoefenen en kan Kathleen een nieuw leven beginnen. Mijn leven is mislukt, net zoals een zwerver in de vrieskou onder de brug zijn leven overdenkt en tot de conclusie komt dat het niet is geworden, waar hij ooit van had gedroomd.

Op het moment dat ik beneden op de bank naar de twee doosjes slaappillen op de salontafel zit te staren, verschijnt het gezicht van mijn moeder voor mijn geestesoog. Mijn lieve moeder die vijf jaar geleden is overleden aan leverkanker. Ze kijkt me glimlachend aan, maar zegt niets. Misschien komt het door de drank of door de geestelijke staat waar ik op dit moment in verkeer, maar ik zie mijn overleden moeder heel helder voor me. Ze is zelfs zo aanwezig dat het lijkt alsof ik haar kan aanraken. Ineens schieten de woorden weer door mijn hoofd die ze aan me heeft verteld: jij bent mijn enige kind en een profeet, dat heb ik God bij je geboorte beloofd. Hoe dikwijls heb ik vroeger van haar niet deze zin gehoord, naast het verhaal over de bijzondere wijze waarop ik op de wereld ben gezet. Ik was met vierentwintig weken veel te vroeg geboren. Ik was een prematuur die nauwelijks zeshonderdvijftig gram woog en direct in een couveuse in het universitair ziekenhuis van Southampton werd geplaatst. De kans dat ik het zou overleven was minder dan vijftig procent. Ik bleek een sterk kind te zijn en overleefde de te vroege geboorte. Dat was al bijzonder in die tijd, maar het is al helemaal uitzonderlijk dat een prematuur van vierentwintig weken zonder al te veel lichamelijke schade opgroeit tot een volwassene. Zo'n uitzonderingsgeval ben ik. Het enige dat ik heb overgehouden aan mijn te vroege geboorte is dat ik dingen zie die voor andere mensen verborgen blijven. De paranormale gaven die ik bezit en zo lang heb weggestopt, komen rechtstreeks voort uit mijn vroeggeboorte. Mijn fontanel is langer dan bij andere baby's open blijven staan en dat heeft mijn wereldbeeld veranderd. Ik ben paranormaal begaafd, zoals ze dat zo mooi in de literatuur zeggen. Andere mensen gaan er prat op als ze paranormaal begaafd blijken te zijn, maar ik stopte het weg. Maar een talent dat je wegstopt, ben je nog niet kwijt. Als ik iemand een hand geef, kan ik zijn toekomst voelen. Een enkele keer kom ik te weten dat de persoon snel komt te overlijden. Zo wist ik van mijn moeder al een jaar van tevoren dat ze dood zou gaan, zelfs nog voordat de artsen een uitgezaaide vorm van leverkanker bij haar hadden geconstateerd en ze daar zelf enige notie van had. Toch probeer ik mijn gaven weg te drukken, zoals een klein kind een hap spruitjes uitspuugt omdat de smaak niet bevalt.

De hang naar het mystieke heb ik overigens niet van een vreemde. Mijn moeder, die een sterk spirituele vrouw was, heeft bij mijn geboorte zittend op haar knieën in het ziekenhuis gebeden tot haar God.

"Mijn lieve heer," sprak ze met haar handen gevouwen naar de hemel en haar ogen gesloten. "Als u dit kind laat leven, beloof ik u dat ik hem zal maken tot een profeet."

Waarom schieten juist nu deze woorden door mijn hoofd? En waarom zie ik mijn moeder hier in de kamer zitten, waarbij het lijkt alsof ik haar kan aanraken? Is het een boodschap uit een onbekende wereld of wil mijn moeder me behoeden voor een noodlottige zelfmoord?

Van mijn taak als profeet is tot nu toe nog weinig terecht gekomen. Ik heb mijn leven laten leiden door geld, aanzien, vrouwen, drank en zelfs het gebruik van cocaïne. Als mijn gehele vermogen straks is verdwenen en ik zoveel schulden heb die ik een leven lang niet meer kan aflossen, komt de gedachte aan de profeet in mij naar boven. Maar wat moet ik met een rol als profeet? Ik ben niet eens kerkelijk opgevoed. Aan de andere kant ben ik niet voor niets als baby in leven gebleven, zeker niet om op mijn eenendertigste jaar een einde te maken aan mijn leven. Ik weet dat mijn moeder niet voor niets voor mijn geestesoog is opgedoemd, maar een boodschap met haar meedraagt. Mijn leven is niet bedoeld om als de beste beurshandelaar ter wereld te sterven, maar om er iets waardevols mee te doen voor deze wereld en voor mijn medemensen. Ik stop de slaappillen in de televisiekast weg en strompel naar boven. Daar val ik op bed neer en beland in een diepe slaap met mijn kleren nog aan. Het is de bijzonderste kerstavond geworden die ik ooit heb meegemaakt. Het keerpunt in je leven kun je niet kiezen, dat overkomt je als de tijd daar is.

"In het oneindige universum is ieder mens het middelpunt."

-10-

Op de eerste dag van de rest van mijn leven word ik met een duf gevoel in mijn hoofd wakker van het gerinkel van de telefoon die op mijn nachtkastje ligt. Ik neem op en hoor de stem van Kathleen, die de hele nacht niet heeft geslapen en deze ochtend naar huis komt om te praten. Ik stem toe, sta op en neem een douche om weer enigszins bij de mensen te komen. Aan mijn hoofdpijn af te meten, hebben de vele glazen whisky van gisterenavond er behoorlijk ingehakt. Het goede nieuws is evenwel dat ik geen slaappilletje nodig heb gehad om toch in een diepe slaap te geraken. Ik trek een donkere spijkerbroek aan en schiet een wit overhemd aan met daaroverheen een bruin colbertje met stukken op de mouwen. Als Kathleen zo thuiskomt, wil ik er niet als een verslagen hond bijzitten.

Ik eet een boterham en zet lekkere Ibiza-lounge muziek op. Nu ik nog maar een paar dagen kan genieten van alle mooie spullen om mij heen, ga ik deze tijd maximaal benutten. Het vreemde is dat het depressieve gevoel van gisterenavond is verdwenen. In niets voel ik mij nog de man, bij wie eind deze maand een rekening van tien miljoen euro op de deurmat valt. Het is altijd al mijn kracht geweest om vooruit te kijken en ik zie een nieuw leven aan de horizon verschijnen, dat misschien niet zo luxe en welvarend is, maar veel bevredigender dan ik op de beursvloer ooit heb gehad. De immense druk kan ik niet langer meer aan en ik ben blij dat ik de achtbaan vol stress en spanning verlaat, die onherroepelijk eindigt in een ziekte, een hartaanval of misschien zelfs de dood. Stress is een reuzendoder, zo heb ik pas gelezen en ik weet nu hoeveel waarheid er in deze uitspraak zit. Ik voel dat het uiteindelijk weer goed komt tussen mij en Kathleen en dat stemt me gelukkig. Ze is naast een mooie ook een bijzondere vrouw. Natuurlijk gaan we eerst samen door een diep dal, maar uiteindelijk zijn we zielenmaatjes die al eeuwen lang met elkaar zijn verbonden. Dat weet ik gewoon. Ik geloof oprecht in reïncarnatie en dat we op deze wereld komen met een doel en een reden, maar ik heb me daar nooit in het openbaar over uitgelaten. Dat past niet in de bankwereld van cijfers, aandelen, geld en macht.

Ik neem een kop koffie en ga op de bank zitten om wat te mijmeren. De eerste ontmoeting met Kathleen was intens geweest. Na ons eerste drankje hadden we beiden het gevoel dat we elkaar al een leven lang kenden en dat we samen verder moesten trekken. Iets in haar was vertrouwd, zonder dat ik daar direct de vinger op kon leggen. Kathleen is niet alleen een bijzondere, maar ook een opvallende vrouw die uitsteekt boven de massa. Ze is zo slank dat mensen denken dat ze anorexia heeft, maar dat is niet het geval. Met haar uitstekende jukbeenderen, blonde, lange haren en lange, slanke lijf is ze een vrouw waar iedere man voor omdraait. Niet voor niets heeft ze een succesvolle carrière als fotomodel gehad. Niet alleen uiterlijke schoonheid is kenmerkend voor Kathleen. Ze heeft namelijk twee grote angsten: ze kan niet in een donkere ruimte verblijven en ze heeft een claustrofobische angst voor alles wat benauwd, klein en donker is. Daarom slapen we nog iedere nacht met een brandend kinderlampje in de hoek van de slaapkamer, wat mijn inslapen niet ten goede komt. Ooit heeft Kathleen de herkomst van haar angsten laten onderzoeken door een regressietherapeute. Deze dame kwam met een bijzondere verklaring: in een ver, vorig leven, was Kathleen

een van de acht vrouwen van farao Ramses II die in het oude Egypte aan de macht was. Zij heette destijds Nefertari en ze was de grote liefde van de farao. Hoewel Ramses II al 67 jaar regeerde en oud was, hadden ze een diepe en innige liefdesband en ze inspireerden elkaar op vele vlakken. Door hun liefde voor elkaar werd Nefertari gekozen tot zijn eerste vrouw. Naast de vele privileges die dat met zich meebracht, had het ook een keerzijde. Als de farao mocht sterven, werd Nefertari naast het levenloze lichaam van de farao, levend in een kist begraven. Op een dag was het zo ver en overleed de Farao in een nacht waarin het volle maan was. Het Egyptische volk was diep bedroefd en zijn vrouwen waren ontroostbaar. De farao had de afgelopen jaren een grafkamer laten bouwen in het dal van de koningen en na zeventig dagen werd de farao door de hogepriesters met fakkels de grafkamer ingedragen. Met zijn gebalsemde lijf, gouden vingers en tenen en een goud beschilderd dodenmasker was hij klaar om in het hiernamaals een god te worden. Dat was tenminste het geloof van de oude Egyptenaren.

Vlak achter de draagbaar liepen zijn in het zwart geklede vrouwen met zijn eerste vrouw Nefertari voorop. Zij was ontroostbaar, omdat haar grote liefde haar was ontnomen. In het hart van de 137 meter lange grafkamer stonden twee stenen graftombes. In de rechtertombe werd de farao gelegd en daarna sloot het zware stenen deksel zijn gemummificeerde lichaam af. In de linker graftombe werd de levende Nefertari gelegd, die zich uit alle macht verzette, maar geen verweer had tegen de vele handen die haar terugduwden in de kist. Ook de graftombe met de nog levende Nefertari werd zorgvuldig met een zware stenen deksel afgesloten. Zo was het volk er zeker van dat de farao op zijn reis naar de godenwereld werd vergezeld door zijn geliefdste vrouw. De Egyptenaren lieten veel goud, sieraden en beeldjes van landarbeiders in de graftombe achter, zodat zij deze konden meenemen op hun reis naar het hiernamaals. De hogepriesters vertrokken uit de grafkamer en sloten deze hermetisch af, zodat niemand ooit meer bij Ramses II en zijn grote liefde zou kunnen komen. Nefertari stierf een verschrikkelijke dood in de donkere graftombe, waar niet uit te ontsnappen was. Doordat er nog verse lucht door de kieren kon binnenkomen, ging het stervensproces langzaam. Een afschuwelijke dood die je zelfs je ergste vijand niet gunt. Zo liggen liefde en dood soms pal naast elkaar. In de graftombe ontstond in de laatste dagen van Nefertari haar angst voor donkere en kleine ruimtes, die tot in het diepste van haar ziel werd gekerfd. De therapeute wist te vertellen dat de oude ziel van Nefertari in Kathleen huist. Zo is haar angst in dit leven voor kleine en donkere ruimtes verklaarbaar en terug te voeren naar de tijd van farao Ramses II. Door terug te gaan naar haar verleden kan Kathleen haar fobieën oplossen, maar tot nu toe heeft ze niet de moed gehad om in therapie te gaan. Zodoende slapen we nog altijd met het licht aan.

Kathleen komt rond elf uur thuis en we gaan tegenover elkaar op de bank zitten. Haar ogen zijn rood doorlopen. Ze is een oude ziel en ik vermoed dat ze zich realiseert dat haar leven geruïneerd is door mijn verslaving aan risico's.

"Hoe gaan we nu verder?" vraagt ze.

"Ik weet het oprecht niet," is mijn antwoord.

"Zijn we alles kwijt?"

"Ik ben bang van wel," verzucht ik. "En meer dan dat. We hebben een grote schuld."

Het is stil in de kamer van onze villa op deze eerste kerstdag, waar de kerstsfeer ver is te zoeken. Ik weet dat dit gesprek bepalend is voor de rest van onze relatie. Als Kathleen er nu de brui aangeeft, komt ze nooit meer terug op haar beslissing en ben ik naast mijn vermogen en baan, ook nog eens mijn grote liefde kwijt.

"Wat ben je van plan?" vraagt Kathleen.

"Ik stop met handelen op de beurs en ga doen waarvoor mijn leven is bedoeld."

"Wat is dat precies?"

"Dat weet ik nog niet, maar mijn moeder heeft ooit gezworen dat ik een profeet zou worden. Een man die een nieuwe tijd aankondigt, is datgene dat telkens in me opkomt."

Weer is het stil in de kamer en ik hoor de hersenen van Kathleen bijna kraken.

"Ik blijf bij je," zegt ze ten slotte.

Het lijkt wel of er geen woorden uit haar mond komen, maar parels, goud en diamanten tegelijkertijd.

"Wij zijn tenslotte zielenmaatjes en dat betekent dat we elkaar steunen in voorspoed en in tegenspoed. Nu je de keuze hebt gemaakt om je baan op te zeggen, blijf ik bij je. Er komt voor ons een heel moeilijke tijd aan, maar we gaan er uitkomen door elkaar te steunen. Je bent een bijzonder mens en hebt deze ervaring waarschijnlijk nodig om op het juiste pad te geraken. Ik steun je en we gaan van de kerst genieten, nu het nog kan."

Haar laatste woorden hoor ik niet meer. Ik huil opnieuw, maar nu van geluk omdat Kathleen bij me blijft. Zij geeft mij het gevoel dat we samen de grote problemen gaan overwinnen. Er is niets wat belangrijker is in dit leven dan de liefde. Dat besef komt nu meer binnen dan ooit tevoren. Kathleen is naast me komen zitten en kruipt tegen me aan. We huilen allebei van de spanning, het geluk en het feit dat we elkaar weer hebben gevonden.

"Alleen degene die het aandurft om te falen,
krijgt de kans om te slagen."

John F. Kennedy

-11-

Op vrijdag 2 januari 2009 gaat om kwart over acht mijn mobiele telefoon, die ik precies na drie keer rinkelen, opneem. Ik ben al een uur op mijn werk en heb op dit telefoontje gewacht. Een stem aan de andere kant van de lijn vraagt me om direct op kantoor langs te komen om iets uit te leggen. Ik herken de zure toon van de stem van Frederick Nouwens van Erven. Direct raak ik in de stress. Misschien hoef ik zelf mijn ontslag niet meer in te dienen, maar krijg ik deze vanuit Van der Moolen. Tussen kerst en Oud en Nieuw hadden we niets meer over de AEX-future gezegd, alsof we de stilzwijgende afspraak hadden gemaakt om alle ellende buiten de deur te parkeren. In deze periode was ik vrij geweest, maar ik had wel gezien dat de AEX op 31 december op een slotkoers van 245,95 punten was geëindigd. Daarmee was het vonnis geveld en was ik persoonlijk failliet verklaard. Direct op mijn eerste werkdag in het nieuwe jaar belt de hoogste Risk en Compliance baas van Van der Moolen om mij uit te nodigen om even langs te komen. Ik pak een kop koffie en loop van de handelsvloer weg naar boven, waar het ruime kantoor van Frederick Nouwens van Erven is gevestigd.

Tot mijn verrassing zit niet alleen Frederick aan de directietafel, maar ook Richard den Draaier, de Chief Executive Officer van Van der Moolen, is aangeschoven. Voor hen ligt een lichtbruine dossiermap midden op de tafel. Ik ga aan de overkant van de directietafel zitten.

"Nick, ik heb een paar vragen voor je," zegt Frederick op een formele toon, terwijl hij me subtiel de dossiermap toeschuift. Niets geen beste wensen voor het nieuwe jaar, alleen twee strak kijkende gezichten en een bruine dossiermap, waar de harde feiten in zijn opgeslagen. Het nieuwe jaar had niet slechter kunnen beginnen. Natuurlijk weet ik al hoe laat het is, maar toch ben ik gespannen vanwege de exacte inhoud van de map. Ik sla het bruine dossier open en zie daar de computeruitdraaien van de door mij aangeschafte Futures.

"Wat betekent dit?" vraagt Frederick.

"Dat is een transactie die ik in augustus heb uitgevoerd."

"Ja, dat zie ik ook. Je hebt een meldingsplicht, Nick. Handelaren zijn niet bevoegd om voor zichzelf transacties uit te voeren zonder Compliance daarover in kennis te stellen. En jij bent geen uitzondering."

Ik knik. Als geen ander weet ik dat ik deze transactie nooit had mogen uitvoeren, zonder de afdeling Risk en Compliance in kennis te stellen.

"Weet je wat deze transactie voor jou betekent? Met een slotkoers van de AEX van 245 punten heb je tien miljoen euro verloren, die vandaag van je rekening wordt geïncasseerd. Heb je dat geld daarop staan?"

Ik schud langzaam mijn hoofd. In de verste verte heb ik dat bedrag niet op mijn rekening staan.

"Naast dat je je niet aan onze strikte procedures houdt, neem je ook nog eens onverantwoordelijke risico's. Voor zo iemand is geen plaats bij ons handelshuis. Je bent bij deze op staande voet ontslagen en we gaan het bedrag van tien miljoen via ons bedrijf Solventie uitwinnen."

Ik ken Solventie maar al te goed. Het is een bedrijf dat Van der Moolen inschakelt bij beleggers die zich hebben vergalop-

peerd en hun aangegane verplichtingen niet kunnen nakomen. Af en toe heb ik ze voor klanten van mij ingeschakeld en zodoende weet ik dat ze snel en keihard opereren om de schade voor Van der Moolen zo beperkt mogelijk te houden. Vanaf nu gaat mijn leven er anders uitzien.
Richard staat op en geeft me een hand.

"Ik heb je destijds aangenomen Nick, maar ik had nooit gedacht dat je zoveel risico zou nemen. Je gaat een zware tijd tegemoet. Sterkte."

Daarna draait hij zich om en verlaat hoofdschuddend de kamer van Frederick.

"Je hebt tien minuten om je persoonlijke spullen te pakken en je toegangspas, tankpas en je telefoon bij mij persoonlijk in te leveren. Je ontslagbrief gaat via onze advocaat."

Niets geen compassie of iets van een gevoel dat er bij Frederick speelt. Als een robot voert hij zijn taken uit, net als zovelen die zichzelf hebben verloren in hun baan of in hun rol en denken dat ze de functie zijn in plaats van dat ze de functie uitvoeren. Ik doe wat me is opgedragen en neem afscheid van mijn collega's die in shock zijn. In plaats van de allerbeste wensen voor het nieuwe jaar horen ze dat een collega per direct is ontslagen, nog voor de beurs in het nieuwe jaar opengaat. Maar ik maak me geen illusies; binnen een paar uur zijn ze me vergeten en wordt hun aandacht opgeëist door de hectiek van alledag. Ik ben niet meer dan een voorbijganger in hun zakelijke leven, dat is gericht op geld verdienen en bonussen binnenhalen. Ik leg wat boeken, de trofeeën en foto's in mijn aktetas en loop naar de kamer van Frederick om daar de toegangspassen en telefoon in te leveren. Frederick loopt zwijgzaam met me mee naar de uitgang om zich ervan te vergewissen dat ik het grachtenpand heb verlaten. Een koele, zakelijke hand is het laatste wat ik krijg van het handelshuis Van der Moolen.

De sterkte die Richard me toewenste, kan ik goed gebruiken. Ik ben nog niet thuis of het circus begint te draaien. Als ik een boodschap in het dorp ga doen, kan ik niet meer pinnen, omdat Solventie direct alle bankrekeningen met tegoeden heeft geblokkeerd. De postbode verschijnt laat in de middag aan de deur met een aangetekende brief. Het is een aanmaning om binnen vierentwintig uur tien miljoen euro alsnog op een tussenrekening bij Van der Moolen te storten. Als dat niet gebeurt, wordt het persoonlijk faillissement aangevraagd bij de rechtbank. Zo trekt er langzaam een zwarte deken over ons leven heen. De volgende ochtend staat de postcode wederom met een aangetekend schrijven op de stoep. Nu is het mijn ontslagbrief op staande voet, omdat ik me niet aan de Compliance-richtlijnen van Van der Moolen heb gehouden. Ik kan het ontslag aanvechten, maar er is weinig hoop op succes. Voor beurshandelaren gelden strenge procedures met forse straffen als je de regels overtreedt. Ik weet ervan en ik heb ervoor getekend. Het niet melden van een privé-transactie is een doodzonde met ontslag op staande voet als sanctie.

Het weekend praat ik met Kathleen en ik merk dat we elkaar opbeuren en er zelfs grapjes over maken. Humor blijkt het meest effectieve middel tegen de stress te zijn van een persoonlijk faillissement. Zolang we er beiden niet aan onderdoor gaan, is er nog hoop. Het voordeel is dat ik niet meer van 's ochtends vroeg tot 's avonds laat hoef te werken en dus tijd heb om na te denken over wat me is overkomen. De analyse verschijnt scherp in mijn gedachten. Mijn grootste angst is altijd geweest om te falen en juist dit is nu werkelijkheid geworden! Hoeveel meer kan een mens falen dan dat hij op staande voet wordt ontslagen, niet meer kan pinnen en binnen enkele weken alles van hem wordt afgenomen? Gelukkig heb ik Kathleen nog, maar hoe kon het zo ver komen? Ik ben in vergelijking met mijn collega's nauwkeurig en werklustig en ben altijd heel goed in mijn werk geweest. Ik kreeg dingen sneller voor elkaar dan de anderen en bijna alles wat ik aanraakte, veranderde direct in goud. Hoe pijnlijk het afwikkelproces nu al is, het wordt alleen nog maar pijnlijker de komende maanden.

Op zondag is het rustig, maar maandagmorgen staat opnieuw de postbode op de stoep van onze villa met wederom een aangetekende brief. Nu is het een brief van de kantonrechter met het verzoek om vrijdag op de zitting te verschijnen, waarin mijn persoonlijke faillissement wordt uitgesproken. Nog nooit heb ik me voor de rechter moeten verantwoorden, zelfs niet als getuige. Eén keer moet de eerste keer zijn in de rechtbank, grap ik tegen Kathleen.

De jolige stemming slaat om als ik vrijdagmorgen ook daadwerkelijk voor de rechter in de rechtbank van Utrecht sta. Het is een standaardzitting, waarin binnen een kwartier door een ongeïnteresseerde rechter het vonnis wordt uitgesproken. Ik ben persoonlijk failliet en ik sleep Kathleen daarin mee omdat ze ooit heeft getekend voor de gezamenlijke bezittingen, maar ook voor de gezamenlijke schulden! Zeker nu de crisis in volle gang is, hoef ik als beurshandelaar niet te veel op clementie van de rechter te rekenen. Misschien heeft hij zelf wel veel geld verloren op de beurs en ziet hij, net als de rest van Nederland, de banken en de snelle beursjongens als hoofdschuldigen aan deze economische ellende. Hoe het ook zij: ik behoor nu tot de top één procent armste Nederlanders met de meeste schulden. Mij rest niets anders meer dan aanspraak te maken op de wet voor schuldsanering, in ambtelijke taal de wet WSNP genoemd.

"Het leven begint aan de andere kant van de wanhoop."

Jean-Paul Sartre

-12-

Een schreeuw van wanhoop treedt het oneindige universum tegemoet. Meerdere malen bid ik tot de hogere machten om mij te helpen en te steunen. Helaas blijkt het bidden en schreeuwen verspilde moeite. Hoewel ik paranormale gaven heb, kan ik daar nu niets mee. Als je denkt de bodem te hebben bereikt, is er altijd weer een dieper gat te vinden. Dat gevoel overkomt me tijdens de uitwinning van mijn faillissement. De postbode is inmiddels een vaste bezoeker met zijn aangetekende brieven. Het moet gezegd worden dat Solventie het faillissement gedegen aanpakt. De ene keer komt een opkoper de inboedel taxeren, dan stopt er weer een vrachtwagen met trailer voor de deur om onze auto's op te halen. Zo ben ik ineens aangewezen op een oude fiets en het openbaar vervoer in plaats van mijn Porsche en Ferrari. Zo treden we langzaam de wereld binnen van de sociale dienst, maatschappelijk werk en schuldhulpverlening. We gaan gezamenlijk naar de Sociale Dienst in het gemeentehuis van Laren om een schuldhulpverleningstraject te starten, dat door de ambtenaar in kwestie het minnelijke traject wordt genoemd. Gelukkig komen we in aanmerking voor de schuldsanering, zoals deze is bedoeld in de faillissementswet, zodat we na vier jaar zijn verlost van onze schulden. De schuldhulpverlener heeft het contact met Solventie en bereikt na een stevige onderhandeling een akkoord over de schuldregeling. Alles wordt ons afgenomen op een bed, een tafel met stoelen en wat persoonlijke kleding en spullen na. Binnen een week moeten we ons huis verlaten. In Laren is geen sociale woning te vinden, daarom verhuizen we naar Amersfoort, waar we een piepkleine flat in de volksbuurt Soesterkwartier toegewezen krijgen. De laatste avond voor ons vertrek maken we nog een laatste fles champagne open, die ik in de tuin had verstopt om deze uit de handen van de gieren te houden. We toasten niet om de verhuizing te vieren, maar om onszelf moed in te drinken voor de nieuwe werkelijkheid die we tegemoet gaan. En dat is niet zo'n gek idee. De muren van onze flat in het Soesterkwartier lijken wel van bordkarton. We kunnen de ruzies van de beide buren letterlijk volgen en horen in onze slaapkamer exact wanneer de buurvrouw heftig aan haar trekken komt. We leren nieuwe scheldwoorden als: teringlijer, kankerhoer en kutmarokkaan en we leren om op de aanbiedingen in de supermarkt te letten. Met dertig euro boodschappengeld per week is het geen feest aan tafel. We gaan nog net niet dood van de honger, maar daar is ook alles mee gezegd. Gelukkig krijgen we af en toe van de ouders van Kathleen wat geld toegestopt, zodat we bij een linke loetje die twee straten verderop woont, voor vijftig euro twee fietsen kunnen aanschaffen. Ook reizen we voor het eerst in twintig jaar weer met het openbaar vervoer en voelt het vreemd aan om elk dubbeltje twee keer om te draaien, voordat je het kunt uitgeven. Amersfoort is een gezellige stad met een oude middeleeuwse kern, maar winkelen zonder geld op zak is geen leuk tijdverdrijf. Zeker niet als je het altijd gewend bent geweest om uit te geven wat je wilt. Als je succesvol bent, heb je veel vrienden. Deze uitspraak klopt als een bus is onze ervaring. We hadden veel vrienden, van wie we dachten dat de vriendschapsband hecht en warm was. Maar sinds we in het Soesterkwartier wonen, blijken veel vriendschappen niet veel meer dan gebakken lucht te zijn. We zien en horen niets meer van onze voormalige vrienden en worden zo helemaal op onszelf teruggeworpen. Zo leven we tussen twee werelden in; enerzijds zijn we door de Larense scene uitgekotst, aan de andere kant voelen we ons niet thuis in de volkswijk. Je kunt gemakkelijk filosofisch over armoede praten, maar als je er zelf tot je nek toe inzit, is het een heel ander verhaal. Er is geen goed vooruitzicht. Werk zoeken heeft voorlopig geen zin; alles wat we de komende vier jaar verdienen, wordt rechtstreeks naar de rekening van Solventie overgemaakt. Vandaar dat ik, na al die jaren hard werken, het er nu even bij laat zitten. Gelukkig kan Kathleen blijven studeren omdat haar ouders zo aardig zijn om haar studie te bekostigen.

Het is allemaal mijn eigen schuld en daarom valt het me ook zo zwaar. Eén druk op de knop in augustus vorig jaar heeft ons leven geruïneerd. Pas nu ervaren we de consequenties. Het is een ijskoude februarimaand en ik weet af en toe niet meer hoe ik de dagen door moet komen. Meestal blijf ik tot tien uur liggen, voordat ik er pas uitkom en bij het treinstation de gratis Spits ga halen. Zo heb ik in ieder geval nog een krant. Wat heeft het voor zin om vroeg op te staan als je je de hele dag zit te vervelen. In de supermarkten drink ik een gratis kopje koffie.
Op een tweedehands televisie, die we van de ouders van Kathleen hebben gekregen, kijk ik naar series waarvan ik het bestaan niet eens wist. Omdat ik laat opsta, zit ik vaak tot diep in de nacht naar de televisie te staren. Het absolute dieptepunt is wel dat ik een uur lang apathisch naar onzinnige producten van Tell Sell zit te staren. Ik dank God op mijn blote knieën dat we geen kinderen hebben. Zo'n desperate leefomgeving kun je geen kind aandoen en toch zijn er heel veel kinderen in Nederland die in een dergelijke situatie opgroeien. De hele situatie trekt een zware wissel op mijn gesteldheid. Inmiddels ben ik kilo's afgevallen, eet ik nauwelijks meer en slaap door de financiële stress alleen maar slechter. Ik begrijp nu ook

waar de uitdrukking 'op een houtje bijten' vandaan komt. Inderdaad heb ik wat zoethoutstengels gekocht om 's avonds voor de buis op te kunnen kauwen. Het is mijn manier om met de hongergevoelens om te gaan. Was de domme investering dan helemaal mijn eigen schuld? Ik denk het niet. Een deel is toe te schrijven aan de omstandigheden en aan de ongelukkige tijdgeest. Het management van Van der Moolen had een bottomline aansturing. Zolang het eindresultaat goed was, kon je je gang gaan. Natuurlijk had Frederick Nouwens van Erven zitten slapen, toen ik de transactie aanging. Hij had het moeten signaleren en moeten terugdraaien. Om zijn eigen hachje te redden, heeft hij me hard aangepakt. Ik was een risico voor zijn carrière, zodat hij me net zo snel en graag kwijt wilde als een steenpuist op zijn kont. En omdat het werk zijn leven is, kan ik het hem niet eens kwalijk nemen.

Wat ik mezelf kwalijk neem, is dat ik deze investeringsbeslissing alleen heb genomen, zonder in overleg met Kathleen te treden. Ik schaam me voor de situatie waarin ik haar heb gebracht. Schaamte is een emotie die diepe sporen in mijn ziel kerft, zo heb ik ervaren. Ik schaam me tegenover mijn vrienden, voor Kathleen en voor mijn schoonouders. Laat ik eerlijk zijn. Na het vroege overlijden van mijn vader was het thuis geen vetpot. Van jongs af aan waren er geldzorgen thuis. Merkkleding kopen zat er voor mij niet in en terwijl mijn vriendjes de wereld ontdekten in de schoolvakanties, ging ik met mijn moeder naar onze vaste stek op de camping in Bakkum. Deze sobere jeugd is de voedingsbodem geweest voor mijn hang naar geld en macht. Ik wilde geen geldzorgen meer hebben en de mooiste spullen voor mijn moeder kopen. Dat is gelukt. Door mijn werklust, analytisch vermogen en snelle presentaties ben ik het arbeidersmilieu ontvlucht. Ik ging om met de gegoede klasse in Nederland en kende de top elite in New York. Maar nu ben ik weer teruggeworpen in het sociale

milieu waar ik oorspronkelijk vandaan kom: een huurflat in een arbeiderswijk van een middelgrote stad. Ik ben weer terug in het vertrouwde pauperparadijs van vroeger.
Het lijkt wel of ik het destructieve gedrag dat tot mijn ondergang heeft geleid, zelf in gang heb gezet. Alsof het een bewuste actie was om alles wat ik had opgebouwd direct weer te vernietigen. Misschien zit er wel een waarheid in het gezegde dat als je als een dubbeltje bent geboren, je later ook nooit een kwartje wordt!

"Armoede is de vader van revolutie."
Aristoteles

-13-

Het geld dat ik per week krijg, is niet genoeg om van te leven, maar ook net niet te weinig om van dood te gaan. We krijgen wekelijks vijfenzeventig euro op onze privérekening gestort. Meneer Schippers is onze bewindvoerder die zich stipt aan alle afspraken houdt. Voor zijn diensten betalen we een vast bedrag van tweeënnegentig euro per maand, waar we bijzondere bijstand voor krijgen. Meneer Schippers zorgt voor de financiën en de betalingen van de vaste lasten. Het is bijna niet voor te stellen dat we nu elk dubbeltje drie keer moeten omkeren, terwijl we jarenlang letterlijk met geld hebben gesmeten. In ons leven was geld er gewoon, altijd, overal en zoveel als we maar wilden. Vier keer per jaar op vakantie, een ruime walk-in-closet vol met de duurste merkkleding, elke week minstens drie keer uit eten en genoeg geld om de favoriete hobby van Kathleen te bekostigen: schoenen. In een speciale schoenkast stonden pumps in alle merken, kleuren en vormen. Kortom, we leefden als ware multimiljonairs. Als we toch een financieel gat hadden, vulden de bonussen deze aan het einde van het jaar wel op. Nu zitten we in een situatie waarin we niet genoeg geld hebben voor dagelijks warm eten of om onze flat goed te verwarmen, om op vakantie te gaan en om af en toe eens nieuwe kleren te kopen. Gucci, De Bijenkorf en mijn favoriete schoenenzaak Zwartjes zijn vervangen door Zeeman, Wibra en de Spullenhulp. Arm zijn vergt een andere manier van denken, waar ik maar moeilijk aan kan wennen. Als ik bijvoorbeeld door de Aldi loop, heb ik soms trek in rookvlees, maar wegens de hoge prijs leg ik de malse vleeswaren terug. Dan pak ik maar weer de goedkope boterhamworst die altijd in de reclame lijkt te zijn. Kortom, we kunnen alleen het hoognodige aanschaffen en zelfs in het weekend zit er geen extraatje in. Vreemd genoeg voel ik me nu bijna schuldig als ik een glaasje wijn uit een kartonnen literpak huiswijn inschenk, terwijl ik vroeger de duurste champagnes liet knallen. Het is koud en donker in onze flat in deze maand maart, die zich van haar gure kant laat zien. Naast de bank in de woonkamer brandt een enkele lamp. In de andere lampen zitten geen spaarlampen meer. Spaarlampen kunnen we namelijk van ons weekgeld niet betalen en we zijn te trots om dit aan de ouders van Kathleen te vragen. Waar we vroeger niet eens over nadachten, is voor ons nu onbetaalbare luxe geworden. Je kunt het je niet voorstellen als je niet in een dergelijke situatie zit. Sokken, make-up, jassen, een strippenkaart of iets bij de koffie en een mooie lap vlees; het zijn stuk voor stuk luxeartikelen geworden die buiten onze financiële draagkracht liggen. Langzaam trekken Kathleen en ik ons weg uit het sociale leven. Wat moet je tegen vrienden en familie zeggen als je geen werk hebt en nauwelijks kunt rondkomen? We worden murw gebeukt door de armoede en ik raak langzaamaan verbitterd en depressief. We doen ons best, maar toch lukt het meestal niet om met ons weekgeld rond te komen, waardoor de weekenden niet echt een feest zijn. Maar deze ontberingen zijn nog niets vergeleken met de vaste gang naar de voedselhulp. Wie had ooit gedacht dat mijn vaste ritje op vrijdagmiddag naar de voedselbank in Amersfoort is? In een grote hal bij de Eem staan de voedselpakketten voor het weekend klaar. Schuchter komen de armlastigen uit Amersfoort naar binnen. Er is niemand hier die zonder schaamte rondloopt om zijn of haar handje op te houden. Een jonge moeder schuifelt met een ouderwetse kinderwagen voorbij en ze wordt gevolgd door een wat oudere vrouw die blijkbaar niet kan rondkomen van haar AOW. Een jonge, opgeschoten man met een stoppelbaard is de derde persoon in het rijtje mensen, waarin ik aansluit om mijn boodschappentassen te vullen. Zo sta ik wekelijks tussen het volk van schaamte in de rij voor mijn voedselpakket. Het raakt me nog elke keer dat ik mijn hand sta op te houden. Van binnen voel ik enerzijds de diepe vernedering dat ik niet voor mezelf kan zorgen. Aan de andere kant is er ook iets van dankbaarheid, wat in me wakker wordt gemaakt. Toch overheersen de gevoelens van schaamte en zelfmedelijden, want ik leef onder het bestaansminimum in een welvarend land als Nederland. Gelukkig ben ik niet de enige die op de voedselbank is aangewezen. Af en toe praat ik in de rij met andere wachtenden. Er zitten zelfstandigen zonder personeel bij en mensen die hebben gestudeerd, maar pech hebben gehad in hun leven. Nadat ze failliet zijn gegaan of nadat hun werkgever was gereorganiseerd, zijn ze op straat terechtgekomen, terwijl de hoge kosten voor levensonderhoud doorlopen. Armoede treft echt niet alleen maar de ongeschoolden, allochtonen, alcoholisten en schlemielen in onze samenleving. Waarom moet je eerst zelf aan de grond zitten om dit te kunnen zien?

Als makke schapen.... We kennen dit gezegde toch allemaal? Het grappige is dat ik me nu pas realiseer hoe ik zelf een mak schaap van het systeem ben geworden. Ik ben niet het enige makke schaap in Nederland; als je van een afstand naar de omgeving kijkt, zie je dat de meeste mensen makke schapen zijn geworden. We doen alles wat ons wordt gevraagd en laten ons koeioneren om geld te verdienen. We laten ons beïnvloeden door marketeers en door de media om zo aan het gewenste beeld te voldoen. Ook ik volg als een mak schaap alle regels, die aan de wet schuldsanering zijn verbonden, trouw op. Waarom gedragen we ons eigenlijk als makke schapen? Sinds ik in de schuldsanering zit, weet ik het antwoord. Leven in armoede is, op de dood na, de grootste angst van mensen en nu ik armlastig ben, begrijp ik waarom. Je verliest je vrienden, je zelfrespect en je werk. Als beurshandelaar had ik het gevoel ergens bij te horen en iemand te zijn en dat mis ik nu. Ik heb geen geld meer en geen uitzicht op een nieuwe baan. Alles wat ik verdien, wordt me direct afgenomen. Daardoor sta ik letterlijk buiten de samenleving en voel ik me nutteloos. Het is een nauwelijks onder woorden te brengen gevoel als je op een maandagmiddag doelloos door de stad zwerft, terwijl iedere andere man of vrouw van mijn leeftijd zijn of haar bijdrage levert aan het opbouwen en in stand houden van onze maatschappij. Misschien moet ik iets met vrijwilligerswerk gaan doen, maar daar ben ik het type niet voor.

Vrienden en familie komen nauwelijks meer over de vloer. Ik schaam me voor mijn leefsituatie en dat doet pijn. De telefoon staat standaard op voicemail en als er aan de deur wordt gebeld, doe ik niet open uit angst dat daar weer een postbode met een aangetekende brief staat. Zo houd ik mijn vrienden en familie buiten de deur en worden onze sociale contacten dus tot een minimum beperkt. Alleen Kathleen heeft nog wat contacten op de universiteit en gaat af en toe weg met vriendinnen. Voor haar is het echter zwaar dat ze financieel niet meer kan meekomen met haar vriendinnen. Ondanks mijn depressieve gevoelens probeer ik zo positief mogelijk te blijven. Als ik mezelf en Kathleen niet opkalefater, draaien we helemaal door. Niet alleen ik, maar ook Kathleen kampt nu met slapeloze nachten. Ze piekert constant over de dag van morgen en ze krijgt geen rust meer in haar kop, wat haar radeloos maakt. Dat heeft een negatief effect op haar studieresultaten en het gebrek aan slaap maakt haar sikkeneurig en opvliegend, wat niet bij haar karakter past. Het is een kant die ik helemaal niet kende van Kathleen. Ik voel me vooral schuldig naar haar toe; hoe heb ik in mijn hebzucht naar meer, meer en nog eens meer in hemelsnaam zo onverantwoordelijk kunnen handelen? Hoe langer ik in de schuldsanering zit, des te prominenter deze vraag opspeelt.

Het zat eraan te komen, maar een breekpunt in onze relatie is op maandag 13 april 2009, de dag dat Kathleen 31 jaar oud wordt. Bij de HEMA heb ik twee tompoezen gehaald om haar verjaardag te vieren. Als verrassing heb ik bij de Spullenhulp een engeltje op de kop getikt dat op een wereldbol zit. Het engeltje is helaas niet genoeg om onze relatie te redden. Kathleen barst bij de koffie uit in een niet te stoppen huilbui. Ze kan de armoede niet meer aan en ervaart dat ze langzaam maar zeker in een sociaal isolement terechtkomt. Hoe moet je aan je vriendinnen vertellen dat je wekelijks een voedselpakket bij de voedselhulp ophaalt? Haar studie oppakken lukt steeds slechter en daardoor zit ze hele dagen thuis.

"De armoede grijpt me naar de keel," zegt ze, terwijl ze een wurgbeweging naar haar hals maakt. "Zelfs een normaal verjaardagscadeau zit er niet meer in."

Met tranen in haar ogen loopt ze naar de slaapkamer en pakt haar koffer in om voorgoed bij haar ouders in te trekken.

"Nick, het is over," zijn de laatste woorden die ze uitspreekt, voordat ze de buitendeur van onze flat dichtslaat. Ik huil alsof er een deken van verdriet over mij wordt heengetrokken. Het is alsof mijn ziel mijn lijf verlaat, omdat deze de ellende niet meer kan aanzien. Ik kan Kathleen haar stap niet kwalijk nemen, want zij heeft hier niet om gevraagd. Naast mijn geld, baan en aanzien, ben ik nu ook de grote liefde van mijn leven kwijt. Hoe diep kan een mens zakken?

"Chaos is een zo hoog niveau van orde dat wij het niet kunnen begrijpen."

David Bohm

-14-

Mijn wereld verandert gedurende het voorjaar langzaam in een chaos. Sinds Kathleen bij haar ouders is ingetrokken, zit ik in een negatieve spiraal die me in een diep, donker gat trekt. Aan de kracht van het zwarte gat is niet te ontsnappen en ik verlies langzaamaan mijn gevoel voor tijd. Voor iemand die nooit een depressie heeft meegemaakt, zijn de pijn en de geestelijke nood nauwelijks voor te stellen. Ik val in een oneindig zwart gat, zonder enige hoop op verlichting. Vaak denk ik eraan om vanaf mijn balkon op vier hoog naar beneden te springen. Over de balkonreling heen klimmen en springen. Het is een gemakkelijke en misschien zelfs een mooie dood; voor even kun je in het luchtledige zweven en je totaal vrij van zorgen, armoede en waanbeelden voelen, om dan met een harde klap het licht uit te zien gaan en uiteindelijk terecht te komen in het hemelse paradijs. Mijn moeder houdt me echter tegen en zorgt ervoor dat de deur naar het balkon potdicht blijft. Ditmaal zijn mijn paranormale gaven mijn redding.

Voor de veiligheid heb ik de sleutel van de balkondeur in de vuilnisbak gegooid, om maar nooit in de verleiding te kunnen komen daadwerkelijk te springen. Mijn moeder is niet voor niets voor mijn geestesoog verschenen en af en toe tref ik haar in mijn dromen aan, waar zij mij moed inspreekt. Hierdoor herinner ik me dat er nog altijd hoop is, zelfs in de benauwde situatie waarin ik mij momenteel bevind.

Het is een periode van reflectie. Pas nu realiseer ik me wat het vroege overlijden van mijn vader met me heeft gedaan. Ik was pas veertien toen hij wegviel. Ik weet nog goed dat ik de avond na zijn overlijden in slaap ben gevallen. 'Als ik morgen wakker word, is alles weer normaal', zo hield ik mezelf voor de gek. Maar in mijn leven werd niets meer normaal en mijn bindingsangst is daar een direct gevolg van. Ik heb destijds onbewust besloten dat het geluk voor mij niet is weggelegd. Alles wat ik opbouw, breek ik eigenhandig ook weer af. Zo is het gegaan met mijn carrière, met mijn rijkdom, met Kathleen en met de meesten van mijn vrienden. Het is voor mij onmogelijk geweest om het geluk in mijn leven vast te houden. Elke keer als ik dacht dat ik iets had bereikt, glipte het uit mijn handen. Momenteel ben ik op het absolute dieptepunt van mijn leven beland.

Voor buitenstaanders is het niet gemakkelijk om zich de pijn van iemand met een depressie te kunnen voorstellen. Een lichamelijk ongemak heb je, maar een geestelijke ziekte ben je. Dat is het grote verschil en zelfs in onze taal is dat zo bepaald: je hebt een gebroken been, maar je bent depressief. Dat maakt dat depressiviteit een overweldigende ziekte is die tot in de ziel voelbaar is. Wat er in een periode van een zware depressie gebeurt, kan ik nauwelijks onder woorden brengen. Het is een van de heftigste vormen van lijden die een mens kan ondergaan. Dat staat vast en helaas kan ik er over meepraten. Het is alsof er een deken over me heen is getrokken die bestaat uit een onverbiddelijke maar reële angst, zoals ik deze nog nooit eerder in mijn leven heb ervaren. Het duivelse karakter van een depressie zit in het feit dat deze ziekte de dimensie van de tijd buiten werking zet. De zwarte tunnel waarin ik nu zit, lijkt een eeuwigheidswaarde te hebben, wat een machteloos gevoel geeft. Dit verergert de geestelijke pijn zodanig dat het een haast niet te dragen last is geworden. Ik heb

er geen enkel benul van of ik hier ooit weer uitkom. Het is een onvoorstelbaar lijden dat mij overkomt en de duur van deze wanhoop is nog onbekend. Zo wil ik niet verder leven. Het enige wat me overeind houdt, is het beeld van mijn moeder die me met regelmaat moed inspreekt. Ze is levensecht en knikt mij bemoedigend toe, alsof ze weet dat ik ooit uit deze ellende zal ontsnappen.
Redding of niet, de in-mezelf-gekeerdheid neemt ondertussen groteske vormen aan en ik isoleer me steeds meer van anderen en van de rest van de wereld. Alleen op vrijdagmiddag kom ik nog bij de voedselbank om mijn wekelijkse boodschappen op te halen. Ik zie er onverzorgd uit, ben sterk vermagerd en lijk in niets meer op die succesvolle, blakende beurshandelaar van nog geen jaar geleden. Mijn zelfwaardering heeft een geweldige knauw gekregen en het dieptepunt is nog niet eens in zicht. Om geld te besparen, ga ik niet naar de dokter, maar probeer ik de boze wereld door middel van slaap te verlaten. Er is sprake van een leegheid die mijn leven doordrenkt en ik heb het gevoel in een afgrond te springen en steeds verder in een inktzwarte tunnel weg te zakken. Ik ben woedend op God omdat hij dit laat gebeuren. Wat heb ik misdaan dat ik zo word gegeseld door het leven? Waarom zit ik juist opgesloten in de donkerste kerker van de ziel? Ik wacht geduldig, maar er is niemand die antwoord geeft.

Als ik bijna volledig gebroken ben, komt de redding onverwachts nabij. Op een vroege ochtend, na wederom een nacht waarin de duivelse angsten het voor het zeggen hadden, kom ik in een lucide droom terecht. Ik zweef tussen een droomtoestand en de werkelijkheid. De wereld waarin ik verkeer is paranormaal, maar toch haast letterlijk voelbaar. Op een luguber, schemerig kerkhof ben ik omringd door vele entiteiten. Er zijn duivelse entiteiten bij, maar ook blijmoedige geesten die me steunen. De ziel van mijn moeder is in mijn nabije omgeving

en ze staat zelfs naast me om me te verdedigen. De jacht op mijn ziel is door de duivelse krachten geopend en de situatie lijkt uitzichtloos. Ik wil niets liever dan het kerkhof ontvluchten, maar een metershoog hek met scherpe ijzeren punten ontneemt me elke illusie. Het gevecht tegen de vele duivelse entiteiten is niet te winnen en het wachten is op het moment dat ik ben verslagen. Terwijl ik op het einde wacht, breekt de dageraad aan. Eerst is het slechts een dun streepje licht dat aan de horizon verschijnt en dat de hoop op redding doet opleven, maar langzaam komt de zon op en wordt het kerkhof verlicht. De zwarte, duivelse entiteiten vluchten voor de opkomende zon en het kerkhof is lang niet meer zo luguber en eng als het in de nacht leek.
De zon is voor mij de verschijning van de universele God, zoals de Maya's dat in oude tijden geloofden. Met het opkomen van de zon ervaar ik de genade, die mij wordt geschonken en het licht dat in mij het leven terugbrengt. Ik heb boete gedaan en geleden in de duisternis, maar nu is het de genade die mij het leven teruggeeft. Ik zak op mijn knieën en dank de zon voor haar vergiffenis. Ik sta weer op en voel me sterk. Het hek van de begraafplaats zwaait open en ik loop naar de uitgang. Mijn kracht is terug en als ik door het hek loop, is de dimensie van tijd hersteld. Ik ben verlost van het zware juk van mijn depressie en klaar om opnieuw het leven aan te vangen. In de verte hoor ik de kerktoren zeven keer slaan en ik weet dat het tweede gedeelte van mijn leven begint. Ik ben opnieuw geboren.
Als ik wakker word, is het tot mijn verbazing al tien uur in de ochtend. Ik trek de gordijnen open en zie dat de voorjaarszon naar binnen schijnt. Hoe het precies is gegaan weet ik niet, maar de grauwe sluier is van me afgetrokken. Mijn ego heeft plaatsgemaakt voor de impulsen van mijn ziel, die puur en authentiek zijn. Ik heb mijn gevoel voor tijd weer terug en besluit een douche te nemen. Mijn leven is nog niet voorbij,

hoewel ik dat maandenlang heb gedacht. Ik neem een ijskoude douche om stookkosten te besparen. Het water voelt verkwikkend aan en geeft me kracht. Ik scheer mijn stoppelbaard weg en zie in de spiegel dat het hoog tijd is om naar de kapper te gaan. Zodoende ga ik om de hoek naar een Turkse kapper, die voor onder de tien euro zijn diensten aanbiedt. Het is buiten opmerkelijk groen op deze prachtige meidag. Het fietsen is een bijzondere ervaring en het lijkt alsof ik vanochtend in een andere energie wakker ben geworden. Mijn misstappen zijn me vergeven en ik heb genade ontvangen, althans zo voel ik het. Ik heb geen idee of er een God bestaat, maar ik geloof wel in een universele kracht die de wereld en het universum laat draaien. Dat betekent niet dat ik in het instituut van de kerk geloof. Zodra mensen gaan denken dat hun geloof de waarheid is, ontstaat er intolerantie. De heksenverbrandingen, martelingen en de vele oorlogen die uit de naam van het geloof zijn gevoerd, passen niet in de ordening van ons universum, dat uitgaat van eenheid. Zijn boodschap is namelijk dat alles met alles is verbonden. Kerken zijn mensenwerk en de universele liefde is Goddelijk. Ik heb geen idee waar deze filosofische gedachte ineens vandaan komt, maar het voelt als een teken van de genade die ik vannacht heb ontvangen. De paranormale gaven die ik altijd heb gehad, komen nu volledig tot hun recht.
Vandaag heb ik het gevoel dat ik voor de tweede keer ben geboren. De eerste keer was in de armen van mijn ouders, ergens op een druilerige dag in Southampton in november 1978. Vandaag ben ik opnieuw geboren, maar dit keer in het Soesterkwartier in Amersfoort. Op deze bijzondere dag in mei is de oude Nick Larson gestorven en is de nieuwe Nick Larson opgestaan.

In deze toestand van flow, die wekenlang duurt, krijg ik hulp van het toevallige lot. Nadat ik mijn wekelijkse voedselpakket heb opgehaald, zit ik op een regenachtige vrijdagmiddag op mijn vaste plekje op de bank naar buiten te staren. Ik zie ineens de schim van mijn moeder bij de kast staan, ze lijkt te wijzen op een stapel boeken. Is dit verbeelding of zie ik haar werkelijk? Ik loop naar de kast en pak het bovenste boek van de plank. Het boek is getiteld: *Tempeliers, de opkomst en val van een geheim genootschap*. Ik heb dit boekwerk ooit van mijn moeder cadeau gekregen en net als bij zoveel boeken is het daarna ongelezen in de boekenkast beland, waar het in de vergetelheid is geraakt. Uit mijn boedel in Laren heb ik een paar boeken met een emotionele betekenis meegenomen en toevallig zat dit boek daarbij. Geïnteresseerd kijk ik naar het boek en ineens gaat de knop om; het is een holistisch gevoel dat dit schrijven niet zomaar op mijn pad komt en dat dit meer is dan toeval! Ik plof op de bank neer en begin te lezen. Bladzijde na bladzijde kom ik meer te weten over dit mysterieuze genootschap.

De oorsprong van de Tempeliers, een geestelijke ridderorde in Palestina, ligt in het begin van de twaalfde eeuw. Het was de tijd dat Jeruzalem nog maar net door de christenen was veroverd. De Turken en Arabieren waren nog niet helemaal verslagen en zij overvielen en beroofden westerse pelgrims, die de heilige plaatsen in Jeruzalem wilden bezoeken. Een kleine groep ridders uit Frankrijk en Vlaanderen voelden zich geroepen om deze westerse pelgrims te beschermen.
In het jaar 1118 trok deze groep ridders onder leiding van Hugues de Payns, een edelman uit de Champagnestreek, naar het Heilige Land. Toen de ridders in Jeruzalem waren aangekomen, werden ze door de koning van Jeruzalem ondergebracht in de onderaardse kamers van de heilige Tempelberg, die ook wel de stallen van Salomon werden genoemd. Zo ontstond de naam van het genootschap: 'De Tempeliers'.
Van de heersende koning van Jeruzalem hoorden zij het ver-

haal over een geheim gebleven boek uit de tijd van Jezus Christus, dat ooit in de grotten van de Tempelberg was verstopt. Omdat ze zich verveelden, besloten zij dit geheime boek te gaan zoeken. Na maandenlang speuren, stuitten ze bij toeval op een verstopte nis in de Tempelberg. Hier vonden ze naast een stuk hout, dat een gedeelte van het kruis van Jezus Christus bleek te zijn, een onbekend boekwerk. Het met bladgoud versierde boek bevatte kennis over de waarheid die achter dit aardse leven zit. Het boek beschreef de vierde dimensie, die bepalend is voor ons dagelijks leven en had als titel: Het Boek van de Waarheid. Ze brachten het heilige hout en Het Boek van de Waarheid naar de leiding van de Tempeliers. Hugues de Payns schreef euforisch een brief naar zijn familie over dit heilige boek en over de daarin beschreven, geheimgehouden kennis. Deze brief is bewaard gebleven en in de archieven van het museum Het Louvre in Parijs opgeslagen. Hugues de Payns legde in de oprichtingsakte van het genootschap de in het boek beschreven principes van de vierde dimensie vast. De exacte inhoud van het boek is altijd geheim gebleven.

De Tempeliers besloten hun schat geheim te houden en brachten het crucifix en Het Boek van de Waarheid naar hun hoofdkwartier in Frankrijk, waar ze het boek in een kleine kring van grootmeesters bestudeerden. Door het toepassen van de kennis uit het boek werd het genootschap steeds machtiger, rijker en toonaangevender. Zij leken het lot en het toeval zelf te kunnen besturen. De daaruit volgende enorme rijkdom wekte afschuw en jaloezie op bij de Franse koning Filip de Schone. Hij verspreidde geruchten dat het genootschap aan satansverering zou doen, wat ertoe leidde dat de paus de Tempeliers aan begin van het jaar 1300 in de ban deed. Vele Tempeliers vonden de dood op de brandstapels in Frankrijk, maar een aantal lukte het om te vluchten naar andere landen, waaronder Schotland. Men vermoedt dat deze Tempeliers het crucifix en Het Boek van de Waarheid hebben meegenomen. Tot op de dag van vandaag hangt er een mysterieuze sfeer om dit genootschap heen en zijn er talloze uitgebreide zoektochten naar het crucifix en Het Boek van de Waarheid georganiseerd.

Dit boek over de Tempeliers dat ooit een gift van mijn moeder was geweest, komt niet zomaar op mijn pad. Een gevoel van opwinding maakt zich over mij meester en ik kan het niet onderdrukken. Ik leg het blauwe boekje op tafel neer, maar mijn nieuwsgierigheid is gewekt. Zou *Het Boek van de Waarheid* nog bestaan? En zo ja, wat staat er dan in? Er is zoveel wijsheid, die we in oude beschavingen hebben ontdekt, maar die verloren is gegaan. Is het geen toeval dat juist ik attent word gemaakt op dit boek over de Tempeliers? Misschien heeft het iets te maken met de nieuwe invulling van mijn leven.
Ik neem het boek mee naar de keuken om daar een kop koffie in te schenken. Van jongs af aan heb ik altijd geloofd dat er ergens op de wereld een geheime leer bestaat die het toeval kan verklaren. Het is een van die rare ingevingen die ik ooit heb gehad. Waarom gebeuren de dingen zoals ze gebeuren en waarom doen we dingen, zoals we deze doen? Kortom, is er kennis beschikbaar, die het leven en de wereld om ons heen kan verklaren? Misschien dat de Tempeliers ooit over deze kennis beschikten en zo het toeval konden besturen. Maar als dat zo is, waar is *Het Boek van de Waarheid* dan gebleven? Het is opwindend om het idee te koesteren dat er ergens op deze wereld antwoorden te vinden zijn op vragen als: bestaat het toeval?, waarom bestaan wij eigenlijk?, waarom gebeurt er wat er gebeurt? en waar gaan we naartoe als we sterven?

Misschien moet ik iets gaan doen met mijn helderziende gaven. Mijn moeder heeft me altijd gestimuleerd om op onderzoek uit te gaan en als kleine jongen voelde ik onbekende energieën, die nauwelijks onder woorden te brengen waren. Ik heb nog nooit met anderen over mijn spirituele gevoelens gesproken, omdat ik bang was om voor gek te worden versleten. Alleen met mijn moeder kon ik over spiritualiteit praten. Zij begreep dat er meer tussen hemel en aarde was dan wij op het eerste gezicht kunnen waarnemen. Na het overlijden van mijn vader verdween de spiritualiteit naar de achtergrond. Van dat vage gedoe moest ik vanaf mijn pubertijd niets meer hebben; het was gewoonweg niet 'cool' om daarover te praten. Na de universiteit nam mijn drang naar geld en erkenning ernstige vormen aan en heb ik nooit meer iets aan spiritualiteit gedaan. Al mijn energie heb ik gebruikt voor het maken van een snelle carrière, waar ik in ben geslaagd. Maar het 'hebben' heeft me verre van gelukkig gemaakt. Ik bevond me in een gekooid leven waar niet uit was te ontsnappen. De dagen glipten door mijn vingers heen en ik was vastgeketend aan de dagelijkse sleur, met een ongebreidelde zucht naar meer, meer en nog eens meer. Mijn financiële val en de daaropvolgende depressie hebben de deur weer opengezet naar mijn gevoelens van helderziendheid.

"Het uiteindelijke doel is geen plaatsje in de hemel, maar om een zinvol en productief leven te leiden."

-15-

Het lot moet het wel op Josef hebben gemunt, want zonder dat hij een misstap heeft begaan, is hij toch in de goot geëindigd. Hij slaapt onder de spoorbrug en heeft zijn vaste plaats bij de Koppelpoort op de Kampstraat in Amersfoort. Josef behoort al zolang tot het vaste meubilair van de stad Amersfoort dat de politie hem met rust laat en zijn ongeoorloofde bedelen niet bestraft. De meeste mensen lopen met een grote boog om Josef heen, maar Kathleen vond hem zielig en gaf hem altijd geld voor koffie. We maakten af en toe een praatje en zodoende ken ik hem.

De dag na het lezen van het boek over de Tempeliers loop ik voor het eerst in lange tijd door Amersfoort. De apathie is verdwenen en ik heb geen last meer van depressiviteit. Bij de Koppelpoort kom ik Josef tegen. Hij is een man van middelbare leeftijd, gekleed in voddige kleren en ongeschoren en onverzorgd. Hij zit op een vieze deken met een hond naast zich, die ontstaan moet zijn uit een mengeling van rassen. In een boodschappentas op wieltjes zit zijn totale hebben en houden. Onze blikken kruisen elkaar, ik knik naar hem en ik begin een gesprekje. Ik heb de sterke behoefte om iets goeds voor de wereld te doen en Josef is een willig slachtoffer.

"Goedemiddag Josef, hoe staat het ermee?"

"Het gaat, meneer."

"Heb je zin in een kop koffie?"
Josef knikt en ik loop verderop naar een café om twee bekers koffie te bestellen. Dankbaar neemt Josef de warme kop aan en we genieten van het mooie weer en de koffie.

"U ziet er moe uit, meneer."

"Ik heb een zware tijd gehad," zeg ik.

"Mag ik u vragen wat er is meneer?"

"Ik ben failliet gegaan en alles is van me afgenomen," zeg ik.
Ik realiseer me dat dit de eerste keer is dat ik dat aan een wildvreemd iemand vertel. Het is een klein stapje dat ik neem in de verwerking van het leed dat me is overkomen.

"Dat is mij ook overkomen meneer."

"Vertel eens iets meer over je leven," vraag ik.

"Ik heb er zelf bewust voor gekozen om zwerver te worden."
Ik kijk Josef bedenkelijk aan. Eigen keuze! Wie kiest er nu in hemelsnaam voor het bestaan van een zwerver?

"Meneer, ik was ooit bibliothecaris bij de bibliotheek aan de Zonnehof."
De verbazing op mijn gezicht wordt groter.

"Dat meen je niet."

"Het is toch de waarheid. Jaren geleden had ik mijn zaakjes goed op orde. Toen mijn vrouw zeven jaar geleden plotseling bij een auto-ongeluk om het leven kwam, ben ik vastgelopen. Het werk kon ik niet meer aan, het huishouden versloftte en ik betaalde mijn rekeningen niet meer. Het verdriet sloopte mijn levenslust, langzaam maar gestaag. Kinderen hadden we niet en vrienden gingen door met hun eigen levens. Zodoende liep ik tegen de muren op en kon ik mijn verdriet niet kwijt. Sofie was mijn vrouw, mijn maatje en mijn alles. We zijn meer dan dertig jaar samen geweest. Langzaam gleed ik af, raakte uiteindelijk mijn baan kwijt en kon niet meer in het huis blijven wonen, waar ik zoveel lief en leed met haar had gedeeld. Voor ik er erg in had, stond ik op straat en moest daar zien te overleven. Ik slaap bij het Leger des Heils en op mooie, zomerse dagen onder de spoorbrug. Ik heb vrede met mijn situatie meneer. Nergens heb ik zoveel vrijheid als hier op straat."

Ik schrik van zijn verhaal. Dit had mij ook kunnen overkomen, maar het dunne laagje ijs heeft het gehouden. Het was mijn moeder geweest die me uit de put van ellende heeft getrokken. In ieder geval denk ik dat ik haar heb gezien. Josef is wel door het ijs gezakt en is in de spiraal naar beneden terechtgekomen, waar ik ook zo bang voor ben. De grenslijn tussen succes en ongeluk is fragiel, daar weet ik alles van. Het was niet meer dan één vingeraanslag op de enter-toets geweest die me in de ellende heeft gestort.

"Kan de sociale dienst niet voor een huis zorgen? Dat hebben ze ook voor mij gedaan."

"Ik kan niet meer in een huis wonen, meneer. Ik wil dat mijn leven in niets meer lijkt op wat ik ooit met Sofie had. En dat is me gelukt. Op straat heb ik leren loslaten, mijn baan, mijn status, ons huis, mijn geld en bezit, onze vrienden en zelfs de vrouw waar ik zielsveel van heb gehouden, heb ik moeten loslaten. Maar ik heb er iets voor teruggekregen, dat zijn vrijheid en een heldere kijk op mezelf en op het leven. Je leert het leven pas echt kennen als je twee kanten van de medaille hebt gezien. Naast liefde, geluk, gezondheid, optimisme en groei is er ook verdriet, destructie, haat en verval in deze wereld, dat maakt het leven waardevol. Door de beide kanten van het leven te ervaren, krijg je inzicht in hoe het leven werkt. Je kunt pas weten wat liefde is als je ook haat kent en je kunt pas weten wat geluk is, als ongeluk je pad heeft gekruist."

De twee kanten van de medaille ken ik inmiddels ook. Maar ik ben nog niet zover als deze man. Ik luister ademloos naar de wijsheid van de zwerver, waar de meerderheid van de inwoners van Amersfoort met een grote boog omheen loopt. Het leven heeft hem getekend, maar ook wijsheid gebracht. Misschien kan ik dat van hem leren. Ik wil leren hoe het leven werkt en ga op zoek naar Het *Boek van de Waarheid.* Juist door met Josef te praten, wordt dit gevoel alsmaar sterker.

"Ik wil u een verhaal vertellen meneer," zegt Josef. "Het is namelijk een wonder dat ik nog leef. Dat heb ik te danken aan het onvoorspelbare toeval. Toen Sofie was overleden en ik aan lager wal begon te raken, kwam er een moment in mijn leven dat ik het niet meer zag zitten. Ik heb zelfs naar God geschreeuwd en gevloekt over het onrecht dat mij was aangedaan. Op een koude winterdag besloot ik een einde aan mijn leven te maken. Ik wilde een zware steen aan mijn voeten binden om vervolgens bij de haven in de rivier de Eem te springen. Het ijskoude water en de zware kei zouden zorgen voor een snelle en pijnloze verdrinkingsdood. Terwijl ik op de kade van de Eem met een touw de grote kei aan mijn enkels vastbond, zag ik in een flits een bumpersticker op de auto waar ik pal naast zat. God is liefde, stond er op de sticker te lezen. Direct wist ik dat dit een boodschap van het hogere was om niet op te geven en ik begreep dat er over mij werd gewaakt. De kei heb ik in de Eem gegooid en ik ben teruggegaan naar het Leger des Heils. Daar viel ik die nacht in een onpeilbaar diepe slaap waarin ik mijn geliefde Sofie ontmoette. Het lot had mijn leven gered en ik weet nu dat ik altijd moet doorzetten om dit waardevolle leven vast te houden. Ooit zullen er voor mij betere tijden aanbreken."

Uit mijn zak haal ik een 2-euro munt en geef deze aan Josef.

"Voor nog een kop koffie straks," zeg ik.

"Dank u meneer, dat u heeft geluisterd naar mijn verhaal," zegt Josef.

Ik knik hem toe en loop met een opgestoken hand richting het centrum. Zojuist heb ik een belangrijke levensles geleerd. Het zinvolle toeval bestaat alleen voor degenen die dit willen zien en willen omarmen. Bij Josef heeft het toeval zijn leven gered en hem gevormd. Niets gebeurt blijkbaar zomaar in deze wereld. Ik realiseer me dat dit de eerste stappen zijn van mijn persoonlijke reis naar de waarheid die achter ons dagelijks leven schuilgaat. Een reis die mij wijsheid gaat brengen, die mij spiritueel gezien verder laat ontwaken en die mij inzicht gaat geven in de vierde dimensie. Er bestaat iets groters in dit universum: een soort collectief en intelligent bewustzijn waar je op kunt vertrouwen. Want wat is nu echt de kans dat je op het moment dat je een einde aan je leven wilt maken precies naast een auto gaat zitten, waar op de bumper een sticker zit met de tekst: "God is Liefde?" Ik denk persoonlijk dat de kans 0,00000000000000001 % is en misschien zelfs kleiner.

"Ieder mens is in zekere zin gek en geniaal tegelijkertijd."

-16-

Als de nood hoog is, is de redding nabij. Misschien is dit het grootste cliché uit de vaderlandse literatuur, maar daarom nog niet minder waar. Op 6 juni in de ochtend krijg ik een bijzondere e-mail toegezonden. Het is een bericht van mijn neef Renard de Veuster, de enige zoon van mijn tante Rally uit Limburg. Toen ik nog klein was, ging ik in de grote vakanties meestal bij mijn neefje Renard in Meerssen logeren. Tante Rally zorgde voor de Limburgse gezelligheid in huis en wij struinden door het dorp en pakten de fiets naar Maastricht om daar de wereld te ontdekken. Kattenkwaad en vrijheid vormden de basis van onze vriendschap. Renard ben ik sinds mijn studietijd uit het oog verloren. Ieder bewandelt nu eenmaal zijn eigen pad en door het overlijden van mijn moeder was er nog maar weinig contact met die kant van de familie. Juist nu in deze barre tijd krijg ik van Renard een e-mail. Hij schrijft dat hij kloosterling is geworden in het Norbertijner klooster in de buurt van Leuven. In de afzender van de e-mail lees ik dat het gaat om de abdij Conventus Sanctae Mariae de Parco. Ik had als gerucht al eens gehoord dat Renard kloosterling was geworden, maar ik had er verder nooit naar gevraagd. In de e-mail staat dat Renard van mijn problemen heeft gehoord en dat hij me uitnodigt om hem in de abdij in Leuven te bezoeken. Ik weet niet of ik op deze ongebruikelijke uitnodiging moet ingaan. Ik heb niets met het christendom, hoewel ik geloof in een grotere overkoepelende kracht die onze levens stuurt en beïnvloedt. Gelukkig heb ik een goed excuus, omdat het geld voor een treinreis naar Leuven simpelweg ontbreekt. Dat schrijf ik hem dan ook in een e-mail terug.

Maar zo gemakkelijk laat Renard zich niet afschepen. Hij vraagt het nummer van mijn bankrekening en maakt een bedrag van honderd euro over. Nu kan ik niet meer weigeren met goed fatsoen. Aan de andere kant is een verzetje na deze zware periode meer dan welkom. Zo zit ik op de zonnige maandagmorgen van 22 juni in de trein richting België. Pas nu merk ik hoe klein mijn wereld is geworden na het faillissement. Voor even heb ik de komende dagen niet te maken met schuldeisers, curators en voedselbanken. Ik voel me vrij en heb zin in de paar dagen vakantie in Leuven. Ik ben nog nooit in een klooster geweest en ik ben benieuwd naar hoe de kloosterlingen leven. Met name verheug ik me erop om Renard na al die jaren weer eens te zien. We hebben vroeger samen zoveel kattenkwaad uitgehaald dat ik me hem niet als een vrome pater kan voorstellen. In de middag kom ik aan op het station in Leuven. Het is een prachtige oude stad met iets van de grandeur van een Brussel of Parijs, zonder dat Leuven het dorpse karakter heeft verloren. Nadat ik een broodje heb gegeten, pak ik de bus naar de abdij.

Twintig minuten later sta ik voor een prachtig klooster dat tussen de bomen ligt verscholen aan een grote vijver. Het is alsof ik terugreis in de tijd. Door de barokke architectuur met de gotische elementen van het klooster waan ik mezelf eeuwen terug in de tijd. Ik loop de leeuwenpoort door en kom na een lange oprijlaan op de binnenplaats van het klooster terecht. Het klooster straalt stilte, devotie en rust uit. Wat een contrast met de stressvolle maanden waarin ik moest zien te overleven. Ik loop over de kinderkopjes naar de ingang en trek aan de bel bij de houten voordeur. Binnen hoor ik het rinkelende geluid van een bel, gevolgd door gestommel en het omdraaien van het slot. Een kloosterling in een witte pij vraagt naar mijn bedoeling. Ik vertel hem over de uitnodiging en de oude pater leidt me naar een gastenkamer met rijk gedecoreerde wandschilderingen. Ik zet mijn reistas in de hoek en ga aan de hardhouten kloostertafel zitten. De rust daalt in me neer en ik moet bekennen dat ik nu begrijp waarom mensen het klooster ingaan; de stilte is weldadig en de devote sfeer zorgt dat ik tot mezelf kom. Na een dikke tien minuten gaat de deur open en staat mijn neef Renard in de deuropening. Hij is kaal geworden en draagt een bril met een zwaar zwart montuur, maar ik herken zijn gezichtstrekken van vroeger. De begroeting is allerhartelijkst, maar ik moet wennen aan mijn oude vriendje dat nu in een smetvrije witte monnikspij en een vroom en serieus gezicht op deze planeet rondwandelt. We omhelzen elkaar en ik voel de bloedband. Ik zie de geest van mijn tante Rally achter hem staan, maar schenk daar geen aandacht aan. Even later wordt er opnieuw op de deur van de gastenkamer geklopt. Een vriendelijk ogende pater brengt een dienblad met daarop een pot thee en twee kopjes. Renard schenkt de thee in en we praten over vroeger en over tante Rally, die helaas vorig jaar overleden is.

"Waarom heb je me uitgenodigd Renard?"

"Ik wilde je zien," zegt Renard met een glimlach.

"En nu de echte reden."

"Ik hoorde van je problemen en wilde je helpen."

"Hoe dan?"

Renard glimlacht op een geheimzinnige manier.

" Volgens mijn informatie heb je nu alle tijd van de wereld."

"Helaas wel."

"Ik heb gehoord dat je je baan als beurshandelaar hebt verloren," zegt Renard.

"Dat klopt."
Even valt er een stilte. Ik heb geen idee waar mijn neef heen wil en dat maakt me onzeker.

"Ik ben nooit echt vroom geweest, maar ik ben toch op mijn tweeëntwintigste jaar dit klooster ingegaan. Ik wilde God leren kennen om zo dichter bij mezelf te komen. Meer dan tien jaar heb ik gezocht naar het bestaan van een God of universele kracht die dit leven kan verklaren. Wat is de reden van ons bestaan en hoe komt het dat de wereld draait zoals deze draait? In de vele vrije uren verslond ik theologische boeken vanuit verschillende geloofsovertuigingen, maar ik kon de antwoorden op mijn vragen niet vinden. Ik had mijn zoektocht naar de reden van ons bestaan in feite al opgegeven, tot ik een paar maanden geleden een e-mail ontving van een voor mij onbekende afzender. Ik kon ondanks verwoede pogingen de persoon achter het e-mailadres niet achterhalen. Ondanks mijn verzoeken heeft hij nooit meer gereageerd.

De e-mail bevatte informatie die meer dan boeiend was omdat ik haar niet kon verklaren. Ik stond perplex en was nog nieuwsgieriger geworden naar de afzender van deze e-mail. Waarom ontving uitgerekend ik deze e-mail? Het eerste wat ik die dag deed, was de informatie uit de e-mail op het internet controleren op het waarheidsgehalte. Tot mijn verbijstering klopten de feiten, stuk voor stuk. Ik wist dat ik de sleutel van mijn zoektocht in handen had."
Renard schuift mij een geprint A4-velletje toe met daarop de bewuste e-mail. Ik begin te lezen, ondertussen wordt mijn verbazing groter en groter.

"Alles vindt plaats op het juiste moment, geen seconde te vroeg en geen seconde te laat."

-17-

Soms lees je een tekst waarbij je direct aanvoelt dat deze je leven gaat veranderen. Dat gevoel overkomt me bij het lezen van de geprinte e-mail. Aandachtig lees ik de zinnen nogmaals door, maar de woorden blijven hetzelfde.

Aan: renard.de.veuster@parkabdij.be
Afzender: novaterra@com
Onderwerp: Toeval of magie?

Abraham Lincoln werd in het congres gekozen in 1846.
John F. Kennedy werd precies honderd jaar later in het congres gekozen in 1946.

Abraham Lincoln werd in 1861 beëdigd als president van de Verenigde Staten.
John F. Kennedy werd in 1961 beëdigd als president van de Verenigde Staten

De namen Lincoln en Kennedy bestaan beide uit zeven letters.

Beide presidenten werden vermoord door een zuiderling.
Beide presidenten worden opgevolgd door een zuiderling.

De naam van beide opvolgers was Johnson.

Andrew Johnson, die Lincoln opvolgde, werd geboren in 1808.
Lyndon Johnson, die Kennedy opvolgde, werd geboren in 1908.

John Wilkes Booth (drie namen), die Lincoln vermoordde, werd geboren in 1839.
Lee Harvey Oswald (drie namen), die Kennedy vermoordde, werd geboren in 1939.

John Wilkes Booth ontsnapte uit een theater en werd aangehouden in een flatgebouw.
Lee Harvard Oswald ontsnapte uit een flatgebouw en werd aangehouden in een theater.

Booth en Oswald werden beiden vermoord voor hun proces.

Kennedy en Lincoln hadden beiden mensenrechten hoog op hun politieke agenda's staan.

Beide presidenten werden gedood door een kogel in hun hoofd.

De echtgenotes van beide presidenten verloren ieder een kind tijdens hun verblijf in het Witte Huis.

Beide presidenten stierven op een vrijdag.

De secretaresse van Kennedy heette Lincoln en de secretaresse van Lincoln heette Kennedy.

Ik kijk naar Renard.

"Bizar," zeg ik

"Dat klopt," zegt Renard. "Deze e-mail laat me ook niet meer los. Is dit toeval of spelen er andere krachten? Bestaat er een hogere, intelligente macht die volgens haar eigen systeem de wereld bestuurt? Bestaat er geen toeval en gebeurt alles met een reden? Bestaat er een andere, onzichtbare dimensie naast de bekende fysieke wereld om ons heen? Deze vragen beheersten zodanig mijn leven dat ik nauwelijks meer kon slapen. Daarom ging ik op zoek naar de antwoorden, omdat ze mij de kans boden om uit te vinden hoe de wereld werkt en of er wel een God bestaat."

"Je zit toch niet voor niets in dit klooster," zeg ik op verbaasde toon. "Je gelooft toch in de God die staat beschreven in de Bijbel? Jij hoeft niet meer verder te zoeken."
Renard schudt ontkennend zijn hoofd. Terwijl hij zich voorover buigt en zijn gezicht dichterbij komt, begint hij op fluisterende toon te spreken.

"De kerk is niet heilig Nick. De paus heeft in de late middeleeuwen de inhoud van de Bijbel verdraaid en de echte boeken van wijsheid in de ban gedaan. Dit deed hij om meer macht over de gewone burger te verkrijgen om zo van de kerk het machtigste en rijkste instituut ter wereld te kunnen maken. Eerlijk gezegd is dat goed gelukt. De paus en zijn kardinalen hebben de waarheid expres verdoezeld om zo de mensen in hun macht te krijgen. De legaten en aflaten zorgden vanaf de middeleeuwen voor een ongekende rijkdom van de kerk. Volgens de Bijbel is het huis van God op aarde sober en helpen zij de armen. Als dat zo is bedoeld door God, hoe kan het dan dat het Vaticaan het rijkste instituut op aarde is, terwijl er dagelijks duizenden kinderen sterven van de honger? Alleen dit klooster al heeft een vermogen van meer dan een miljoen euro. Het instituut kerk klopt gewoon niet!"

"Maar waarom zit je in een klooster als je niet in de kerk gelooft?"

"De kerk is en blijft het huis van God, maar mensenhanden hebben de waarheid achter de werkelijke intentie van Jezus Christus verdoezeld. Ik wil de waarheid achter de universele God terugvinden. Waar kun je dat beter doen dan in dit klooster met een bibliotheek met vele duizenden oude boeken, waarvan sommigen zelfs eeuwen geleden zijn geschreven, voordat de boeken met de waarheid door de kerk in de ban werden gedaan? Het is hoog tijd dat de mensheid de oerwaarheid opnieuw leert ontdekken. Zoveel tijd is er niet meer te verliezen, we stevenen in deze wereld af op een totale catastrofe. Ik maak me grote zorgen over de huidige toestand waarin onze planeet aarde zich bevindt. Grondstoffen worden uitgeput, we groeien naar tien miljard inwoners en de economische ontwikkeling van grote machten als China en India verergeren de milieuproblematiek nog eens in ruime mate. Hebben we straks voor onze kinderen en kleinkinderen nog voldoende voedsel, energie en schoon drinkwater? Het gat tussen een hele kleine groep rijken en een grote groep mensen die onder de armoedegrens leeft, wordt groter en groter. Je ziet sommige gelovigen radicaliseren. Dat moet toch anders kunnen! Het mooiste bezit van de mensheid, onze planeet aarde, zijn we systematisch aan het verwoesten voor de volgende generaties. Kortom, het is hoog tijd voor een ommekeer in onze ontwikkeling."

"Wat kun je daar als eenvoudig mens aan doen?" vraag ik.

"Heel veel," klinkt het fel uit de mond van Renard. "Albert Einstein stelde ooit dat je een probleem niet kunt oplossen vanuit hetzelfde soort denken dat tot het probleem heeft geleid. Dat gegeven maakte mijn onderzoek naar God en de werking van de universele wetten alleen maar belangrijker. We zijn op zoek naar een fundamentele transformatie van ons denken, al was het slechts om onze planeet aarde en de mensheid te redden van haar ondergang. Ik wil weten wie God is en welke universele wetten er gelden. Door de ontvangen e-mail met daarin de vergelijking tussen Abraham Lincoln en John F. Kennedy werd het intense verlangen om meer inzicht te krijgen in wat ons werkelijk drijft en hoe de wereld werkt groter en groter. Allereerst heb ik onderzoek gedaan naar de afzender van de e-mail. Het spoor leidde naar een professor van Harvard University die Roy Markowitz heet. Hij heeft dezelfde gedachtegang als dat ik aanhoud. Als we nu de uitputting van de aarde niet stoppen, brengen we het voortbestaan van de aarde in gevaar. We kunnen straks niet met tien miljard mensen op dezelfde manier leven als dat we nu in de westerse wereld doen. De toenemende natuurrampen zijn slechts de eerste speldenprikjes. Het spoor van professor Roy Markowitz gaf me nieuwe energie; blijkbaar was ik niet alleen met mijn zorgen om de huidige wereld. Ik besloot om met nog meer energie te gaan zoeken en was de afgelopen jaren elk vrij uur in onze bibliotheek te vinden. Tijdens een van mijn zoektochten in de oude geschriften en manuscripten ben ik gestuit op een bijzonder boek over synchroniciteit, dat vroeger door de kerk in de ban is gedaan."

Het verhaal van Renard past in het beeld dat ik van de kerk heb. Een groot gedeelte van de oude wijsheid is door de kerk in de vroege middeleeuwen in de ban gedaan, omdat het niet paste bij hun streven naar macht en geld. De gewone burger werd zwak en afhankelijk van de opgeschoonde versie van de Bijbel gemaakt om zo op zondagen de kerken vol te krijgen en de legaten en boetedoeningen in ruime mate te ontvangen. Kerken zijn niet voor niets zo welvarend geworden. Maar meer nog dan dat ik herkenning proef in de woorden van Renard, is mijn nieuwsgierigheid gewekt. Wat weet Renard wat wij allemaal niet weten?

"Waarom vertel je me dit allemaal?" vraag ik.

Renard glimlacht om mijn opzichtige ongeduldigheid.

"Komt alles voort uit een iets of komt alles voort vanuit het niets?"

-18-

Als ik later dood ben, dan weet ik eindelijk alles. Dat ene rare zinnetje schiet door mijn hoofd als ik achter Renard door de lange kloostergang met gebogen gewelven loop. Links ligt de binnentuin van het klooster waarin verschillende soorten kruiden groeien. Wat weet ik eigenlijk allemaal niet, wat mijn overleden moeder al wel wist? Het geheim van het leven lijkt op een clou die wij op aarde maar niet kunnen zien. Is het niet zo dat je na het overlijden ineens de waarheid achter het leven begrijpt en dat deze zo eenvoudig en logisch is, dat je niet snapt waarom niemand in de wereld daar ooit op is gekomen?

"Renard, ken jij het geheim van het leven?" vraag ik.

"Ik heb ondertussen al een paar stappen gemaakt. Het leven lijkt de realiteit te zijn zoals we haar ervaren, maar zo is het niet. De werkelijkheid wordt gevormd door de universele wetten. Er bestaat een vierde dimensie die ons leven bepaalt, maar die we met onze zintuigen niet kunnen waarnemen. Dat is het grote geheim van het universum," antwoordt Renard.

Ik kijk mijn neef niet begrijpend aan wegens zijn cryptische opmerkingen. Iets in mij zegt dat Renard zoveel meer weet dan dat hij aan mij vertelt. Ik ben benieuwd wat me nog allemaal te wachten staat. Eerlijk gezegd wordt mijn reis naar Leuven, waar ik eigenlijk maar weinig zin in had, steeds spannender en leuker. Wie krijgt nu de kans om serieus over God en het geheim van het universum na te denken? De meeste mensen rennen hun hele leven rond in de tredmolen van werk, geld verdienen en carrière maken. Vaak pas als het te laat is, komen ze aan zichzelf toe en stellen ze zichzelf de belangrijkste levensvragen.

Renard stopt aan het einde van de gang en we lopen door een zware houten deur de bibliotheek van de abdij binnen, die direct bij binnenkomst al veel indruk maakt. Het is een vierkante ruimte van twintig bij twintig meter, waar alle wanden bestaan uit metershoge eikenhouten boekenkasten vol met oude boeken en geschriften. Het gebogen, hoge plafond is versierd met Bijbelse vertellingen die op het stucwerk zijn geschilderd. Op de houten vloer staan drie tafels met eenvoudige stoelen en er staat een vitrinekast met de oudste geschriften van deze bibliotheek. De ruimte ademt een sfeer van wijsheid en devotie uit en het is hier rustig. Aan een tafel zit een kloosterling in witte pij verzonken in een oud boek.

"Ik ben hier op een bijzonder boek gestuit dat in 1697 door een monnik uit Schotland is meegenomen naar deze bibliotheek."

Renard loopt naar een boekenkast, klimt op een ladder en pakt hoog uit de boekenkast een boek met een bruine lederen kaft.

Met het boek in zijn hand klimt hij naar beneden en legt het boek voor me op tafel. הממד הרביע staat er in een gedrukte letter op de omslag te lezen met daaronder in het latijn: *Quatuor dimensionum*.

"Ze noemen dit ook wel: *Het boek van de waarheid,"* zegt Renard.

Het boek is bijzonder, dat voel ik direct als ik het voorzichtig van de tafel oppak. Het boek ruikt naar eeuwenoud papier, maar is ondanks de hoge leeftijd redelijk goed geconserveerd gebleven. Als ik het boek opensla, zie ik dat het in een oude, ontoegankelijke taal is geschreven.

"In welke taal is dit boek geschreven?" vraag ik.

"In het Hebreeuws. Deze taal werd al omstreeks 1500 voor Christus gesproken. Ik ben begonnen met de vertaling en het is fascinerend. Dit boek brengt namelijk het geheim van het universum in kaart. Dat is ook de reden waarom het boek direct na het verschijnen door de paus in de ban is gedaan."

Ik kijk met een wazige blik naar Renard. Het klinkt allemaal reuze interessant, maar waarom vertelt hij me dit allemaal?

"Nick, ik heb je nodig om in Amerika nader onderzoek voor mij te doen. Op Harvard University is een tweede exemplaar van dit boek in de universiteitsbibliotheek aanwezig. Jij spreekt perfect Engels en je bent niet verbonden aan het klooster. Mijn Engels is volstrekt onvoldoende om zelf dit onderzoek te kunnen leiden. Ik wil weten wat ze daar hebben ontdekt. Jij bent hoogintelligent en was niet voor niets een van de beste beurshandelaren. Daarnaast heb je in New York gewoond en beheers je de Engelse taal. Het is belangrijk dat we nader onderzoek gaan doen en je moet me daar bij helpen. In dit boek staat interessante door de kerk verboden informatie. Daarom wil ik je vragen om naar Amerika af te reizen om daar het gewenste onderzoek voor mij te doen. Ik heb een naam voor je. Professor Roy Markowitz leidt daar het team dat de vertaling van dit boek uitvoert. Ik zal je ruimhartig betalen. Zonder hulp vanuit Amerika kom ik niet tot de kern van dit boek."

Ik kijk peinzend voor me uit naar de rijen met boeken die deze bibliotheek rijk is. Toch houd ik wijselijk mijn mond. Ik zit in de schuldsanering en kan maar nauwelijks mijn hoofd boven water houden.

"Ik moet erover nadenken," zeg ik.

"Dat begrijp ik," zegt Renard. "Het is veel informatie in korte tijd. Denk er maar rustig een nachtje over na."

Dan staat hij op en laat mij het kloostercomplex zien. Hij leidt me door de witte abdijkerk met bijzondere beelden en eeuwenoude schilderijen. We ontmoeten de abt van Amersweert, een betrekkelijk jonge vent, die de scepter over de abdij zwaait. We bezoeken het kerkhof, waar veel beroemde Belgen door de eeuwen heen hun laatste rustplaats hebben gevonden. Ik zie de eetkamer, de cellen waar de kloosterlingen slapen en het park van de abdij. De sfeer is devoot en ik begrijp waarom mensen zich tot het klooster aangetrokken voelen. Het vaste dagritme is voor veel mensen geen opgave, maar een zegen. Hier is geen keuzestress en er zijn voldoende financiële middelen om een sober, maar prettig bestaan te leiden. De kloosterlingen in hun witte gewaden vormen een hechte gemeenschap die veel steun aan elkaar hebben. Faillissementen en curatoren zijn onbekend en ook relatieproblemen komen hier niet voor omdat er simpelweg geen liefdesrelaties bestaan, met uitzondering van die met God. Een sober en eenvoudig leven als vlucht uit onze complexe en hectische maatschappij. Het klinkt aantrekkelijk, ook voor mij.

Die avond eten we aardappelen en sperziebonen uit de tuin. Ze smaken anders dan ik gewend ben; verser en intenser. Na de avondmis wordt de avond vrolijk afgesloten in de huiskamer met eigen gebrouwen abdijbier. Ik kan me niet heugen dat bier me ooit zo lekker heeft gesmaakt. De paters zijn vriendelijk en onderhoudend. Ze zijn verrassend goed geïnformeerd over wat er in de wereld aan de hand is en we hebben diepgaande gesprekken over het leven. Maar *Het Boek van de Waarheid* blijft onbesproken. Ik vermoed dat Renard hier in het geheim aan werkt. Voor ik ga slapen, neemt Renard me nog even apart.

"Nick, ik hoop dat je me wilt helpen. En niet alleen mij, maar we hebben deze kennis hard nodig om de problemen in onze huidige wereld op te lossen. Professor Roy Markowitz is een bijzonder mens. Ooit las ik een interview met hem, waarbij hij afsloot met de basisvraag: komt alles voort vanuit een iets of komt alles voort vanuit het niets? Niemand heeft ooit antwoord kunnen geven op deze fundamentele levensvraag."
Op dit moment heb ik nog geen idee heb hoe deze eenvoudige vraag mijn totale leven op zijn kop gaat zetten.

"Stilte is de taal van het universum."

-19-

Het moet gezegd worden: behalve Tim Bunker, die in mijn tijd in New York de voorzitter was van de Masters of de Universe club, heb ik nooit een wonderlijker man ontmoet dan mijn neef Renard. Hij trekt me vanuit de schuldsanering mee in de zoektocht naar een oud boek van de Tempeliers dat afkomstig is uit de Tempels van Salomon in Jeruzalem. Zelfs de grootste schrijver in het genre romans kan dit niet verzinnen. Door een eenvoudige vraag te stellen, weet hij mij in zijn ban te krijgen en ontneemt hij mij mijn nachtrust. In de aan mij toegewezen kamer in het gastenverblijf van het klooster lig ik in mijn bed te malen over het "niets" en het "iets" als bronnen van het alles. Het lijkt op een zoektocht naar de waarheid achter de werkelijkheid. Maar wat is eigenlijk "de werkelijkheid?"

Soms denk ik wel eens dat we allemaal letterlijk in ons eigen universum wonen en dat de werkelijkheid afhankelijk is van hoe we naar de wereld kijken. Is het niet zo dat ieder mens een eigen waarheid en een eigen werkelijkheid heeft? Zo werkte dat, gek genoeg, ook voor mij tijdens mijn succesvolle periode op de beurs. De koers ontwikkelde zich altijd in de richting die ik me vooraf had voorgesteld. Soms ook weer niet, anders was ik nu niet failliet geweest en had ik niet in de schuldsanering gezeten. Maar is mijn werkelijkheid wel de realiteit of zit er nog een vierde dimensie achter die het leven stuurt? Het zou kunnen dat de vierde dimensie niet aan het stuur zit, maar dat ik mijn eigen leven stuur om te groeien in mijn ontwikkeling. Zonder die zeperd op de beurs had ik nu niet bij Renard in het klooster gezeten en mijn hoofd gepijnigd over of de oorsprong van het alles in het niets of het iets ligt. Ik betwijfel sterk of ik op dit pad moet verdergaan. Iets in mij zegt me namelijk dat de kijk op mezelf en op het universum nooit meer hetzelfde wordt als ik de opdracht van Renard aanneem. Misschien laat ik me te erg leiden door mijn angsten en moet ik juist de confrontatie aangaan.

Wat betekent eigenlijk "het niets"? Bestaat dat wel? Het is opmerkelijk helder in mijn hoofd en ik begin de vraagstelling logisch te beredeneren. Stel dat ik een steen neem en deze steen halveer. De ene helft gooi ik weg en de andere helft houd ik over. Dan heb ik nog steeds een stuk steen in mijn handen. Stel eens dat ik de steen oneindig vaak achter elkaar halveer en elke keer een helft behoud en de andere helft wegdoe. Volgens mijn redenering heb ik na het oneindige halveren nog altijd iets over, want de helft van iets kan niet niets zijn. Hoe klein het deeltje steen ook is, het wordt nooit nul. Dat betekent volgens mij dat er ooit iets moet zijn geweest, waaruit de wereld met al het leven is ontstaan. Anders was er niets geweest. Er kan volgens mij niet iets ontstaan vanuit het niets, tenzij je in het scheppingsverhaal gelooft. Maar ook daar was er iets, namelijk God. Dat betekent dus dat wij voortkomen vanuit een iets, wat dat ook is. Ik ben tevreden met deze logische redenering en ben benieuwd wat Renard daar morgen op weet te zeggen. Zachtjes schud ik neuriënd mijn hoofd heen en weer, terwijl ik door het kleine raam naar buiten kijk. Deze tik heb ik overgehouden uit mijn jeugd. Het was mijn manier om in slaap te vallen. Als ik alleen ben, doe ik het nog geregeld. Het moet beaamd worden dat het vandaag een bijzondere dag was; ik heb een onderzoeksreis aangeboden gekregen, maar ik ben er nog niet helemaal uit of ik op het verzoek van Renard in moet gaan. Aan de ene kant trekt een reis naar de Verenigde Staten me sterk aan, maar aan de andere kant begrijp ik nog steeds niet wat Renard precies van me wil. En de vraag over het ontstaan van het alles uit het iets of uit het niets heeft zijn intenties niet veel duidelijker gemaakt. Met de overtuiging dat ik morgen het antwoord op de vraag van Renard weet, val ik in een diepe slaap; gelukkig dit maal zonder de hulp van mijn slaapvriendjes. Ik droom heel helder.

Op een regenachtige herfstochtend ben ik om half zes klaarwakker. Hoewel het buiten nog donker is, sta ik op en loop naar de badkamer. Aan het mooie moderne sanitair is te zien dat ik maatschappelijk geslaagd ben. Ik kijk in de spiegel en schrik van het vermoeide gezicht dat me aanstaart. Het jarenlange zwoegen heeft mijn gezicht getekend en de vermoeidheid is ervan af te lezen. Terwijl ik in de badkamer ben, hoor ik de brievenbus klepperen. Vreemd, de ochtendkrant heb ik een half jaar geleden al opgezegd. In mijn ochtendjas loop ik naar de brievenbus buiten en daar vind ik een dubbelgevouwen wit briefje. Ik vouw het nieuwsgierig open en lees dat om exact zes uur in de ochtend een bus mij thuis komt ophalen. Ik loop naar binnen en in de gang zie ik op de klok dat het een paar minuten voor zes uur is. Ik ren naar boven en kleed me snel aan. Als ik weer beneden kom, staat er inderdaad een zwart geblindeerd busje met een ronkende motor op straat te wachten. Ik open de voordeur, maar twijfel. De chauffeur met zwarte pet wenkt me. Ik stap in de zwarte bus met allemaal voor mij onbekende mensen. Niemand zegt wat en ze staren me uitdrukkingsloos aan. De bus trekt ronkend op en zonder ook maar één keer te stoppen, rijden we de stad uit het platteland op. In de ochtendschemering kijk ik naar het mistroostige landschap in de ochtendnevel. Ik sukkel in de hobbelige bus weg. In mijn slaap ontmoet ik mijn twintigjarige ik, jong en gretig, zoals ik destijds was.

"Wat heb je met me gedaan?" roept mijn twintigjarige ik vertwijfeld uit. Ik schrik en denk na over hoe mijn leven ten onder is gegaan aan pure hebzucht. Daarom zit ik nu zo in de ellende. Elke dag leverde ik een gevecht om mijn hoofd boven water te houden. Vragen stellen deed ik al lang niet meer en de eerste sporen van cynisme waren waarneembaar. Elke richting voor de toekomst ontbrak. En toen kwam de klap, die me terugwierp op wie ik werkelijk was. Ik schrik wakker als de bus stopt en alle inzittenden achterlaat op een open plaats in een verlaten bos.

Voordat de bus weer vertrekt, roept de chauffeur uit het autoraam: "Vanavond om twaalf uur kom ik jullie weer ophalen en dan mogen jullie beslissen om in te stappen om je oude leven weer op te pakken of om hier te blijven en een nieuw leven te beginnen."

De uitgestapte groep passagiers kijkt elkaar ongemakkelijk aan. Het is koud en de eerste mensen gaan hout sprokkelen voor een kampvuur. Als we even later met z'n allen rondom het kampvuur zitten, komen de verhalen los. Eerst gaan de gesprekken over wat mensen zijn geworden en over de problemen van alledag, maar al snel veranderen de verhalen van toon en inhoud en gaan ze over liefde, hoop, verlangens en dromen zoals ze ooit waren. Ieder mens is ooit met idealen aan dit leven begonnen, maar heeft door sleur, pech of tegenslag zijn of haar dromen opgegeven. Doe maar normaal, dan doe je gek genoeg, is een belangrijke grondslag voor mensen in onze maatschappij. Door erover te praten, ontstaan nieuwe inzichten. Ineens zie ik weer mogelijkheden en komen mijn vroegere dromen tot leven. Ik ben een spiritueel wezen dat iets goeds te brengen heeft. Ik moet wijsheden en inzichten verkondigen die zoveel verder gaan dan de hang naar geld en bezit. Ik wil een betekenisvol mens zijn. Het is mijn verlangen en niet mijn angst dat de koers bepaalt voor de rest van mijn leven.

Als de buschauffeur om klokslag twaalf uur zijn zwarte bus op de open plaats in het bos parkeert, ben ik veranderd. Niet langer beheersen angst, twijfel en schaamte mijn leven. Ik wil iets waardevols toevoegen aan deze wereld. Vanaf nu regeert mijn hart en ben ik klaar om mijn leven een nieuwe wending te geven. Ik besluit niet meer in de zwarte bus te stappen en laat mijn oude leventje achter me. Vanaf nu ga ik mijn dromen achterna.

Als ik wakker word, heb ik mijn beslissing genomen. Ik ga in op het verzoek van Renard.

"Doe maar abnormaal, dan doe je gek genoeg."

-20-

Of je koning bent of een zwerver: de voetstappen die je achterlaat in het zand zijn gelijk. Dat is een wijsheid die mijn moeder me ooit bijbracht. In mijn jongere jaren begreep ik haar boodschap niet. Wat moest ik met deze vreemde uitdrukking? Juist ik had er alles aan gedaan om materiële rijkdom te vergaren om zo een koning te worden. Dat ik anderen benadeelde en geen echte bijdrage aan een betere wereld leverde, maakte me niet uit. Ik wilde succes uitstralen en in alle luxe leven. Mijn extravagante auto's stonden symbool voor mijn levenshouding. Uitgerekend nu op de vroege ochtend, hier in het klooster van Leuven, hoor ik mijn moeder in mijn gedachten nogmaals haar memorabele woorden uitspreken en ik begrijp ineens de kern van haar boodschap. Je verlaat dit leven hoe dan ook met lege handen. Het zijn niet je bezittingen die op je sterfbed van belang zijn, maar de footprint die je achterlaat. Renard geeft me de kans om iets waardevols in deze wereld achter te laten. Hij spreekt over de vierde dimensie en de geheimen van het universum.

Bij het ontbijt vertel ik Renard het goede nieuws. Ik ga voor hem onderzoek doen op Harvard University in de Verenigde Staten. Na het ontbijt neemt Renard mij mee naar de begraafplaats van het klooster, waar veel beroemde schrijvers, wetenschappers en kerkelijke vaders hun laatste rustplaats hebben gevonden. Hoewel een begraafplaats voor veel mensen een ietwat luguber gevoel oplevert, ervaar ik op deze vroege ochtend een andere kant. Er daalt een rust in me neer terwijl de frisgroene blaadjes ritselen in de zachte warme ochtendbries. De oude paranormale gevoelens komen weer opzetten en ik voel me gelukkig in het hier en nu. We gaan op een bankje op een heuveltje onder een oeroude eik zitten en kijken over de begraafplaats uit.

"Heb je het antwoord gevonden op de vraag van gisteravond?" vraagt Renard.

"Er moet iets zijn geweest waar het ooit allemaal begon. Er kan niet iets uit het niets voortkomen," antwoord ik.

De uitleg valt blijkbaar goed, want Renard knikt tevreden. Het is stil op de begraafplaats. Alleen het ruisen van de bladeren is te horen, dat plotseling wordt onderbroken door de kloosterklok die aangeeft dat het negen uur is. Na het uitdoven van het geluid van de klokken heeft de stilte het op het kerkhof weer voor het zeggen. Ik heb nooit geweten dat stilte zoiets fijns kon zijn. In mijn tijd als beurshandelaar was het nooit stil; vierentwintig uur per dag was er wel ergens geluid en bovendien altijd hectiek.

"De mensen die hier hun laatste rustplaats hebben gevonden, zijn er het levende bewijs van dat er wel degelijk iets uit het niets kan voortkomen," zegt Renard. "Sterker gesteld: elk mens komt voort uit het niets."

Mijn ogen kruisen die van Renard, waarbij hij zeker mijn verbazing moet hebben opgemerkt.

"Als kleine kinderen waren je vader en moeder niet in staat om zich voort te planten. Er was op dat gebied niets. Ineens zijn ze daar vanaf de pubertijd wel toe in staat. De zaadjes en eitjes, die nodig zijn voor voortplanting, komen uit het niets. Dat vind ik het bijzonderste op deze wereld. Vanuit het niets krijgen we van de ene op de andere dag de mogelijkheid om ons voort te planten. Zo ben jij ontstaan, zo ben ik ontstaan en zo is elk mens ontstaan. Alleen door het verstrijken van de tijd kunnen we ons voortplanten."

Ik kan er niet direct iets tegenin brengen, maar ik weet nog niet of ik het met zijn redenering eens ben. Het is net als het scheppingsverhaal dat beweert dat God alles binnen zeven dagen vanuit het niets heeft geschapen. Maar God is toch al een iets? Het enige dat Renard met zijn discussie bewerkstelligt, is dat ik nog nieuwsgieriger word naar de kennis uit Het *Boek van de Waarheid*. Wat wisten ze in de tijd van voor Christus wat wij ruim tweeduizend jaar later nog steeds niet weten?

Renard neemt me mee naar de bibliotheek, waar de zon door de gebrandschilderde ramen als geel licht naar binnenvalt. Renard pakt uit een vitrine Het *Boek van de Waarheid* en geeft dat aan mij. Ik ga aan een leestafel zitten en sla het boek open. De oude Hebreeuwse teksten maken het boek onleesbaar. Renard heeft de deels door hem vertaalde tekst erbij gehaald. De door hem vertaalde teksten gaan over de verschillende vormen van synchroniciteit. Om synchroniciteit te kunnen ervaren, is een hoog niveau van bewustzijn nodig. Het boek leert mij dat de mens vier niveaus van bewustzijn heeft. Het eerste en het laagste niveau van bewustzijn is de slaap, dit is een passieve toestand waarin de mens minimaal een derde van zijn leven doorbrengt. Het tweede niveau van bewustzijn is de toestand waarin we wakker zijn en onze dagelijkse bezigheden uitvoeren. We beschouwen deze toestand als actief bezig zijn met een helder bewustzijn. Het is het bewustzijnsniveau waarin ik me nu bevind als ik de door Renard vertaalde teksten lees. Het derde niveau van bewustzijn is zelfbewustzijn; op dit niveau ervaren we ons diepere zelf. Je ziet jezelf op dit niveau zoals je werkelijk bent. Zelfbewustzijn is niet voor iedereen weggelegd. Om zelfbewustzijn te ontwikkelen, zijn langdurige reflectie en meditatie nodig en het boek geeft aanwijzingen hoe je dit zelfbewustzijn kunt bereiken. Ons gedrag en onze drijfveren ontstaan op dit niveau. De hoogste vorm van bewustzijn wordt het objectief bewustzijn genoemd; op dit niveau vinden we synchroniciteit dat hij als zinvol toeval omschrijft. Op dit hoogste niveau zijn we in staat om niet alleen onszelf, maar ook de wereld te ervaren zoals deze werkelijk is. Je ziet de wereld niet zoals jij denkt dat deze is, maar zoals deze werkelijk is. Slechts weinig mensen hebben toegang tot dit hoogste niveau. Je kunt er namelijk alleen komen via het derde niveau van zelfbewustzijn en door langdurige meditatie. Dat betekent dat je eerst inzicht in jezelf moet hebben om te weten wie je werkelijk bent, voordat je een objectief bewustzijn kunt ontwikkelen. Dit hoogste niveau is een onbeschrijflijke ervaring die Het *Boek van de Waarheid* de verlichting noemt. Op dit niveau zie en ervaar je hoe alles met elkaar samenhangt en begrijp je waarom je leven op deze wijze verloopt. Het is alsof je wakker wordt en begrijpt waarom de dingen gaan, zoals ze gaan. Dan heb je inzicht in de universele wetten, die gelden in de vierde dimensie.

Veruit de meeste mensen leven alleen op de eerste twee niveau's van bewustzijn (slaap en dagelijks leven). Mensen ervaren op deze niveau's dat ze een speelbal zijn van de gebeurtenissen die hen bij toeval overkomen. De wereld is een chaos, die steeds sneller verandert. Ze zien niet de brede context, waarin de veranderingen logisch passen en hebben geen flauw benul van synchroniciteit. De werkelijke wereld en de samenhang van gebeurtenissen blijven verborgen. Het objectief bewustzijn ontbreekt. Op een hoger bewustzijnsniveau zie je hoe alles in elkaar past. Renard nodigt me uit voor de lunch en ik geef de vertaling van het boek van de Tempeliers terug. De eerste gelezen stukken hebben een bepaalde nieuwsgierigheid in mij losgemaakt. Er bestaan meer bewustzijnsniveau's, die alleen aan ingewijden lijken te zijn voorbehouden. Hoe bestaat het dat er zoveel oude wijsheid zo diep is weggezakt?

"Als woorden tekort schieten, spreekt de ziel."

-21-

De woorden 'wat' en 'als' zijn normale woorden die in onze taal voorkomen zonder veel betekenis te hebben. Maar als ze samen in een zin worden gebruikt, ontstaat er dynamiek en bepalen ze levens. Want *wat* was er met mijn leven gebeurd *als* ik vorig jaar augustus niet op de knop had gedrukt om de fatale transactie in gang te zetten? Dan had ik nu nog op de beurs gehandeld, waren Kathleen ik nog bij elkaar geweest en hadden we nog steeds in onze villa in Laren gewoond met een Porsche en een Ferrari voor de deur. Aan de andere kant had ik mezelf dan nooit zo goed leren kennen als dat ik nu doe, was ik niet in dit klooster geweest, was ik Renard vergeten en had ik nog nooit van *Het boek van de waarheid* gehoord. Bovendien was ik dan nooit begonnen aan de belangrijkste zoektocht van mijn leven naar het geheim van het universum. Het is bizar dat door deze twee schijnbaar onschuldige woorden 'wat' en 'als' samen te voegen, complete levens worden bepaald, geliefden bij elkaar komen en dat er carrières worden gemaakt of gebroken. Wat zou er gebeuren als.... De woorden hebben in combinatie iets te maken met de magie van het leven. Tijdens de lunch gaat het aan de kloostertafel over de uitwerking op iemands leven bij het verliezen van een dierbaar persoon. Vanochtend was er een vrouw in het klooster geweest die haar enige kind bij een auto-ongeluk had verloren. Ze lijdt nu aan zinloosheid in haar leven. Elke zin of be-

tekenis is verloren gegaan en de grond onder haar voeten voelt drassig, alsof ze er elk moment in kan wegzinken. Het is alsof ze met een beslagen voorruit door het leven gaat en elk uitzicht op levensgeluk verloren is gegaan. Elke dag bezoekt ze het graf van haar zoon, die op het kerkhof bij het klooster ligt. Ik kan me haar gemoed voorstellen, ook ik zwoegde maandenlang met een beslagen voorruit door het leven en was ten einde raad. Het ging zelfs zo ver dat ik er een einde aan had willen maken. De beklagenswaardige vrouw zoekt nu naar troost in de kapel en ze bidt tot God om nieuwe zin in haar leven te vinden. Ook het leven van deze vrouw wordt getekend door de woorden 'wat' en 'als'. *Wat* zou er van haar kind terecht zijn gekomen *als* hij niet op het bewuste tijdstip op de plaats van het ongeluk was geweest? *Wat* zou er zijn gebeurd *als* het kind tien minuten later van huis was vertrokken? Het zijn vragen die haar hersenen nog dikwijls zullen pijnigen. Het leven bestaat uit een wirwar van toevalligheden. Is het toeval dat tijdens deze lunch juist de verdrietige vrouw ter sprake komt of zit daar een diepere betekenis voor mij achter? Zij is zwaar getroffen door het lot, maar waarom nu zij? Dat heb ik me de laatste maanden ook dikwijls afgevraagd. Waarom loopt het leven zoals het loopt? Het zijn vragen, die mij mateloos boeien en waar ik tijdens mijn reis naar Harvard antwoorden op hoop te vinden.
Na de lunch belt Renard een taxi die mij naar het station brengt. Bij ons allerhartelijkst afscheid duwt Renard mij een gesloten envelop en een artikel van Roy Markowitz in de handen.

"In de envelop zit tweeduizend euro voor het onderzoek en je verblijf in Boston," zegt Renard. "Ga op zoek naar de geheimen van synchroniciteit. Na je onderzoek treffen we elkaar en breng je verslag uit. Maak aantekeningen om de gevonden geheimen niet te vergeten. Het ga je goed en ik wens je met mijn hart een voorspoedige reis. God zij met je op je reis."

"Dank voor alles Renard. Ik ga mijn best doen en kom met antwoorden bij je terug. Tot gauw."

De deur van de taxi wordt dichtgegooid en we rijden de lange oprijlaan van het klooster af, op weg naar het grootste avontuur van mijn leven. De treincoupé zit halfvol met mensen, het meisje tegenover mij zit onafgebroken op haar mobiele telefoon te turen en te typen. Waar is de tijd gebleven dat mensen nog massaal boeken lazen in de trein? Wie zoekt er nog diepgang en wie is er eigenlijk nog geïnteresseerd in hoe de wereld werkelijk werkt? Wie vraagt zich nog af of er een oneindig intelligente macht bestaat die toeval in ons leven stuurt? Slechts weinigen. We zijn er eerder in geïnteresseerd of Petra haar hond heeft uitgelaten en of ze daarna waanzinnig lekker met haar vriendinnen heeft geluncht. Dat soort boodschappen is populair op Hyves en Facebook. Ik wil het wel geloven, maar ik ben er nog niet uit of toeval bestaat of niet.

Ik lees een artikel van professor Roy Markowitz, dat Renard me heeft meegegeven. Het is een artikel uit Time magazine. Op de omslag van het Amerikaanse managementblad staat een kop met de titel: *The truth behind our lives by Professor Roy Markowitz*. Hij blijkt een professor te zijn aan de Harvard University. Het artikel geeft de uitkomsten van een onderzoek weer dat professor Markowitz heeft verricht in de archieven van John F. Kennedy, die door de Amerikaanse overheid in het jaar 2000 zijn vrijgegeven. Het boeiende is dat de in sociale psychologie geschoolde professor Markowitz zich niet heeft gericht op de ware toedracht van de moord, maar dat hij vooral heeft onderzocht hoe John F. Kennedy kon uitgroeien tot de grootste inspirerende leider van de twintigste eeuw. Net als over het genootschap de Tempeliers hangt er een waas van magie over de markantste president die de Verenigde Staten ooit heeft gekend. Het verhaal boeit me van het begin tot het einde. Ik lees over zijn vader Joseph, die zijn zoon John naar grote hoogtes heeft gestuwd en ik lees over de liefde van John F. Kennedy voor literatuur en geschiedenis. De professor schrijft een verhaal over zijn leven dat doordrenkt is met passie, geloof en verlangen, maar ook met samenwerking en gelukkig toeval. Het is een onderzoek dat gaat over de kracht van onze geest. De centrale vraag van het artikel is: waarom er mensen zijn die iets groots en maatschappelijk belangrijks doen met hun leven en waarom er evengoed mensen zijn, die hun levensdoel vergeten en die niet in staat zijn om hun bestaan inhoud te geven? De professor heeft onderzocht of er een kracht bestaat die een bepaalde energie aantrekt en die ervoor zorgt dat alles wat je nastreeft realiteit wordt. Tijdens het lezen van de uitleg neemt de opwinding toe. De professor is er na zijn onderzoek van overtuigd dat wanneer je daadwerkelijk iets wilt en dat nastreeft en je doel blijft voeden met verlangen, dat dan het gehele universum zich samenspant om je te helpen dit doel te bereiken! Zou dat het geheim achter het leven zijn? Alles waar je energie instopt, groeit. Professor Markowitz laat aan de hand van concrete voorbeelden zien dat John F. Kennedy openstond voor toeval en tekenen die het leven hem aanreikten en zo werd zijn levenspad voor de buitenwereld duidelijk. Zijn vader Joseph had al vroeg het zaadje in zijn leven gepland. John F. Kennedy was een meester in het ontdekken van patronen in het ogenschijnlijk toeval dat hem heeft getroffen. Zo heeft zijn uiteindelijke lot zich ontplooid als een logische aaneenschakeling van toevallige gebeurtenissen. Zelfs het doodschieten van John F. Kennedy lag al in dat lot besloten. Dat maakt mijn enthousiasme voor het onderzoek van professor Markowitz alleen maar groter. Als je blijkbaar in staat bent om door het volgen van het toeval je weg te ontdekken, dan heb je je ware levenselixer gevonden! Als je in de flow van het leven meegaat, dan gaan deuren die eerst gesloten leken, ineens open. Het enige dat je moet leren, is om met andere ogen naar de werkelijkheid te kijken. Als je het toeval in je leven ziet, ontdek je kansen die nadrukkelijk alleen voor jou zijn bedoeld. Dan gaat de professor in op het begrip synchroniciteit. Synchroniciteit betekent volgens hem dat je begrijpt dat er meer is dan 'gewoon' toeval. Synchroniciteit is een vorm van systeemdenken, waarin de wereld als een groot samenhangend en elkaar beïnvloedend systeem wordt gezien. Het geeft je de ervaring dat gebeurtenissen niet zomaar op je pad komen en altijd een doel hebben. Door synchroniciteit ben je verbonden met anderen en met de wereld om je heen. Roy Markowitz schrijft over de uitingen van synchroniciteit die alleen zijn waar te nemen in de hoogste vorm van bewustzijn, wat het objectief bewustzijn wordt genoemd. Ik schakel terug naar mijn eigen leven. Nooit heb ik iets bevroed wat op synchroniciteit zou lijken. De dingen in mijn leven gebeuren zoals ze gebeuren, zonder dat ik daar veel over nadenk of over loop te piekeren. Ik zag de fatale belegging veel meer als een stommiteit dan als een gebeurtenis met een diepere betekenis. Maar dat is intussen veranderd. Om toegang te krijgen tot het objectief bewustzijn, moet je bestaande oordelen en overtuigingen loslaten. Juist dat is een leermomentje voor mezelf geweest. Ik heb namelijk altijd en overal een mening ergens over. Aan de ene kant komt dat assertief en zelfverzekerd over, aan de andere kant maskeert het de onzekerheid die onder het dunne laagje bravoure schuilgaat. De afgelopen maanden in diepe misère hebben me gelouterd. Pas toen heb ik ruimte gegeven aan mijn paranormale gaven en ben ik in contact getreden met mijn eigen ziel. Pas als je wakker bent, wordt er ruimte vrijgemaakt voor synchroniciteit of voor zinvol toeval in je leven.

"Zelfs aan de donkerste nacht komt in de ochtend weer een einde."

-22-

Het is in mijn opinie niet de sex die twee mensen het sterkst met elkaar verbindt, maar de liefde. En juist dat laatste mis ik sinds Kathleen is vertrokken. De liefde en aantrekkingskracht tussen man en vrouw zijn bijzondere fenomenen. Een man die succesvol is, heeft een speciale aantrekkingskracht op vrouwen. Hij straalt dat op een subtiele wijze uit en praktisch elke vrouw heeft daar voelsprieten voor. Misschien is het een overblijfsel van onze oerdrift, waarbij de kans op voortplanting het grootst is bij de sterke en gezonde paren. Hoe het ook zij, in New York hadden de vrouwen bij bosjes aan mijn voeten gelegen, zonder dat ik er enige moeite voor had hoeven doen. Ik kon vrijelijk kiezen uit de mooiste vrouwen van deze metropool. Alleen mijn relatie met Kathleen had me in toom gehouden. De handelaren op Wall Street hebben blijkbaar een sexappeal waar geen mannelijk torso tegenop kan.

De andere kant van de medaille is ook waar; zodra je aan de onderkant van onze samenleving terechtkomt, is de magie verdwenen. Ik heb geen geld en status meer en moet elke maand vechten om geen honger te hoeven lijden. Hoe aantrekkelijk is een man die elke vrijdag zijn boodschappentas bij de voedselhulp vult? De sex-appeal is verdwenen, terwijl ik nog altijd Nick Larson met dezelfde persoonlijkheid ben. Er is er geen vrouw te vinden die nog interesse in me heeft. Zelfs bij bijstandsvrouwen val ik buiten de boot. Ik heb geen geld om naar de kroeg te gaan of om me in te schrijven bij een datingbureau of om het lot enigszins te veranderen. Dus zijn de afgelopen maanden seksloos en zonder genegenheid verlopen. Dat is het droevige lot van een alleenstaande man in de schuldsanering, waar ik me bij neer moet leggen. Ik mis Kathleen als nooit tevoren. Gewoon iemand om 's nachts tegenaan te liggen of om je verhaal bij kwijt te kunnen. Het weggaan van Kathleen is een groot gemis in mijn leven.

Ik lees verder in het artikel van professor Roy Markowitz. Hij schrijft over wat hij noemt de vierde dimensie. Tijd is volgens hem de vierde dimensie en is bepalend in ons leven. In feite is de vierde dimensie een wereld achter de fysieke driedimensionale wereld waarin we dagelijks verblijven. Het is de dimensie van energie en bewustzijn die een prachtige belofte met zich meedraagt. De vierde dimensie is een extra bewustzijnslaag buiten onze fysieke wereld. Het is het huis van onze ziel. Alles wat we waarnemen, draagt een tijdsdimensie in zich. Een arm die een mens langzaam uitstrekt, heeft op elk opvolgend moment in de tijd een andere plaats. Als je loopt, verander je het fysieke lichaam van positie in de tijd. Dat gebeurt in de vierde dimensie. Professor Markowitz maakt de vergelijking tussen ons lichaam dat zich fysiek in het hier en nu op aarde bevindt en onze geest, waarmee we pijlsnel door de tijd en door de ruimte heen reizen. De geest is van tijd, zoals ons fysieke lichaam van ruimte is. Deze redenatie kan ik nog volgen: mijn lichaam is in het hier en zit fysiek in de trein, terwijl mijn geest gemakkelijk tien jaar terug in de tijd in New York kan verblijven. Even later schrijft de professor over de collectieve kennis die in de vierde dimensie ligt opgeslagen. Vanuit deze collectieve kennis ontstaat de voedingsbodem voor zinvol toeval. In de volgende alinea gaat het over de kosmos, die in zijn ogen 'ordening' betekent. Het tegenovergestelde van deze ordening is chaos. Hoewel de wereld een grote chaos lijkt, is zij in werkelijkheid een geordend systeem met vaste cyclussen. De zomer wordt winter en de winter weer zomer. De dag wisselt de nacht af en andersom. De aarde draait in driehonderdvijfenzestig dagen om de zon, terwijl de maan in gemiddeld achtentwintig dagen om de aarde draait. Volgens de professor bestaat alles op aarde uit energie en trillingen en zijn alle trillingen gesynchroniseerd met elkaar. De zon draait niet het ene jaar binnen driehonderdvijfenzestig dagen om de aarde, om hetzelfde rondje vervolgens in tweehonderd dagen te doen. Ik leg het artikel even weg en kijk naar buiten, waar het Belgische landschap langs me heen raast. Ik lees de woorden wel, maar ik weet niet precies wat ik ermee aan moet. Pas voorbij de Nederlandse grens pak ik het artikel weer uit mijn tas en lees het laatste gedeelte, terwijl de opwinding ongekende vormen aanneemt. Het zijn de woorden die ik tot in mijn tenen voel: *Het Boek van de Waarheid*. Weer datzelfde boek komt op mijn pad. Als ik de tekst lees, blijkt dat professor Markowitz brieven van John F. Kennedy heeft gevonden die gericht waren aan zijn broer Robert Kennedy en die verwijzen naar *Het Boek van de Waarheid,* dat ooit in het bezit is geweest van het mysterieuze Genootschap de Tempeliers. Dit kan geen toeval zijn en blijkbaar wordt het van bovenaf gestuurd! Juist naar dit boek ben ik op zoek.

Laat in de middag kom ik op station Amersfoort aan. Het hele weekend laat het artikel van professor Markowitz mij niet meer los. Hij weet waarschijnlijk meer over Het *Boek van de Waarheid* en van zijn onderzoek naar het leven van John F. Kennedy wil ik het fijne weten. Op zondagavond zit ik op een passende tekst te broeden. Ik krijg tenslotte maar één kans om deze vraag te stellen. De professor moet weten dat ik interesse heb en dat ik door Renard ben gestuurd, maar ik wil mezelf niet teveel opdringen. Hij is zeker een drukbezet man. Uiteindelijk stuur ik hem om elf uur 's avonds een e-mail.

Aan: markowitz@harvarduniversity.com
Afzender: nicklarson@gmail.com
Onderwerp: The truth behind our life, Time Magazine

Geachte professor Markowitz,

Mijn naam is Nick Larson en ik heb uw artikel in Time Magazine gekregen van mijn neef Renard de Veuster die kloosterling is in de abdij van de orde van Norbertijnen in Leuven in België. Na een succesvolle periode als beurshandelaar op Wall Street en in Amsterdam zit ik momenteel aan de grond. Daarom ben ik op zoek gegaan naar antwoorden op de volgende vragen: waarom het leven gaat zoals het gaat en waarom mensen doen wat ze doen?

Uw onderzoek naar het leven van John F. Kennedy biedt mogelijk aanknopingspunten voor de antwoorden op deze vragen. Graag zou ik met u persoonlijk willen spreken over de uitkomsten van dit onderzoek. Uiteraard ben ik bereid om daarvoor naar Harvard University te komen. Ik zou het waarderen als u hiervoor enige tijd in uw agenda zou willen vrijmaken. Ik hoop dat u positief reageert op deze e-mail en ik vertrouw erop dat wij elkaar persoonlijk zullen treffen.

Met vriendelijke groet,

Nick Larson

Daarna sluit ik de computer af en zet een kop thee. De kans dat de professor positief op mijn verzoek reageert, is klein. Misschien gaat hij navraag doen bij Renard, die hij persoonlijk lijkt te kennen. Na een tweede kop thee kruip ik alleen in bed. Die nacht kan ik maar moeilijk de slaap vatten. Ik ben onzeker of mijn e-mail niet te vrijpostig is, maar ik kan het niet meer veranderen. De volgende dag check ik herhaaldelijk mijn e-mailbox, maar ik tref geen antwoord van professor Markowitz aan. Ik heb de moed al bijna opgegeven als op woensdagavond in mijn e-mailbox ineens het antwoord van professor Markowitz zit. De toon van de e-mail is gematigd enthousiast en misschien zelfs gereserveerd te noemen. Professor Markowitz geeft zijn telefoonnummer om nader contact te hebben. Blijkbaar is hij toch verrast dat ik bereid ben een lange reis vanuit Nederland te maken om hem te ontmoeten of misschien heeft hij een positieve aanbeveling/beoordeling van Renard gehad. Wie zal het zeggen? Uiteindelijk krijg ik een afspraak in de drukke agenda van professor Markowitz. Tijdens het telefonisch onderhoud hoort hij mij nadrukkelijk uit over mijn prestaties als beurshandelaar. Na lang aarzelen geeft hij uiteindelijk toe en mag ik volgende week maandag langskomen. Blijkbaar hebben mijn prestaties op de beurs van Wall Street hem over de streep getrokken.

"Niets kan bij hetzelfde blijven, alles is aan verandering onderhevig."

-23-

Ik heb altijd gedacht dat ik gelukkig zou zijn als ik succes had, maar misschien is het zo dat ik eerst gelukkig moet worden om vervolgens succesvol te kunnen zijn. Veel te lang heb ik gedacht dat geluk te koop was door hard te werken en carrière te maken. Maar ik was vergeten om te leven en draaide rond in de carrousel van hard werken, stress en plannen maken voor de toekomst. Als het ene doel was bereikt, stond de volgende doelstelling weer in mijn hoofd te trappelen. Ik rende altijd maar achter mijn doelen aan zonder aan mezelf toe te komen. Want waar was ik gebleven? Renard leerde me in het klooster het belang van genieten van de kleine dingen in het leven en hij heeft het gelijk aan zijn zijde. Zonder Renard was ik niet zo snel uit mijn depressie gekomen, maar was ik blijven hangen in een mix van pijn, depressie en spijt. Natuurlijk is het nog lang niet allemaal rozengeur en maneschijn in mijn leven is en mis ik Kathleen nog elke dag. Maar zelfs zonder haar kan ik verder met mijn leven, nu er zo'n mooi vooruitzicht staat te wachten. Bij een reisbureau boek ik een vliegreis naar Boston en betaal het ticket met het cashgeld dat ik van Renard heb gekregen. Zo zit ik op een late julidag in het vliegtuig boven Groenland op weg naar Boston. Nog nooit ben ik op Harvard University geweest en alleen dat gegeven windt me al op. Wat heeft professor Markowitz mij allemaal te vertellen en is het mogelijk om de vierde dimensie echt te ervaren? Daarmee bedoel ik niet alleen de tijd, maar ook het ervaren van een echte ruimtedimensie die door de tijd en ruimte heengaat.

"Welcome to Boston International Airport and thank you for flying with Air UK," klinkt het uit de luidspreker boven me. Ik kijk uit het vliegtuigraam en zie dat het in Boston stralend weer is. Nadat ik mijn koffer heb opgehaald en de strenge toelatingsprocedure voor de Verenigde Staten heb doorlopen, loop ik naar de taxistandplaats van het vliegveld, waar de witte taxi's in een lange rij op klandizie staan te wachten. In ga in de voorste taxi zitten en we rijden het vliegveld af richting de stad. De taxichauffeur is een nors uitziende man die onze conversatie tot het hoognodige beperkt. Hij zet me af bij het door mij opgegeven familiehotel Schretler, dat op tien kilometer is gelegen van de universiteit. Met behulp van de euro's van Renard kan ik me voor even een welvarende toerist wanen. Ik zie in de lobby van het hotel dat het zes uur in de middag plaatselijke tijd is en zet mijn horloge gelijk. Morgenochtend om negen uur heb ik de afspraak met professor Markowitz staan. Het hotel is familiair van opzet en een beetje truttig te noemen, maar de kamer is prima. Ik ben moe en besluit eerst wat te eten om vervolgens vroeg naar bed te gaan. Voor mijn gevoel is het al twaalf uur in de nacht. Na het eten loop ik mijn kamer in, op de tafel ligt naast de Bijbel een stapeltje tijdschriften, waaronder The Economist. Mijn oog valt op de kopregel op de omslag: The power of focus. Ik lees het artikel in bed nadat ik heb gedoucht. Het is een verslag dat gaat over de resultaten van een breed en langdurig onderzoek, dat is uitgevoerd door een team sociologen aan de universiteit van Michigan. Dertig jaar geleden heeft de sectie sociologie een willekeurig gekozen groep van honderd studenten geïnterviewd over hun specifieke doelen, dromen en toekomstverwachtingen. Opvallend was dat negen van de tien studenten geen duidelijk beeld van de toekomst hadden of slechts vage dromen wisten op te noemen. In de afgelopen dertig jaar zijn deze honderd studenten gevolgd en onlangs is het eindrapport verschenen, waarover The Economist nu schrijft. Het blijkt dat de studenten die een helder, welomschreven doel hadden, deze grotendeels hebben gerealiseerd en zich significant succesvoller en gelukkiger voelen. De onderzoeksresultaten boeien mij; een heldere focus helpt blijkbaar bij het realiseren van resultaten. Het gevaar is echter dat je de rest vergeet en dat alles wat je doet op het doel is gericht. Dat nadeel heb ik al te goed aan den lijve ondervonden door de verkeerde investering te doen, die te danken was aan mijn focus op geld en bezit. De hebzucht heeft mij naar de rand van de afgrond gedreven.

Wat gebeurt er in het hoofd van mensen die een duidelijk omschreven doel met een sterk verlangen hebben? Waarom zijn juist deze mensen volgens het onderzoek significant succesvoller en gelukkiger? Wie of wat zorgt ervoor dat dromen met een sterke intentie worden gerealiseerd? Misschien heeft dat gegeven iets met de vierde dimensie te maken hebben. Zijn er universele krachten die ervoor zorgen dat gedachten en doelen, die worden gevoed met energie en intentie, realiteit worden? Zijn mensen magiërs die in staat zijn om onze gedachten om te zetten in tastbare materie? Maar als dat zo is, waarom zit ik dan nu zo in de misère? Misschien was mijn focus ethisch gezien niet acceptabel en had het leven wat mij betreft een ander doel voor ogen. De conclusie is dan dat het leven sterker is dan onze focus en onze intentie. Ik leg het tijdschrift weg en knip het licht uit, maar de vragen blijven in mijn hoofd rondmalen totdat ik in mijn hotelbed in een onrustige slaap wegzak. Ik droom heftig, zoals ik dat sinds mijn verhuizing naar Amersfoort wel vaker doe. Meestal zijn het dromen die ik me niet meer goed kan herinneren de volgende dag, maar deze keer is de droom zo helder, alsof ik het daadwerkelijk beleef.

Ik loop door een halfdonkere tunnel op een plaats die ik verder niet kan thuisbrengen. Het is doodstil om me heen en ik heb het gevoel dat ik hier zo snel mogelijk weg moet. Achter me hoor ik ineens voetstappen die snel dichterbij komen, zonder dat ik weet wie het is. Als de voetstappen dichtbij zijn, proberen twee grote, donkere handen me vast te pakken en tot stilstand te brengen. Ik draai me verschrikt om en zie een grote, duivelse man met een gemene grijns op zijn gezicht. Hij heeft me bijna te pakken. In paniek ruk ik me los en begin in het halfdonker weg te rennen. De man laat me echter niet gaan en rent hard krijsend achter me aan. Telkens weer proberen die graaiende handen mij vast te pakken, alsof we in een kat-en-muisspelletje zijn beland. Ik raak buiten adem en voel het angstzweet over mijn rug lopen. Er is geen enkele mogelijkheid om te ontsnappen aan die ijskoude handen van de man met voelbaar slechte bedoelingen. Mijn gebrek aan conditie breekt me op en in mijn uitzichtloosheid wil ik stoppen en mezelf overgeven aan de duivelse man. Juist op dat moment zie ik in de verte een klein lichtpuntje. Mijn blik gericht op de uitgang van de tunnel geeft mij de kracht om door te rennen en over mijn eigen grenzen heen te gaan. Mijn longen doen pijn van de inspanning en ik proef bloed in mijn mond, maar aan opgeven denk ik niet meer. Mijn geest klampt zich vast aan dat kleine lichtpuntje dat steeds groter wordt.

Juist op dat moment schrik ik wakker en merk dat ik drijfnat van het zweet in bed lig. Op mijn horloge zie ik dat het zeven uur in de morgen is. Het is tijd voor een frisse douche en een goed ontbijt. Ondanks de rustige klassieke muziek in de ontbijtzaal raak ik de boze droom niet kwijt. De graaiende duivelse man voelde als de dood, die het blijkbaar op mij had gemunt. Het had ook niet veel gescheeld of ik was van het balkon van mijn flat gesprongen. Maar Renard was het lichtpuntje geweest, waar ik me aan had vastgeklampt. Vandaag is het de grote dag, waarnaar ik zo heb toegeleefd. In de hotellobby regel ik een taxi die mij naar het hoofdterrein van Harvard University brengt.

Het is werkelijk verbijsterend mooi. Ik ben zojuist afgezet voor de indrukwekkende ingang met de vier witte pilaren boven de spitse witte toren van Harvard University, die door de ochtendzon in het licht wordt gezet. In deze zomermaanden ontbreken de studenten, zodat de grandeur van de universiteit door de rust nog meer wordt geaccentueerd. Het is inmiddels op mijn horloge tien voor negen en ik loop de trappen op naar de ingang van de universiteit. Een gevoel van spanning gaat door mijn lijf; je bent tenslotte niet elke dag op bezoek bij een professor van Harvard. Een vriendelijke receptioniste zoekt mijn naam in de computer op en wijst me naar de oude bibliotheek van de universiteit om daar te wachten. Bij binnenkomst ben ik direct onder de indruk van de statige zaal, met de oude eiken leestafels en de vele boekenwijsheden die al zo lang liggen opgeslagen. Het ruikt naar het eeuwenoude papier, dat langzaam maar zeker wordt aangetast door de tijd. Het is rustig in de oude universiteitsbibliotheek. Sowieso zijn er weinig studenten te vinden die op dit vroege uur al actief zijn, maar zeker in de grote vakantie is de bibliotheek geheel uitgestorven. Professor Markowitz is nog niet aanwezig en ik ga aan een van de leestafels zitten om de prachtig gebrandschilderde ramen in me op te nemen. Even na negen uur komt er een eind veertiger de bibliotheek binnenlopen, die direct met uitgestoken hand op mij afkomt. Hij heeft een baard en achter het ronde brilletje nemen zijn heldere ogen mij scherp op.

"Meneer Larson, aangenaam kennis met u te maken."

Ik krijg een ferme en rustige handdruk en weet direct dat ik met een sterke persoonlijkheid te maken heb. Professor Markowitz biedt mij een kop koffie aan en even later zitten we aan de verder lege leestafel. De professor neemt mij rustig en zonder gêne van top tot teen in zich op.

"Meneer Larson, hartelijk welkom hier op Harvard. Wat kan ik voor u betekenen?"

Ik neem een slok van mijn koffie om wat tijd te winnen voor het vinden van de juiste Engelse woorden. Dan steek ik van wal.

"Ik werd na een zware periode, waarin ik failliet ben gegaan, via mijn neef Renard de Veuster op uw spoor gezet en las vervolgens uw artikel in Time Magazine. Naar mijn mening is het geen toeval dat uitgerekend u op mijn pad komt."

De professor knikt.

"Inderdaad, toeval bestaat niet."

"Meneer Markowitz, ooit was ik een succesvol beurshandelaar op Wall Street. Helaas heb ik mijn hand overspeeld en ben ik slachtoffer geworden van mijn eigen hebzucht."

"U bent in ieder geval eerlijk. Dat pleit voor u," zegt de professor.

"Dat is ook de reden dat ik hier ben. Na deze levensles wil ik iets nuttigs aan de maatschappij bijdragen."

"U bent toch een succesvolle beurshandelaar geweest?" vraagt de professor.

"De beste op Wall Street volgens mijn superieuren," antwoord ik.

De professor knikt en ik zie hem even voor zich uitstaren en peinzen. Dan lijkt het alsof hij een beslissing heeft genomen.

"Wat ik u ga vertellen, heeft u nooit gehoord. Kunt u dat beloven?"

Ik knik en kijk de professor met een nieuwsgierige blik aan.

"Kent u *Terra Nova*?"

Ik schud mijn hoofd. Deze naam zegt me helemaal niets.

"*Terra Nova* is een geheim genootschap dat als doel heeft de wereld klaar te maken voor de nieuwe tijd. Tal van leiders uit de politiek, de media, instellingen en het bedrijfsleven zijn lid van dit geheime genootschap, dat ooit door een aantal invloedrijke mensen van de Verenigde Naties in New York is opgericht. De wereld staat aan de vooravond van een grote verandering in bewustzijn. De Maya's hebben ooit over deze nieuwe tijd geschreven, maar hun voorspellingen zijn verkeerd geïnterpreteerd. Ze bedoelden met een nieuwe tijd de bewustzijnsverandering die we moeten doormaken om als soort te overleven en de aarde te redden van haar ondergang."

"Hoe bedoelt u dat?"

"We leven in een tijd van de derde dimensie, waarin het toverwoord "hebben" is. Alle systemen zijn gericht op bezit en groei. Er zijn maar weinig mensen die zich bewust zijn van dat alles om ons heen energie is en dat er een vierde dimensie bestaat. De wereld is in de ban van een epidemie die "hebzucht" wordt genoemd. Met zoveel mensen op deze planeet hebben we niet genoeg om ieders hebzucht te vervullen. Hebzucht komt voort uit angst die ontstaat in de derde dimensie. Er heeft zich een idee postgevat dat je het leven kunt sturen als je maar genoeg geld hebt. Zo is er een situatie ontstaan waarin steeds minder mensen het vermogen bezitten. Mensen begrijpen niet dat er een alles omvattend energieveld bestaat dat de ruimte- en tijdsdimensie ineen is. Voor veel mensen bestaat de wereld uit chaos, terwijl ze vergeten dat er op een hoger niveau wel degelijk een structuur in alles wat ons overkomt, is te ontdekken. Je kunt deze structuur alleen waarnemen als je toegang hebt tot de vierde dimensie.

De eerste drie dimensies worden ook wel de ruimtedimensies genoemd. De vierde dimensie is de tijdsdimensie en deze zorgt niet alleen voor een verandering in tijd, maar ook voor een verandering in vorm. Mensen die ouder worden zijn hier een concreet voorbeeld van. Met de jaren veranderen je gezicht en je lijf, maar vaak verandert ook je bewustzijn.

De tijdsdimensie zorgt niet alleen voor een verschuiving in de tijd, maar ook voor een verandering van de vorm. Zo kunnen we de vierde dimensie in de nieuwe tijd gebruiken om materie te scheppen. Met de gedachten en intenties van nu vormen we de realiteit van morgen. Ons genootschap bestaat uit sleutelfiguren, die helpen om de gedachten en intenties van de zes miljard mensen om te buigen, zodat er een ecologischer verantwoord economisch systeem wordt ontwikkeld. De komende jaren gaan ecologie, duurzaamheid, milieu, ethiek, delen en biologisch voedsel aan belang in onze maatschappij winnen en wordt het huidige financiële systeem omgegooid. De mensen die deze verandering in de wereld initiëren, zitten bij *Terra Nova*, dat in het Latijn 'de nieuwe aarde' betekent. In alle landen bouwen we momenteel cellen met sleutelfiguren in de samenleving, die het nieuwe gedachtengoed in de lokale cultuur inbrengen. Ook in Nederland zijn we bezig een dergelijke cel te bouwen. Je neef Renard de Veuster speelt daar een belangrijke rol in. Gezien jouw ervaringen met beleggen wil ik je vragen om erover na te denken of je wilt toetreden tot de Nederlandse tak van ons geheim genootschap *Terra Nova*. Je belangrijkste taak is om de cel in Nederland uit te bouwen en om toe te treden tot de vermogenscommissie van het genootschap. We hebben namelijk nog altijd geld nodig om ons genootschap in de lucht te houden. Daarom zoeken we een belegger die als lid van de vermogenscommissie ons vermogen kan beheren. Toen ik bericht kreeg van Renard van de Belgische tak van *Terra Nova*, besloot ik je uit te nodigen. Als je daarmee instemt, leer ik je alles over de vierde dimensie en over de universele wetten die daar gelden. Deze komen rechtstreeks uit Het *Boek van de Waarheid*, dat ooit door de Tempeliers in de tempelgrot van koning Salomon is gevonden en dat

in het bezit is van ons genootschap."
Ik ben perplex en het duizelt voor mijn ogen. Renard was meer van plan toen hij mij een e-mail stuurde, dan slechts een ontmoeting met zijn jeugdmaatje.

"U kunt er rustig over nadenken. Morgenochtend tref ik u hier in deze bibliotheek om exact negen uur."
De professor staat op en geeft me een hand. Daarna verlaat hij de bibliotheek en laat hij mij in complete verwarring achter.

"Je bent geen statisch wezen in het hier en nu, maar een ziel reizend door de eeuwen heen."

-24-

Heeft het universum grenzen? Dat is de vraag waar ik deze avond mee worstel. Zelfs met de krachtigste telescopen zijn de grenzen van het universum nog niet gevonden, dus is het aannemelijk dat het universum oneindig groot is. In dat oneindig grote universum leven wij ergens in een melkwegstelsel op een kleine planeet. Hoe nietig is de mensheid in vergelijking met het universum? Als een druppel in de oceaan. Mensen zijn bijzondere wezens. We zijn tijdreizigers door ruimte en tijd en dat maakt ons uniek. We ontmoeten in het dagelijks leven anderen die we soms vaag van weleer kennen, een enkele keer zelfs uit een vorig leven. Onze ziel reist blijkbaar door de tijd en door de ruimte heen. Er is niets in mij wat twijfelt om in te gaan op het voorstel van professor Markowitz. Hij gaat mij nieuwe inzichten en wijsheden bijbrengen, die ver voorbij mijn verwachtingen liggen. Door alles over de tijdsdimensie te leren, gaat het me misschien ooit lukken om bewust door de tijd heen te reizen naar vroegere tijden. Het gedachtegoed van *Terra Nova* ligt mij na aan het hart. Ook ik geloof dat we onze hebzucht moeten beteugelen en dat we anders moeten omgaan met moeder aarde om als soort te kunnen overleven. De wereld is een rotzooi geworden, die ver afligt van het paradijs dat moeder aarde ooit was. Milieuvervuiling, oorlogen, armoede en ongelijkheid zijn aan de orde van de dag en daar is een steeds grotere weerstand tegen. De toename van natuurrampen is slechts een voorbode van wat ons staat te wachten, indien we op dezelfde voet verdergaan. Als we zo doorgaan, worden er straks de verschrikkelijkste oorlogen uitgevochten om het laatste water, olie, grondstoffen en voedsel op aarde. Zo vernietigen we uiteindelijk zelf de mensheid. We kunnen met straks meer dan tien miljard mensen niet op de huidige manier doorgaan. De aarde is gewoon niet bestand tegen de massaconsumptie van een steeds grotere groep mensen. Middels mijn lidmaatschap van *Terra Nova* ben ik later in staat om in de voorhoede deze ramp te voorkomen en door goed het vermogen te beleggen, hebben we de middelen om ons doel te realiseren. De nieuwe tijd is begonnen en het is een meer dan eervolle baan om deze nieuwe tijd bij mensen in Nederland te verkondigen. Het ongeluk heeft me hier gebracht, maar wellicht wordt mijn ongeluk uiteindelijk mijn redding. Zonder dat had ik hier niet gezeten en was ik met oogkleppen op bezig geweest met mijn carrière. Ik ga me met hart en ziel inzetten voor *Terra Nova* om op een ecologisch verantwoorde wijze met de aarde om te gaan. Het geeft me energie om mijn ziel en zaligheid te verkopen aan *Terra Nova*.

Na het eten klap ik mijn laptop open. Als ik later op de avond via Google naar *Terra Nova* zoek, kan ik helemaal niets over het genootschap vinden. Ik realiseer me dat dit genootschap niet voor niets in het geheim opereert. Een nieuwe aarde kan niet ontstaan zonder eerst de bestaande machtsstructuren af te breken, zodat de zeggenschap weer bij het volk komt te liggen. De huidige machthebbers zullen hun posities niet zonder slag of stoot opgeven en alles op alles zetten om het genootschap uit te schakelen. Om tien uur val ik doodmoe in slaap. Morgen is het een belangrijke dag.
Na het ontbijt laat ik me afzetten bij de hoofdingang van Harvard University. Ook vandaag word ik door de receptioniste

naar de oude bibliotheek gestuurd, waar ik wacht op professor Markowitz. In tegenstelling tot gisteren hoor ik nu zachte klassieke muziek op de achtergrond spelen. Er zit nervositeit in mijn lijf en ik check nog even de berichten op mijn telefoon, maar er is niemand die mij iets heeft te melden.

Als de professor binnen komt lopen, sta ik uit respect op.

"Goedemorgen professor," zeg ik.

"Hoort u de symfonie van Wagner?" vraagt de professor.

Verbaasd kijk ik de professor aan en het voelt alsof ik in de maling word genomen.

"Jazeker."

"Zonder de factor tijd kun je deze fijne muziek niet horen," zegt hij. "Dat is het gevolg van de tijdsdimensie. Niet alleen muziek, maar alle verschijnselen waarin beweging zit, ontstaan in de tijd. De tijdsdimensie wordt daarom wel de vierde dimensie genoemd. Je lichaam bevindt zich op dit moment in deze bibliotheek. Ik kan nu van je lichaam een foto maken, maar het lukt me niet om een foto van je geest te maken. Onze geest bevindt zich in de vierde dimensie van tijd, zoals je lichaam in de dimensie van ruimte zit. Tijd heeft dus een eigen dimensie die je kunt gaan gebruiken. Tijd is onlosmakelijk verbonden met synchroniciteit en daarom wordt deze dimensie ook de synchrone orde van het universum genoemd. Vergeet de fysieke wereld zoals je hem nu ziet en stel je open voor de wereld van onze geest. Dat is de wereld die stuurt en het is tevens het grootste mysterie van deze aarde. Luister goed naar de volgende vragen die ik je ga stellen: heeft tijd een begin en is tijd eindig? Ik bedoel te zeggen: is de tijd ooit ergens begonnen en zal de tijd ooit ergens stoppen?"

Ik haal met een verbaasde blik mijn schouders op. Deze vragen gaan ver boven mijn pet.

"Het antwoord ga ik u de komende dagen geven. Heeft u al nagedacht over de vraag die ik u gisteren heb gesteld?"

Ik knik.

"Zonder enige twijfel wil ik graag lid worden van het genootschap *Terra Nova*. Ik geloof namelijk dat we de aarde kunnen redden als we ons vermogen inzetten om samen aan een nieuwe tijd te bouwen," zeg ik.

"Welkom in ons genootschap," zegt professor Markowitz. "Op een later tijdstip stel ik u voor aan de leden van de vermogenscommissie. Deze keuze geeft mij ook de ruimte om u op te leiden. Gelukkig is het nu zomervakantie, zodat ik ook echt de tijd heb. Aan het einde van de opleiding wordt u met mijn instemming beëdigd als lid van het genootschap."

"Dank u wel voor de tijd die u in mij investeert."

De professor haalt uit zijn binnenzak een opgevouwen papier en legt deze voor mij op tafel. Ik kijk nieuwsgierig naar het papier met daarop een tekst.

"Meneer Larson, lees deze tekst zorgvuldig door en beantwoord dan mijn vraag: is dit toeval of is hier opzet in het spel?"

Terwijl ik de tekst begin te lezen, loopt de professor naar de gang om twee koppen koffie te halen. Het zijn dezelfde woorden als die ik in de abdij in Leuven heb gelezen. Toch lees ik verder en laat de vergelijking tussen Abraham Lincoln en John F. Kennedy nogmaals zin voor zin op mij inwerken. De e-mail van mijn neef Renard de Veuster moet ook afkomstig zijn geweest van de professor. Ondertussen komt Roy Markowitz de leeszaal ingelopen met twee verse koppen koffie in zijn handen.

"Ik begrijp niet precies hoe het zit, maar er lijkt meer aan de hand te zijn," is mijn antwoord. "De overeenkomsten zijn namelijk te duidelijk om het toeval te laten zijn."

De professor knikt zichtbaar tevreden.

"Dit document met de vergelijking tussen beide presidenten kreeg ik zelf tien jaar geleden onder ogen. Ook ik begreep direct dat er meer aan de hand moest zijn dan gewoon toeval.

Dit document maakte me bewust van het fenomeen toeval, dat in wetenschappelijke termen synchroniciteit wordt genoemd. *'Syn'* betekent samen, *'chronos'* is tijd en *'teit'* is een vorm van hoedanigheid. Synchroniciteit betekent dus iets als gelijktijdigheid. Deze situatie ontstaat als de tijd wegvalt. Door mijn studie naar het fenomeen synchroniciteit ontdekte ik *Het Veld* waarin verleden, heden en toekomst samenvallen. Dat energieveld noemen we de vierde dimensie en toeval of synchroniciteit regeren daar. De logische ordening in de vierde dimensie lijkt op de chaos in de driedimensionale wereld die zoveel mensen herkennen. Wat u daarnet hebt gelezen over de presidenten Lincoln en Kennedy is een zichtbare uiting van synchroniciteit, we noemen dit fenomeen 'parallelle levens'. In de vierde dimensie lopen het verleden, het heden en de toekomst synchroon. Op het moment dat u aansluit op de vierde dimensie, ervaart u het toeval in uw leven en groeien uw bewustzijn en uw gevoeligheid om het toeval te kunnen herkennen. Het is net of er vanuit de mist een nieuwe wereld opdoemt. In de vierde dimensie is elk mens een helderziende, omdat je de toekomst ervaart in het hier en nu. Mensen moeten het zien om de vierde dimensie te kunnen begrijpen. De leden van *Terra Nova* hebben helderziende vermogens, omdat ze weten hoe ze toegang kunnen verschaffen tot de vierde dimensie. Daarom weten we ook dat als we nu niet ingrijpen, het einde van de wereld nabij is. De vierde dimensie is een snijpunt van ruimte en tijd en via deze dimensie kunt u overal en te allen tijde ergens zijn."

"Ook bij mijn overleden moeder en vader?"

"Inderdaad, ook u bent, na deze opleiding, in staat om door de tijd en ruimte te reizen. Net als de andere leden van ons genootschap bent u straks een helderziende, die het verleden en de toekomst naar het hier en nu kan halen."

"Hoe sluit ik dan aan op de vierde dimensie?"

"Alles op zijn tijd," zegt professor Markowitz met een glimlach op zijn gezicht. "Mag ik u Nick noemen?"

"Graag."

"Nick, als jij je koffie hebt opgedronken, gaan we aan de slag. Ik heb inmiddels gebeld met een paardenrange buiten de stad en we zijn van harte welkom."

"Hoe bedoelt u een paardenrange?"

"Nick, je gaat de komende dagen meer vreemde zaken meemaken. Je komt niet zomaar in contact met de vierde dimensie. Daarvoor doorlopen we een intensief opleidingsprogramma. Pas als je het programma doorlopen hebt, ben je klaar voor de toelatingsprocedure van het genootschap *Terra Nova*."

"Als je de vierde dimensie begrijpt, gaat het leven gewoon door en toch is alles veranderd."

-25-

Elke dag sterft er ergens op de wereld een honderdjarige, terwijl er elders meer dan honderd kinderen ter wereld komen die zijn voorbestemd om ouder dan honderd jaar te worden. Het leven zit bijzonder in elkaar, waardoor de mensheid zich ontwikkelt in de tijd. Ik ga de komende dagen kennis opdoen die op geen enkele universiteit wordt onderricht. Er bestaat blijkbaar ergens een wiskundige vergelijking die het universum kan verklaren en de professor reikt mij deze in de komende dagen aan. Ik ga leren om toegang te krijgen tot de vierde dimensie, waarin tijd en ruimte samenkomen en waarin het verleden, het heden en de toekomst samenvallen.

De professor blijkt een liefhebber te zijn van oude Amerikaanse auto's en we stappen in zijn grote trots: een lichtgroene Chevrolet uit het jaar 1964. Goedgehumeurd rijden we de stad uit. Wie had drie maanden geleden kunnen denken dat ik met een Harvard professor in een prachtige, oude, achtcilinder Amerikaanse oldtimer over de stille, glooiende wegen bij Boston zou zoeven? Ik geniet van het uitzicht en van de zon die het landschap doet oplichten.

"Heb je weleens van de steen der wijzen gehoord?" vraagt de professor.

"Jawel, maar ik weet er het fijne niet van."

"In het verre verleden geloofden de mensen dat je met de

Steen der Wijzen elk metaal in zuiver goud kunt veranderen. Daarom hebben alchemisten en magiërs eeuwenlang naar de Steen der Wijzen gezocht. Ze sleten hun levens met vruchteloze inspanningen om de steen te bemachtigen, omdat ze dachten dat je daarmee werkelijk metaal in goud kon veranderen. Dat het inzicht dat de Steen der Wijzen slechts een metafoor is, was maar weinigen gegeven. Met de Steen der Wijzen wordt namelijk het zinvolle toeval bedoeld, dat je leidt naar je uiteindelijke bestemming. Ga op zoek naar je levensdoel, gebruik het zinvolle toeval in je leven, maak je dromen waar en je hebt je kostbare leven in goud veranderd! Wanneer je weet wat je in het leven te doen staat, voeg je iets blijvends toe aan de wereld. En juist dat is hetgeen je onsterfelijk maakt. Toeval helpt je bij je reis naar binnen. Zo krijgt elk leven een gouden randje. Doe wat je in dit leven te doen hebt. Dat is de opdracht, die lang niet altijd even gemakkelijk is."

We draaien ondertussen de oprijlaan van een afgelegen boerderij op met rechts de paardenstallen en links het terrein met zand en de springobstakels voor de paarden. Een vrouw van middelbare leeftijd met hoge, zwarte laarzen komt net de stallen uitgelopen. We stappen uit de auto en de vrouw met een open, mooi gezicht loopt naar ons toe, ze omhelst de professor.

"Hi Roy, wat goed je weer eens te zien," zegt de vrouw. Dan richt ze zich met haar volle aandacht op mij.

"En wie ben jij?"

"Nick Larson uit Holland."

"Jamie, aangenaam."

"Deze vriendelijke man wil de kracht van focus ontdekken," zegt professor Markowitz tegen Jamie. "Daarom neem ik hem mee naar jou toe."

De vrouw begint hard te lachen en ik voel me daardoor ietwat onzeker worden. Waarom lacht ze zo luid en wat staat mij te wachten? Jamie loodst ons eerst naar de keuken van de boerderij, die in country- en westernstijl is ingericht. Daar schenkt ze voor ons een kop koffie in en we nemen plaats aan een ruwe houten tafel.

"Paarden zijn bijzondere dieren," richt Jamie zich tot mij. Ik knik uit beleefdheid.

"Alle schillen die we als mens in de loop van ons leven ter bescherming om ons heen hebben gebouwd, kunnen paarden niet zien. Je kunt bij hen dus geen masker opzetten en ze bedotten. Paarden zien en ervaren je zoals je werkelijk bent. Dat maakt het werken met paarden ook zo bijzonder. Je krijgt, wat je bent en zo eenvoudig is dat. We gaan zo dadelijk met paarden werken. Heb je daar ervaring mee?"

"Nee," zeg ik. "De enige paarden die ik ken, staan of in de manege of in het weiland in de Eempolder bij Amersfoort."

"Met behulp van paarden kun je de kracht van de menselijke geest aan den lijve ondervinden," zegt Jamie. "Sinds mensenheugenis zijn er wijsgeren en filosofen geweest die hun levens hebben gewijd aan het doorgronden van de kracht van de menselijke geest. Daarbij wilden ze een antwoord vinden op de vraag waar de kracht van de menselijke geest stopt. Ze hebben de antwoorden nooit gevonden, omdat ze op plaatsen zochten waar de antwoorden niet te vinden zijn: namelijk buiten zichzelf. In de paardenbak ga je straks zelf het antwoord op de vraag rondom de kracht van de menselijke geest ontdekken."

Jamie staat op, trekt haar jas aan en zet haar cowboyhoed op.

"Volg me maar. Het is hoog tijd om naar de paardenbak te gaan."

Even later sta ik onwennig in de bak met zand, terwijl Jamie een zwarte volbloed hengst de arena instuurt. Ik voel me angstig, maar probeer me groot te houden. Het paard staat, na enig onrustig dribbelen, aan de andere kant van de bak stil en kijkt mij belangstellend aan.

"Oké Nick, luister goed. Het paard heet Diamond. Je op-

dracht is om Diamond van zijn plaats weg te sturen."
Aarzelend loop ik naar de hoek waar het paard mij inmiddels uitdagend staat aan te kijken.

"Opzij, weg jij," zeg ik, maar de woorden komen onzeker en weifelend uit mijn mond.
Het paard blijft staan en schenkt geen aandacht aan mij. Aan niets is te merken dat hij mijn bevel gaat opvolgen. Jamie roept me bij haar aan de rand van de paardenbak, waar ook professor Markowitz geamuseerd staat toe te kijken.

"Nick, je bent onzeker en daardoor niet consistent in je opdracht. Je woorden zijn leeg en je lijf doet niet mee. Het paard voelt dat direct aan en zal nooit zijn plaats aan jou afstaan. Dat doet geen enkel mens in het dagelijks leven op het moment dat jij zo weifelend optreedt. Zorg bij iedere boodschap dat je consistent bent in hoofd, hart en buik. Vertel het niet alleen met woorden, maar tegelijkertijd ook met je lijf en met je ziel. Probeer nu nog eens Diamond van zijn plaats te krijgen."
Ik zucht diep, verzamel alle moed en loop vervolgens met mijn krachtigste pas op het paard af.

"Vooruit Diamond, aan de kant."
De hengst draait met zijn oren, maar blijft stokstijf staan, alsof hij er plezier in heeft.

"Diamond neemt je niet serieus Nick," roept Jamie vanaf een afstand. "Probeer je bevel meer vanuit kracht en overtuiging te laten komen. Je moet opereren vanuit de drie-eenheid hoofd, hart en buik."
Nu word ik boos omdat ik me voor gek voel staan. Ik ben toch niet voor niets een van de beste beurshandelaren ter wereld geweest! Wat sta ik hier te suffen? Ik draai me om, haal diep adem en concentreer al mijn krachten en intenties om het zevenhonderd kilo wegende paard van zijn plaats te krijgen. Er verandert voelbaar iets in mijn houding en ik ervaar geen angst meer, alleen nog een sterke wil om te slagen.

"Vooruit Diamond, weg jij."

"Krachtiger," roept Jamie vanaf de rand van de paardenbak. "Je moet het echt voor meer dan honderd procent willen en er desnoods voor willen sterven."

Het gevoel van concentratie wordt sterker in mijn lijf en vol overtuiging loop ik nu recht op Diamond af. De adrenaline giert door mijn lijf.

"Weg daar!" schreeuw ik het paard met kracht toe. Ik voel me sterk en rustig tegelijkertijd.

Na een korte aarzeling loopt het paard naar de andere hoek van de paardenbox. Ik ben euforisch. Dat is dus de kracht als je communiceert in verbondenheid met hoofd, hart en buik. Dan is je intentie het krachtigste wapen waarmee je de wereld kunt veranderen. Deze kracht is nodig om je angst kwijt te raken en het leven naar je hand te zetten.

"Nick, dat was goed. Je volgende opdracht is dat je het paard gaat leiden," zegt Jamie. "Je laat het paard door de bak rondjes lopen en als ik in mijn handen klap, dwing je het paard om zich om te draaien. Maak je geen zorgen. Diamond ziet jou vanuit elke hoek van de paardenbak en weet door ervaring dat hij zich bij een klap in de handen moet omdraaien."

Het is even wennen, maar ik voer de opdracht vanuit de verbinding hoofd, hart, buik uit en na even oefenen, lukt het me om het paard rondjes te laten lopen en bij elke klap te laten omkeren. Doordat ik eindelijk de verbinding in mezelf tot stand heb gebracht, voel ik me krachtig en beleef er zelfs plezier aan om het paard met mijn wil te sturen.

"Nick, kom eens hier," vraagt Jamie.

Onder haar witte cowboyhoed glinsteren levendige ogen. Ze is een bijzondere vrouw met een prachtige, zachte uitdrukking op haar gezicht.

"Wat je daarnet hebt geleerd, is dat authenticiteit het altijd

wint van autoriteit. Authenticiteit is gebaseerd op eenheid van handelen vanuit je hoofd, je hart en je buik. Autoritair handelen is gebaseerd op angst en je ego en is op de lange termijn niet houdbaar. Mensen voelen haarfijn het verschil aan."
Dit had ik eerder in mijn carrière willen weten, bedenk ik me en er verschijnt een glimlach op mijn gezicht.

"Vergeet nooit de kracht van de drie-eenheid hart, hoofd en buik. In je hoofd zitten je gedachten, je dromen en je verbeelding. Je hart staat voor je passie en intentie en in je buik zitten je (wils)kracht en de verbinding met anderen en met de wereld om je heen. Je bereikt niets van waarde in het leven als je deze drie niet synchroon laat samenwerken. Iedere krachtige leider en ieder succesvol mens werkt vanuit de verbinding van hoofd, hart en buik."
Jamie duwt het hek van de paardenbox open en we lopen in de richting van de Chevrolet, die in de zon staat te blinken.

"Vandaag heb je geleerd hoe je op een authentieke wijze alles kunt bereiken wat je wilt. Je enige beperking is je eigen geest. Als je werkelijk snapt hoe je de vierde dimensie kunt inzetten, realiseer je al je dromen. Hoe voelde je je daar in de paardenbak?"

"Onoverwinnelijk en rustig. Als je hoofd, hart en buik in je handelen synchroon zijn, kom je in een zogeheten toestand van flow terecht, waarin je jezelf innerlijk rustig voelt en toch je maximale potentie als mens gebruikt. Dat is ook de toestand waarin je gemakkelijk contact legt met de vierde dimensie. Het is bereikbaar voor iedereen, als je maar weet hoe je er moet komen."

"Jamie, dank je voor de wijze les," zeg ik.

"Graag gedaan. Vergeet nooit wat je van Diamond hebt geleerd en ga handelen vanuit authenticiteit. Daarin zit je werkelijke kracht."
Ik bedank Jamie hartelijk voor haar wijze woorden, waarna we in de Chevrolet naar de universiteit terugrijden.

"Geluk is als een vlinder:
als je het te los vasthoudt, ontsnapt het geluk.
Als je het te stevig wilt vastpakken, druk je het geluk stuk."

-26-

We rijden in de late middagzon over de glooiende heuvels.

"Professor, wat is volgens u de definitie van geluk?"

"Daar vraag je me wat," zegt professor Markowitz. "Binnen onze faculteit sociologie is geluk vaak het onderwerp van gesprek. Geluk definieer ik persoonlijk als het gevoel dat er niets ontbreekt. Maar misschien is geluk ook wel de plaats waar het verlangen tot rust komt."

"Dat klinkt niet erg wetenschappelijk," zeg ik.

"Daar heb je gelijk in. Geluk is een moeilijk te bevatten begrip en het is niet in nullen en enen uit te drukken. Het lijkt soms de lotsbeschikking van de mens te zijn: de eeuwige zoektocht naar geluk. Schrijvers, filosofen, maar misschien wel alle mensen zijn op zoek naar het geluk in hun leven, dat ongrijpbaar is en een spel met ons speelt. Soms vinden we het geluk in een beantwoorde liefde, dan weer aan de vloedlijn bij zee of door de frisse geur van lentebloesem in het park. Geluk is voor ieder mens anders en lijkt niet voor iedereen bereikbaar te zijn. Soms maakt het mensen wanhopig. Ze denken het in geld en bezit te vinden, maar komen erachter dat het een idee-fixe is. Geluk wordt krampachtig nagejaagd en telkens als het voor het oprapen lijkt te zijn, glipt het als water tussen de vingers weg. Het ligt vaak verscholen in een moment en alleen in die momenten van het geluksgevoel biedt het vervulling. Geluk kan zich het gemakkelijkst wortelen bij tevreden mensen. Een mens die niet van zijn omgeving verwacht hem of haar gelukkig te maken, maar die begrijpt dat

het geluk binnen hem of haarzelf schuilt. Dat zijn de mensen die zich uitgedaagd voelen om op een authentieke wijze hun vervulling van het leven te vinden. Dan heb je de weg naar je ziel gevonden en ben je niet meer afhankelijk van bezit of van status om je langdurig gelukkig te voelen."
Het zijn mooie woorden die door de professor worden uitgesproken. Ook ik heb lang op het verkeerde paard gewed en ben pas na mijn faillissement wakker geworden. Zelfs met een Porsche en een Ferrari op de oprit was ik niet per se gelukkig. Maar waarom moet een mens eerst aan de grond geraken om wakker te worden? Ik vraag het aan de professor.

"Mensen veronderstellen dat ze door het bezit van geld en macht zekerheden kunnen verwerven en daarom koppelen ze geluk aan bezit en status. Uiteraard klopt het dat een rijk mens mooi kan wonen, plezier kan maken en verzekerd is van de nodige medische zorg, maar geld en macht vrijwaren niemand van de uitdagingen die het leven oplegt. Ziekte en dood gaan aan niemand voorbij. Welvarende mensen kunnen zich door een groot vermogen omgeven met schijnzekerheden. Om in die positie te komen, werken ze hard en doen ze soms werk dat tegen hun gevoel indruist. Dat vreet energie en tast uiteindelijk hun gezondheid aan. Het geluk is niet te vinden in bezit of status, maar is bereikbaar voor iedereen die de weg naar binnen kiest. En inderdaad is er soms een verschrikkelijke gebeurtenis nodig om uit je comfortzone te komen en op zoek te gaan naar wat je echt raakt en wie je werkelijk bent."
We zijn ondertussen aangekomen bij mijn hotel en professor Markowitz laat mij uitstappen.

"Nick, ik zie je morgen om negen uur in de bibliotheek van Harvard. Voor vanavond heb ik een opdracht voor je. Ik wil dat je nadenkt over het begrip 'zinvol toeval'. Morgenochtend hoor ik graag je visie. Een prettige avond toegewenst."
De grote Amerikaan zoeft weg en ik ga in de koffiebar naast het Schretlen hotel zitten om daar een kop koffie te bestellen

en na te denken over het begrip toeval. Maar voor ik met het thema aan de slag kan gaan, slaat het toeval toe op een moment dat ik het niet verwacht. Aan het tafeltje naast me zit een vrouw op haar mobiele telefoon te typen. Ze is een knappe verschijning en geamuseerd kijk ik in haar richting. Ik weet gewoon dat ze daar niet zomaar zit! Even hebben we oogcontact en bied ik haar spontaan een kop koffie aan. Niet veel later ga ik bij haar aan het tafeltje zitten en raken we in gesprek. Het is lang geleden dat ik gezellig met een wildvreemde vrouw koffie heb gedronken. Nancy is een psychologe uit Baltimore, die morgen een keynote spreker is op een landelijke bijeenkomst van het vrouwenblad Women in Boston. Op zich is dat nog niet zo opmerkelijk, maar het onderwerp waar ze morgen over spreekt, is dat wel: De onzichtbare wereld achter het geluk. Het is blijkbaar mijn 'lucky day' en misschien moet ik eerst iets over geluk leren, voordat ik aan de vierde dimensie en toeval toekom. Door de afgelopen maanden weet ik in ieder geval wel hoe 'diep ongelukkig zijn' voelt.

Nancy heeft haar telefoon opgeborgen en praat honderduit over het onderwerp dat merkbaar dichtbij haar hart ligt. Ik hoef haar niets meer te leren over congruent communiceren vanuit hoofd, hart en buik, met zoveel passie praat ze over haar onderwerp. Zij is het type vrouw dat een paard alleen al met haar oogopslag in beweging kan brengen. Zo kom ik te weten dat de vraag hoe de mens het geluk en daarmee zijn bestemming vindt, wetenschappers al eeuwen bezighoudt. 'Ik denk, dus ik besta' is een veel geciteerde uitspraak van Descartes. Hoewel hij daarmee in filosofische zin iets heeft willen zeggen over de essentie van ons 'zijn', is zijn gedachtegoed de basis van de ik-gerichte maatschappij waarin we vandaag de dag leven. Volgens Nancy is het hoog tijd voor een verandering van dit inzicht! De mens is een sociaal wezen en we hebben elkaar nodig om te kunnen groeien en om zin te geven aan ons bestaan. Dat besef is nog niet bij iedereen doorgedrongen. Ik leer dat uit recent psychologisch onderzoek is gebleken dat het najagen en bezitten van geld niet gelukkig maakt. Dat hoeft ze mij niet meer te leren. Geld maakt het leven hooguit gemakkelijk. Wie vermogend is, heeft vrijheid en economische zekerheid in handen. Toch kent iedereen het gezegde 'geld maakt niet gelukkig'. Sterker gesteld: ik ben daar het levende bewijs van. Zo is gebleken dat activiteiten waarbij mensen actief zijn op het sociale en spirituele vlak meer vervulling en geluk opleveren. Nancy weet haar visie mooi te verpakken in woorden die me raken. Er is geen interruptie mogelijk in de stortvloed van woorden die ik over me heen krijg. Ik leer dat het geluksgevoel ontstaat door onderlinge verbondenheid. Eigenlijk is het heel eenvoudig: we zijn allemaal afkomstig uit dezelfde bron. Onze oorsprong is dus zuiver, als de facetten van een grote diamant. Wat ons onderling verbindt, zijn de liefde, de compassie en het respect voor elkaar. We moeten leren leven vanuit het besef dat alles met alles samenhangt. Dan stoppen we met de aarde te bevuilen, omdat we inzien dat het juist diezelfde aarde is die ons voedt. Ik merk aan de fanatieke gezichtsuitdrukking van Nancy dat de kern van haar boodschap aanstaande is: steeds meer groeit het besef dat de natuur niet ten dienste van de mens staat om het maar vrij en oneindig te kunnen verkwisten. Is het niet bizar dat juist de mens, die zichzelf als het intelligentste wezen van de schepping beschouwt, als enige soort op aarde probeert om zijn leefomgeving aan zichzelf aan te passen in plaats van andersom? Van de eindeloze jacht op meer, meer en nog eens meer wordt niemand gelukkig, Alleen door contact met onze ziel vinden we de echte vervulling. Dan kunnen we pas worden wie we voorbestemd waren om te zijn. Met deze laatste mooie woorden nodig ik Nancy uit voor het diner. Ze stemt toe en we lopen naar het specialiteitenrestaurant even verderop in de straat. Het is meer dan gezellig en onder het eten begrijp ik dat Nancy een paar jaar geleden een vervelende scheiding achter de rug heeft. Dat is voor mij het teken om onze contactgegevens uit te wisselen. Het lijkt me gezellig om het contact met Nancy te onderhouden. Je weet maar nooit waar dat toe kan leiden!

Na het diner nemen we afscheid omdat de wekker morgen vroeg gaat voor Nancy. Terwijl zij uit het zicht verdwijnt, loop ik naar mijn hotel en denk na over deze 'toevallige' ontmoeting en over de boodschap die Nancy me heeft meegegeven. Ik moet niet buiten mezelf gaan zoeken, wat al in mij woont. Vandaag heb ik geleerd dat het geluk in mij aanwezig is. Want als ik het daar niet vind, dan vind ik het nergens. We maken blijkbaar allemaal deel uit van een groter geheel dat professor Markowitz vandaag *Het Veld* heeft genoemd. Ik ben verzeild geraakt in de wereld van toeval en de vierde dimensie. In ieder geval heb ik daar de eerste tekenen van gezien door de ontmoetingen met Jamie en Nancy. Vandaag heb ik me verwonderd over de schoonheid van de wereld waarin ik leef en waarvan ik deel uitmaak. De natuur buiten de stad Boston is adembenemend mooi en ik heb twee bijzondere vrouwen ontmoet. Ze brachten beiden een boodschap voor me mee en misschien kan ik het contact met Nancy zelfs verder uitbouwen. Authenticiteit ontstaat in het contact tussen hoofd, hart en buik en ik heb geleerd dat geluk begint op het moment dat ik leer te luisteren naar mijn ziel.

In bed pak ik een notitieboekje en een pen. Er is nog een vraag van professor Markowitz die ik moet beantwoorden. Wat is toeval eigenlijk? Bestaat toeval of is er toch een overkoepelend universeel plan, waarin ieder mens past en dat de wereld stuurt? Alleen vandaag al is er zoveel toeval op mijn pad gekomen dat ik *Het Veld* nauwelijks kan ontkennen. Want als toeval niet bestaat, dan worden onze levens en de wereld bestuurd door een allesoverkoepelend energieveld. Dat is niet eens zo'n gekke gedachte. Ik heb weleens gelezen dat honden weten dat hun baasje onderweg is, ook al bevindt het baasje zich op dat moment tientallen kilometers van huis. Als er geen overkoepelend veld bestaat, dan kunnen honden deze trillingen niet opvangen. Ook duiven weten via het overkoepelende energieveld hun huis terug te vinden. Soms zelfs honderden kilometers van huis verwijderd, vliegen ze op intuïtie feilloos terug naar de duiventil. De kampioen navigeren op aardenergie is de Amerikaanse monarchvlinder, die ik in een uitzending van National Geographic voorbij zag komen. Deze vlinders vliegen ruim drieduizend kilometer van de Amerikaanse oostkust naar de Mexicaanse hooglanden om zich voort te planten en vervolgens te sterven. Hun nageslacht vliegt in het voorjaar terug naar de Amerikaanse oostkust en zo gaat dat generatie op generatie, jaar in en jaar uit. Blijkbaar kunnen dieren zich afstemmen op trillingen en frequenties van de aarde en kunnen ze in de vierde dimensie door tijd en ruimte reizen. Het is dezelfde dimensie waarin het zinvol toeval huist. Het feit dat we het overkoepelende energieveld met onze zintuigen niet kunnen waarnemen, betekent nog niet dat het niet bestaat.

Als toeval niet bestaat, dan hebben mijn faillissement en de breuk met Kathleen ook een betekenis in het universum. Dan is het niet louter domme pech dat ik de verkeerde beleggingsbeslissing heb genomen. Zonder dat ik aan de grond kwam te zitten, had ik niet op Harvard professor Markowitz ontmoet en was ik me niet bewust geweest van de vierde dimensie en van het genootschap *Terra Nova*. Stel dat toeval niet bestaat en dat alles aan alles is gekoppeld, hoe ziet dat overkoepelend plan er dan uit en hoe kun je in contact komen met *Het Veld*? Is er een wiskundige formule denkbaar, waarmee we toeval kunnen verklaren om zo de toekomst te voorspellen? Het geeft me energie om over dit onderwerp te fantaseren. Ik denk aan Kathleen, aan hoe we lief en leed hebben gedeeld en ik kan mijn tranen niet bedwingen. Ik mis haar nog altijd en begrijp dat ik nog niet klaar ben voor een relatie met Nancy. Ik realiseer me dat het leven er heel anders uitziet op het moment dat je beseft dat toeval niet bestaat. Dat betekent dat mijn ontmoetingen met mensen en de gebeurtenissen die me zijn overkomen een betekenis hebben. Nu ik op deze manier over toeval nadenk, komen er nieuwe vragen naar boven. Wat is eigenlijk nog mijn eigen invloed op mijn leven? Heb ik wel de leiding over mijn eigen leven of ben ik een instrument in handen van *Het Veld* en wordt mijn leven bestuurd door toeval? Ik heb altijd gedacht dat ik de controle in handen had en zelf bepaalde hoe de toekomst ging verlopen, maar ik kom er steeds meer achter dat het anders in elkaar zit. Mijn fantasie gaat nu met mij aan de haal. Misschien komt het door late tijdstip op de avond of zijn het de wijze woorden van Nancy, maar mijn gedachten worden meer en meer filosofisch van aard. Hoe komt het dat juist een paar weken, nadat ik de fatale transactie had ingelegd, Lehman Brothers was omgevallen? Als deze gebeurtenis drie maanden later was gebeurd, was ik nu multimiljonair geweest en had mijn leven er totaal anders uitgezien. Dan had ik nu niet in Boston gezeten, maar ergens met Kathleen in Zuid-Frankrijk, genietend van een rosé.

Misschien is het zo dat ik helemaal niets te zeggen heb over mijn eigen leven. Ik word volledig gestuurd door *Het Veld*, zonder dat ik me daarvan bewust ben. Een interessante gedachte, die ik nog niet echt kan plaatsen. Mysterie, toeval, geluk en God wisselen elkaar af in mijn gedachten.

"Niets wat er in de kosmos gebeurt, is zinloos."

-27-

Die avond val ik als een blok in slaap met meer vragen in mijn hoofd dan waarmee ik naar Harvard ben afgereisd. Ik sta aan het begin van mijn persoonlijke reis die gaat zorgen voor een ongekende groei en een hoger bewustzijnsniveau. Maar vooral een reis die meer betekenis gaat geven aan mijn leven. Voor het eerst heb ik het gevoel dat ik bezig ben met iets waardevols, dat verder gaat dan de jacht op geld en bezit.

De volgende ochtend meld ik me stipt op tijd in de oude bibliotheek van Harvard, waar de professor al op me zit te wachten. Na de begroeting haal ik voor ons beiden een kop koffie op de gang. Als ik weer de bibliotheek in loop, staat de professor bij een raam naar buiten te kijken.

"Nick, kom eens hier."

Ik reik de professor zijn kop koffie aan en ga naast hem staan.

"Kijk eens naar de blauwe hemel. Er zit geen einde aan het heelal. Wij zijn slechts een minuscuul onderdeel van de kosmos en zo nietig als een zandkorrel in een woestijn. De kosmos zit vele malen intelligenter in elkaar dan je ooit hebt kunnen vermoeden. De ordening in de kosmos is waar te nemen door in cyclussen te denken. Alles op aarde heeft een cyclus. Zo heb je de seizoenen, het komen en gaan van mensen, dieren en planten, de dag die de nacht afwisselt, eb en vloed en zelfs de economie heeft haar eigen cyclus van groei en recessie. De aarde draait in driehonderdvijfenzestig dagen om de zon en de maan draait in gemiddeld achtentwintig dagen om de aarde. Dat is ook het gemiddelde van de menstruatiecyclus van de vrouw, gemeten over de gehele wereldbevolking. Blijkbaar bestaat de kosmos louter uit energie en is alles in beweging. Sterker gesteld: de trillingen in de kosmos zijn met elkaar gesynchroniseerd. Al miljoenen jaren lopen de trillingen synchroon en volgens een vaststaand ritme door de kosmos heen. Het is de centrale symfonie van het universum. Eenvoudig gezegd: alles van de oneindige ruimte om je heen is energie en alles staat in verbinding met elkaar. Daardoor kun je synchrone gebeurtenissen ervaren en ontdek je dat toeval niet bestaat. Het snijpunt van tijd en ruimte is gedefinieerd als het nu. We zijn de levende belichaming van tijd en we zijn perfect in het hier en nu! Door actief te werken met *Het Veld* kun je de kwaliteit van je leven verhogen en bewust met synchroniciteit aan de slag gaan. Je intuïtie ontwikkelt zich, je gaat aanvoelen wat anderen voelen, je weet wat mensen willen of denken, je kunt energieën ervaren, zoals geesten, engelen of mensen die zijn gestorven en je kunt helderziend worden en flitsen van de toekomst zien. Dan ben je aangesloten op *Het Veld*. De kosmos is in wezen een sterk geordend systeem. Het tegenovergestelde van de kosmos is chaos. Mensen die de vierde dimensie niet kennen, denken dat de wereld een chaos is, waarin toeval over ons lot beschikt. Als je de ordening niet kunt zien, is chaos het resultaat. Daarom ervaren mensen momenteel dat de wereld sneller verandert dan ooit tevoren. Maar onder de chaos zit een strikte ordening, waaruit synchroniciteit ontstaat."

Even is het stil in de bibliotheek en stel ik me voor hoe oneindig groot ons universum is.

"Heb je al een antwoord gevonden op de vraag over toeval die ik je gisteren heb meegegeven?"

"Toeval bestaat niet," antwoord ik. "Daar ben ik intussen wel van overtuigd. De overeenkomsten tussen de presidenten Lincoln en Kennedy berusten op meer dan toeval. Dat kan gewoon niet anders."

"Welke rol speelt toeval dan wel?", vraagt de professor.

"Dat we zelf aan het stuur zitten van ons leven, is slechts een illusie," antwoord ik. "Als mijn vader toevallig op die prachtige zomerdag, tweeënveertig jaar geleden, niet naar het strand was gegaan, had hij nooit mijn moeder ontmoet, die op meer dan honderd kilometer afstand van hem woonde. Dan waren ze nooit samengekomen en had ik in mijn hoedanigheid niet eens bestaan. Dat is geen toeval, dat wordt gestuurd door *Het Veld*. Alles wat we om ons heen zien, is het resultaat van een oneindig aantal opeenvolgende toevalligheden, die eigenlijk geen toeval zijn."

"Je begint het door te krijgen," stelt de professor.

Dat compliment doet me goed en we gaan aan een tafel in de bibliotheek zitten.

"U liet me gisteren de parallelle levens van Kennedy en Lincoln zien. Hoe zit het nu precies met die overeenkomsten tussen president Lincoln en president John F. Kennedy?," vraag ik.

"Ik zal je iets over mijn onderzoek naar John F. Kennedy vertellen," antwoordt professor Markowitz. "Het zaadje van zijn succes werd niet door hemzelf gepland, maar door iemand anders, die alles wist over de vierde dimensie. Zelfs nu, zoveel jaren na zijn dood, hangt er een waas van mysterie rondom de inspirerendste leider uit de twintigste eeuw. Hij bezat een charisma dat bijna van een buitenaards hoog niveau was."

"Wat is dan het geheim van John F. Kennedy?" vraag ik, terwijl ik de nieuwsgierigheid voel opkomen.

"Eigenlijk heeft zijn vader Joseph Patrick Kennedy hem groot gemaakt. Joseph heeft zijn opleiding hier op Harvard genoten. Hij heeft waarschijnlijk in deze bibliotheek nog gestudeerd, net als John F. Kennedy zelf overigens. Joseph Kennedy deed tijdens zijn studie op Harvard onderzoek naar de Tempeliers, een geheime Europese ridderorde uit de middeleeuwen. Hij is voor zijn onderzoek afgereisd naar Schotland, waar de Kennedy's familie hadden zitten. Via een van deze familieleden kreeg hij toegang tot de geheime leer van de Tempeliers."

Met een verbaasde blik kijk ik de professor aan. Dat hij spreekt over de Tempeliers is wel heel toevallig na het lezen van het boek over deze geheime ridderorde in Amersfoort. Maar ja, wat is nog toeval?

"Had Joseph Kennedy toegang tot Het *Boek van de Waarheid,* waarin de geheime kennis van de Tempeliers staat beschreven?"

"Volgens overlevering kreeg hij in Schotland in de Rosslyn Chapel net onder Edinburgh, het boek van de Tempeliers in handen en heeft hij Het *Boek van de Waarheid* langdurig kunnen bestuderen. Hij heeft later verklaard dat deze kennis het geheim was achter het latere succes van de Kennedy's en vooral dat van John F. Kennedy, die het tot president van de Verenigde Staten wist te schoppen. Maar niet alleen John F. Kennedy maakte gebruik van de geheime leer van de Tempeliers, zijn vader Joseph deed dat ook. Nadat Joseph Patrick Kennedy aan Harvard was afgestudeerd, werd hij met deze kennis een vermogend man. In 1950 bezat hij al meer dan vierhonderd miljoen dollar door eenvoudigweg de kennis van de Tempeliers in de praktijk te brengen."

Het verhaal van de professor intrigeert mij.

"Wat is die geheime kennis precies?," vraag ik.

"Ik weet nog altijd niet alles, maar heb al wel een paar puzzelstukjes te pakken. We zijn wat we denken, dat was een van de belangrijkste uitgangspunten van Joseph Kennedy. Daarmee bedoelde hij te zeggen dat we met onze gedachten en geest bepalen hoe onze wereld eruitziet. Dat betekent dat ieder mens zijn eigen realiteit kan sturen en zelfs in bepaalde mate het toeval dat op zijn pad komt. De combinatie van gedachten en verlangens is een onoverwinnelijk duo. Bij deze combinatie spant *Het Veld* zich in om je daarbij te helpen. Zo stuur je je eigen toeval. Joseph Kennedy beheerste deze techniek als geen ander. Naast zijn verlangen om een rijk en machtig man te worden om zo tot de gevestigde orde toe te treden, had hij nog een tweede onuitblusbaar verlangen. Hij wilde dat zijn oudste zoon, Joseph Kennedy junior, president van de Verenigde Staten zou worden. Daarom leerde hij zijn oudste zoon de geheimen van de Tempeliers en bereidde hem voor op het presidentschap van het machtigste land ter wereld. Alles in het leven van zijn oudste zoon was erop gericht om uiteindelijk president van de Verenigde Staten te worden. Het noodlot sloeg echter toe: Joseph Kennedy jr. kwam in 1944 om tijdens een geallieerde vlucht boven Noord-Europa. Er was blijkbaar een kracht aanwezig die sterker was. We zijn dus maar tot een bepaalde mate in staat om ons leven te sturen. Enfin, dat dramatische voorval haalde een streep door de missie van Joseph Kennedy senior. Toch liet hij zijn droom niet varen en richtte zijn ambities en intenties op zijn tweede zoon, John Fitzgerald Kennedy, wat niet gemakkelijk was. John F. Kennedy was meer geïnteresseerd in literatuur en geschiedenis dan in het presidentschap van de Verenigde Staten, maar uiteindelijk zwichtte hij voor de druk van zijn vader.

Ondanks zijn gebrekkige gezondheid, maar gewapend met de kennis van de geheime leer van de Tempeliers, lukte het John

F. Kennedy om in 1952 met overmacht tot senator van de staat Massachusetts gekozen te worden. Een nieuwe politieke carrière was geboren. In 1960 stelde John F. Kennedy zich verkiesbaar voor het presidentschap van Amerika, waarna hij in een nek-aan-nek race zijn opponent, president Nixon, wist te verslaan. Daarbij maakte hij slim gebruik van zijn verschijning in een televisiedebat, waarbij hij er jong, ambitieus en vitaal uitzag, terwijl president Nixon na vier jaar presidentschap was afgepeigerd en bij hem de energie zichtbaar ontbrak.

Op 22 januari 1961 werd John F. Kennedy geïnaugureerd als de 35ste president van de Verenigde Staten. De missie van zijn vader Joseph was voltooid en werkelijkheid geworden. John F. Kennedy had een onweerstaanbaar charisma waarmee hij zoveel mensen voor zich wist te winnen. Hij was de man die ervoor zorgde dat de mens voor de eerste keer voet op de maan zette, maar bovenal wist hij mensen in hun ziel te raken. Onze ziel huist in de vierde dimensie en zielscontact is de sterkste verbinding die we kunnen hebben. Dat was het inzicht waarmee hij werkte. John F. Kennedy had de sleutel gevonden om via de vierde dimensie met mensen op zielsniveau contact te maken en het verleden, heden en toekomst met elkaar te verbinden. Bij mensen gaat het uiteindelijk in hun leven om het contact met hun ziel bewerkstelligen, met zichzelf en met anderen. Dat is de zin van ons leven en daar zijn we naar op zoek. John F. Kennedy was een meester in de ziel van een ander raken. Dat is ook de reden waarom hij nog altijd wordt gezien als een mens met een mythische uitstraling. Zijn vele escapades in zijn liefdesleven getuigen van zijn grote aantrekkingskracht, maar ook de gewone Amerikaan wist hij in zijn ziel te raken, wat hem tot de populairste president ooit heeft gemaakt."

"Wat wist John F. Kennedy door de leer van de Tempeliers, wat wij niet weten?"

"De eerste dag van onze ontmoeting heb ik je iets verteld over het genootschap *Terra Nova*, een genootschap dat de nieuwe aarde voorbereidt. De kennis van Het *Boek van de Waarheid* is alleen toegankelijk voor de leden van dit genootschap. De exacte inhoud van Het *Boek van de Waarheid* blijft voor jou een geheim, totdat je toetreedt tot ons genootschap. In je opleiding leer ik je de vier stappen om toegang te krijgen tot de vierde dimensie. Daarmee heb je al een groot gedeelte van de geheime kennis te pakken. Maar het echte, baanbrekende inzicht krijg je pas te horen als je wordt geïnaugureerd en officieel toetreedt tot ons genootschap. De komende dagen ga je de vier stappen doorlopen om toegang te krijgen tot de vierde dimensie. Je gaat inzicht krijgen in hoe toeval werkt en hoe je kunt werken met de vierde dimensie. Maar eigenlijk ga je dus leren hoe magisch ons leven werkelijk is."

We halen beiden nog een kop koffie en gaan weer aan de zware houten tafel in het midden van de bibliotheek zitten. Nog altijd zijn er geen studenten in deze studieruimte, waar zoveel wijsheid ligt opgeslagen.

"De eerste stap om deze vierde dimensie beter te kunnen begrijpen, is om alle vooroordelen over hoe de wereld in elkaar zit, los te laten. Een voorbeeld van zo'n vooroordeel is het eeuwenoude dogma dat onze geest fysiek in ons hoofd zit. Dat is onjuist. Ondanks vele jaren onderzoek heeft nog geen wetenschapper kunnen aantonen waar in onze hersenen de herinneringen fysiek liggen opgeslagen. Anders gezegd: het is hoogstwaarschijnlijk dat onze geest zich ook buiten ons lichaam bevindt en dat deze is aangesloten op het collectieve veld dat alles omvat. Herinneringen zitten dus niet in ons hoofd, maar liggen in *Het Veld* opgeslagen en we maken er zo contact mee."

"Wat bedoelt u met *Het Veld*?"

"Dat is een goede vraag. *Het Veld* is een collectief bewustzijn dat we de vierde dimensie noemen. Het is de dimensie waarin tijd en ruimte elkaar kruisen en verleden, heden en toekomst samenvallen. De vierde dimensie is voor het oog niet zichtbaar, maar het is de dimensie van onze ziel waar we met onze geest door de tijd en de ruimte kunnen reizen. Laat ik je een voorbeeld geven van hoe de vierde dimensie werkt: tijdens een dagdroom kun je met je geest op Times Square in New York zijn, terwijl je fysiek gezien op een stoel in Nederland zit. Een ander voorbeeld is wat er gebeurt bij regressietherapie: tijdens een sessie gaan mensen door de tijd terug naar vorige levens en herinneren ze zich details die ze niet kunnen weten. Ook voorgevoelens over toekomstige gebeurtenissen zijn alleen mogelijk, doordat er een collectief veld bestaat. Door de connectie met *Het Veld* staan we in contact met alles en iedereen. Dat is ook de reden dat uitvindingen vaak op verschillende plaatsen tegelijkertijd plaatsvinden en dat er telepathie bestaat. Maar ook paranormale gaven, helderziendheid en intuïtie zijn eigenschappen die tot stand komen doordat we in contact staan met *Het Veld*. Aboriginals, die in de binnenlanden van Australië wonen, zijn bijvoorbeeld in staat om op telepathische wijze met elkaar te communiceren, zelfs op vele kilometers afstand van elkaar verwijderd. Ze hebben geen gedoe met mobieltjes, maar zijn letterlijk 'draadloos verbonden' met elkaar. Telepathie is bij hen wetenschappelijk aangetoond. Elke seconde schep jij je eigen werkelijkheid door *Het Veld* te beïnvloeden. Dat is de magiër in jou, die pas wakker wordt als je bereid bent om je beeld van hoe de wereld werkt te herzien. Daarom is de eerste stap om toegang te krijgen tot de vierde dimensie het loslaten van oude denkbeelden. Anders gezegd: zet alle vooroordelen over wat je hebt geleerd aan de kant om de vierde dimensie te leren kennen. Op het moment dat je in een collectief veld gelooft, bestaat het ook. Het collectieve veld zorgt ervoor dat mensen voorgevoelens hebben en dat ze synchronistisch toeval aantrekken en dit herkennen. Als je vertrouwen hebt in het universum, word je door het collectieve veld daadwerkelijk geholpen. Synchroniciteit is een wonderlijk fenomeen dat de magiër in je losmaakt. Synchroniciteit kun je zien als toeval met een betekenis. Eigenlijk is toeval een gebeurtenis die op een ongewone wijze samenvalt en synchroon loopt en die je in een richting stuurt. Het zijn de aanwijzingen die op ons levenspad komen. Synchroniciteit uit zich in toevallige ontmoetingen of informatie-uitingen, die net op het juiste moment beschikbaar komen of in gebeurtenissen, die je toevallig overkomen. Ook ingevingen behoren tot de categorie aanwijzingen van het leven. Ze komen voort uit een collectief veld waarin alles en iedereen met elkaar is verbonden. Bijna ieder mens kent wel een paar concrete voorbeelden van synchroniciteit uit zijn of haar leven."

Inderdaad moet ik eraan geloven. Er is meer tussen hemel en aarde dan ik ooit had gedacht en ik sta nog maar aan het begin!

"Het is niet altijd wat het lijkt te zijn."

-28-

Er is bij mij een sterk verlangen ontstaan om de diepere betekenis van de vierde dimensie te begrijpen, maar ik merk dat een gevoel van ongeduld en irritatie zich van mij meester maakt. Waarom weten wij niets van de vierde dimensie die ons leven bepaalt en waarom wordt deze kennis ons niet op school bijgebracht? Er zijn zoveel mensen niet gelukkig en ervaren hun leven en de wereld als een chaotisch bestaan. Maar de werkelijkheid is zo anders: de mens heeft een puur bewustzijn en we zijn aangesloten op een intelligent en samenhangend veld. Nog altijd zitten de professor en ik samen in de eeuwenoude bibliotheek, de plaats waar ik de waardevolste kennis uit mijn leven krijg aangereikt.

"De wereld is niet altijd wat het lijkt," zegt de professor. "Er is een mooi verhaal dat deze boodschap duidelijk maakt. Twee reizende engelen stoppen bij een huis van een rijke koopman om daar te overnachten. De heer des huizes is een gierig en zelfzuchtig man en weigert de engelen te laten overnachten in het prachtige gastenverblijf van zijn landhuis. Dat is alleen voor zakenrelaties bedoeld, waar hij dus zelf beter van wordt. In plaats daarvan mogen de engelen op de harde stenen vloer in de koude kelder slapen. Als ze hun bed opmaken, ziet de oudere engel in een hoek een onopvallend gat in de muur van de kelder. Hij bedenkt zich geen moment, zoekt in de kelder naar cement, lengt het cementpoeder aan met water en begint met cement het gat te repareren. Als de jongere engel vraagt waarom hij dat doet, antwoordt de oudere engel als volgt: "het is niet altijd wat het lijkt te zijn."

De volgende dag trekken de engelen zonder ontbijt verder en wederom moeten ze, na een lange dag lopen, overnachten. Ze kloppen aan bij de boerderij van een arme, maar gastvrije boer en zijn vrouw. Nadat het boerenechtpaar het kleine beetje voedsel dat ze voor die avond hadden klaargemaakt met de engelen delen, laat het echtpaar de engelen in hun eigen bed slapen, zodat ze een goede nachtrust hebben. Als de volgende morgen de zon opkomt, treffen de engelen de boer en zijn vrouw in de keuken in tranen aan. Ze bezitten slechts één koe, die wegens haar melk hun enige bron van inkomsten is. Deze koe hebben ze vanochtend dood in de wei gevonden. De engelen vertrekken om verder te gaan. De jongere engel is woedend en vraagt aan de oudere engel: "hoe kun je dit met al jouw macht laten gebeuren? De koopman heeft alles, maar is te gierig om maar iets te delen en toch help je hem zelfs om zijn keldermuur te repareren. De boerenfamilie heeft weinig, maar was bereid om alles met ons te delen en je laat hun koe doodgaan."

"Het is niet altijd wat het lijkt te zijn", antwoordt de oudere engel rustig. "Toen we in de kelder van het landhuis waren, zag ik dat er een zak met gouden munten verstopt zat in het gat in de kelder. Omdat de eigenaar zo van hebzucht vervuld was en niets van zijn rijkdom wilde delen, heb ik het gat verzegeld zodat hij de schat nooit zal vinden. Toen we de afgelopen nacht in het bed van de boer sliepen, kwam de engel des doods om zijn vrouw op te halen. In plaats daarvan gaf ik hem de koe. Het is dus niet altijd wat het lijkt te zijn. Wie goed voor de ander is, zal ook het goede ontvangen, ook al lijkt dat soms niet zo. Dat is precies wat er in het dagelijkse leven gebeurt als dingen niet zo uitpakken als dat je in eerste instantie voor ogen had. Maar je moet geduld hebben en er ook op vertrouwen dat alle uitkomsten van de zaken die gebeuren in je voordeel zijn. Als je goed voor anderen en voor de wereld bent, komt dat vanzelf bij je terug. Al komt dat besef vaak pas later of herken je het soms niet."

"De laatste zin begrijp ik niet helemaal," zeg ik met een felle toon. "Ik was nog maar een kind toen de engel des doods mijn vader meenam. Waarom heeft de engel des doods niet onze hond meegenomen in plaats van mijn vader, juist toen ik hem zo hard nodig had? Ben ik niet goed genoeg voor anderen en de wereld geweest?"

"De dood is altijd hard en onrechtvaardig, vooral voor nabestaanden. Zolang je niet begrijpt dat alles een reden en een doel heeft, met elkaar is verbonden en onderdeel uitmaakt van een overkoepelend plan, is het niet te begrijpen waarom zelfs vaders op jonge leeftijd komen te overlijden en jonge kinderen verweesd worden achtergelaten."

Het is pijnlijk stil in de bibliotheek, terwijl mijn gedachten bij mijn vader zijn. Het kan er bij mij niet in dat de vroege dood van mijn vader op een of andere manier zinvol of logisch is geweest.

"Wat had mijn vader misdaan om door dit lot getroffen te worden?"

"Dat kan ik je niet vertellen," zegt professor Markowitz.

"Ik weet alleen dat elk mens een ziel is die in een fysiek lichaam hier op aarde komt om een volgende stap in zijn of haar ontwikkeling te maken. Soms zijn er harde en pijnlijke ervaringen nodig om te kunnen groeien. Het universum werkt niet lineair, maar circulair. Zelfs het verschrikkelijkste wat een jong kind kan overkomen, heeft naast de verschrikkelijke pijn een positief effect. De ziel van je vader is niet verdwenen uit je leven, die staat nog altijd met jou en met je moeder in verbinding en deze band zal nooit worden verbroken. De gebeurtenissen in je leven hebben ervoor gezorgd dat je hier bent en dat je op het punt staat om tot het genootschap *Terra Nova* toe te treden. Ik kan je ook niet vertellen waarom jonge kinderen soms hun ouders moeten verliezen, maar ik weet wel dat alles een doel en een reden heeft en dat het past binnen het grotere geheel. Misschien dat er ooit een dag komt dat je de reden kunt zien en begrijpen. Tot die tijd is het zoeken en ploeteren met je gevoelens van pijn en verlies. Het is helaas niet anders."

Ik voel tranen in me opkomen en merk dat ik eindelijk, na al die jaren, de pijn en het verlies van mijn vader een plaatsje geef. Ik heb het twintig jaar lang proberen weg te stoppen, maar dat is niet de oplossing gebleken. Wat bijzonder dat ik juist hier op Harvard in gesprek met een vreemde professor tot dit inzicht kom.

"Het verhaal dat ik je de komende dagen ga vertellen, gaat je bestaande denkbeelden op zijn kop zetten," zegt professor Markowitz. "Het is een angstige gewaarwording, maar tegelijkertijd is dit verhaal hoopvol. Je gaat inzichten en kennis verwerven, die voor jou nu net zo ongeloofwaardig lijken als de bewering van Galileo Galilei rond 1600 dat de aarde rond was. Bereid je voor op veel vragen en onbegrip terwijl je het verhaal rondom de vierde dimensie ontdekt. Denkbeelden over de manier waarop de wereld werkt, zitten vaak heel diep in mensen verankerd en mensen zijn niet zomaar bereid om deze op te geven."

"Ik ben creatief en veranderingsgezind," werp ik tegen.

"Onderschat het proces van loslaten niet Nick. Als je in 1920 had beweerd dat de mens ooit op de maan zou staan, had niemand je geloofd. Als je toen had gezegd dat er een world wide web zou bestaan, waarmee miljarden mensen van over de hele wereld met elkaar waren verbonden, hadden ze je wederom hard uitgelachen. Net zoals ze je nu uitlachen als je zegt dat we intergalactisch gaan reizen of dat we massaal door de tijd kunnen reizen. We gaan terug naar de middeleeuwen of we bevinden ons te midden van de Tweede Wereldoorlog. In een oogwenk weet je wat de ander wil, zonder dat hij één woord hoeft te zeggen. Denk je dat de mens ooit in staat is om meer dan tweehonderd jaar oud te worden? Stel je eens voor dat we ons brein onsterfelijk kunnen maken door deze na het overlijden op een computer aan te sluiten. Dan hadden we het brein van Einstein nog kunnen gebruiken om het geheim van het universum te ontrafelen. Wetenschappers zullen verklaren dat dit allemaal onmogelijk is en toch is er een gerede kans dat dit in de toekomst allemaal gaat gebeuren."

"Dat zou inderdaad allemaal kunnen gebeuren," zeg ik, waarbij ik een cynische ondertoon in mijn stem niet kan vermijden.

"De massale ontdekking van de vierde dimensie gaat de mensheid een reuzensprong voorwaarts in haar ontwikkeling geven. De vierde dimensie is een onzichtbare wereld die altijd al heeft bestaan, maar waar veel mensen geen enkel besef van hebben, aangezien ze deze dimensie niet kunnen zien, horen of voelen. Intuïtie is het enige zintuig waarmee we deze dimensie kunnen waarnemen. Zo droom je bijvoorbeeld in de vierde dimensie. Maar voordat ik je iets meer over de vierde dimensie uitleg, vertel ik je eerst hoe ik het bestaan van deze dimensie op het spoor ben gekomen. Ik was al lange tijd bezig om toeval te kunnen verklaren en ik begreep het fenomeen tijd niet. Heeft tijd ooit een begin gehad en komt er ook een eindtijd? Waarom gebeuren de dingen zoals ze gebeuren en waarom doen mensen zoals ze doen? Het waren vragen die mijn geest geselden. De doorbraak in mijn onderzoek kwam in het jaar tweeduizend, toen de archieven van John F. Kennedy officieel werden vrijgegeven. Ik was al jaren door hem gefascineerd en zag in zijn levensloop de sleutel voor mijn zoektocht naar de waarheid achter dit leven. Hoe kan een man met zoveel lichamelijke gebreken, die verslaafd is aan pepmiddelen en vrouwen en die een slechte relatie heeft met het congres, zo'n inspirerend mens en voorbeeld voor velen worden? Deze vraag spookte al tientallen jaren door mijn hoofd. Ik was vastbesloten om het antwoord te vinden, zodra de Kennedy-archieven geopend zouden worden. Na een maandenlange zoektocht in de archieven stuitte ik op een persoonlijk dossier genaamd "De Tempeliers", waarin John F. Kennedy de onzichtbare wereld van de vierde dimensie beschrijft. In het dossier stonden de drie universele wetten beschreven, die John F. Kennedy zelf had uitgewerkt."

Mijn nieuwsgierigheid neemt toe en ik hang aan de lippen van professor Markowitz.

"Alles is verbonden met alles, te allen tijde is de eerste wet van synchroniciteit, waarmee hij werkte. Alles informeert alles op ieder moment, is de tweede wet van synchroniciteit en de derde wet is de volgende: daar waar je aandacht geeft, beweegt de energie. Zo keek ik door de bril van deze voormalig president van de Verenigde Staten naar het allesomvattende energieveld om ons heen, dat alles met elkaar verbindt. Dit noemde John F. Kennedy de vierde dimensie. Dit was de ontdekking van *Het Veld*, waarin onze geest en onze ziel huizen. Door middel van de vierde dimensie kun je de wereld scheppen zoals je die voor jezelf wenst. Ja, je hoort het goed: middels de vierde dimensie bouw je je eigen ideale wereld op."

Ik voel een lichte irritatie opkomen. Deze uitleg klinkt mij wel erg zweverig in de oren.

"Als ik mijn eigen werkelijkheid kan scheppen, waarom verlies ik mijn vader dan op mijn veertiende jaar? Waarom raak ik totaal aan de grond? Waarom wordt niet iedereen honderdvijftig jaar oud, gelukkig, welvarend en kerngezond? Als we onze eigen werkelijkheid kunnen scheppen, waarom is er dan zoveel ellende in de wereld? En trouwens, als John F. Kennedy zijn eigen werkelijkheid kon scheppen, waarom liet hij zich dan vermoorden?

"Nick, denk meer in mogelijkheden bij wat ik je aanreik. Alles in deze wereld streeft naar balans. Je kunt niet liefhebben als je nooit haat hebt gekend. Net zomin kun je als mens groeien als je afbraak en verlies niet kent. Het is kortzichtig om te denken dat je hier bent om in welvaart te baden. Je voornaamste reden hier op aarde is om je ziel te laten rijpen en groeien. Daarvoor heb je gebeurtenissen aan beide kanten van de medaille nodig. Daar hoort geluk bij, net als perioden van diep ongelukkig zijn. Tegenslag maakt je tot een mooier mens en laat je ziel rijpen. Pas als je dat begrijpt, weet je ook hoe je de vierde dimensie in je voordeel kunt gebruiken."

"Als John F. Kennedy deze krachten begreep, waarom liet hij zich dan vermoorden?"

"We kennen de motieven van de moordenaar of van zijn mogelijke opdrachtgever nog steeds niet, maar we hebben wel een sterk vermoeden. Later deze week zal ik je iets vertellen over een groep schatrijke families die *De Illuminati* wordt genoemd. Zij hadden een sterk motief om de president te vermoorden. Vervolgens vertel ik je meer over Executive Order nummer 11110, die John F. Kennedy een paar maanden voor zijn overlijden had ondertekend en die direct na zijn moord werd teruggedraaid."

De professor maakt me nieuwsgierig, maar ik durf niet door te vragen. Het lijkt op een complottheorie, waar de professor op duidt.

"John F. Kennedy heeft niet alleen de wereld geïnspireerd, maar hij is ook een van de grote inspiratiebronnen geweest van het genootschap *Terra Nova*, dat als doel heeft de aarde te redden van haar ondergang. De komende dagen gaan we op een ontdekkingsreis. Je gaat leren om met je geest bewust je eigen werkelijkheid te bouwen. Je gaat ervaren dat het niet om kennis gaat, maar om passie, dromen, intuïtie en inspiratie. Het gaat je bewustzijn vergroten om zo meer inzicht in jezelf te krijgen om daaruit je eigen werkelijkheid te creëren, zoals John F. Kennedy dat tijdens zijn leven ook heeft gedaan. Als je inzicht krijgt in de vierde dimensie is het net of de mist optrekt en je de wereld helderder kunt waarnemen. Het is een van de indrukwekkendste gebeurtenissen van mijn leven geweest, toen ik de vierde dimensie voor het eerst zag. Bij je inauguratie als lid van het genootschap *Terra Nova* zal ook voor jou de mist optrekken en word je voor het eerst wakker om de wereld te zien zoals deze in zuivere toestand is."

Professor Markowitz haalt uit zijn lichtbruine lederen koffer een boek tevoorschijn en legt deze op tafel. 'Break the rules' staat er op de omslag te lezen.

"Hoeveel mensen zijn ertoe bereid hun leven radicaal te veranderen?" vraagt de professor.

Ik denk na. Ben ik echt bereid om iets totaal anders te gaan doen en mijn zekerheden als een baan, een huis en een mooie relatie op te geven? Ik denk het niet, als ik er zo over nadenk. Ik werd gedwongen om alles op te geven door het faillissement, maar dat was verre van een vrijwillige keuze geweest. Ik was niet gelukkig en toch veranderde ik niets aan mijn situatie, totdat ik werd gedwongen. Wie leeft er nu echt het leven van zijn dromen? Onze passies en dromen worden vaak versluierd door de sleur van alledag. We blijven vastzitten in banen en relaties die ons niet ten diepste raken en misschien niet eens bij ons passen. Angst regeert de meeste levens. Angst om ontslagen te worden, om ziek te worden en om je maatschappelijke status te verliezen. Mij is het allemaal overkomen en daardoor ben ik losgekomen van de angst. Voor de meeste andere mensen geldt dit niet. Zij gedogen hun bestaan uit angst iets te verliezen, maar springen niet elke ochtend vol enthousiasme en energie uit bed. Zo verliezen ze hun waardevolle levens.

"Veel mensen zitten vast in de sleur van het leven en worden geregeerd door de angst. Hun leven is gewoon, maar weinig en inspirerend," zeg ik.

"De meeste mensen leven inderdaad niet het leven dat past bij wie ze zijn. Ze lopen ergens in hun leven vast en willen graag het roer omgooien, maar op eigen kracht lukt dat niet. De prangende vraag is, waarom het niet lukt om je idealen en dromen achterna te gaan? Wat houdt mensen tegen om te doen wat zo dicht bij hun hart ligt? Waarom lopen zoveel mensen vast in banen die onvoldoende inspireren of klampen ze zich jarenlang vast aan liefdeloze relaties ?"

Ik zucht eens diep. Een professor kan meer vragen stellen dan een collegezaal met studenten kan beantwoorden!

"Kijken waar iedereen naar kijkt en toch kunnen zien wat anderen niet zien."

-29-

Het zijn juist de vooroordelen die mij belemmeren in het functioneren. Vooroordelen zijn te omschrijven als meningen die zo min mogelijk aan ervaringen zijn getoetst. Zo geloofde ik dat je alleen succesvol kunt zijn door hard te werken, maar ook dat het geluk afhing van je maatschappelijke carrière en rijkdom. Ik was er heilig van overtuigd dat toeval bestond en dat ik zelf sturing gaf aan mijn leven. Dat laatste vooroordeel ben ik kwijt. Er bestaat iets als een overkoepelend, intelligent veld, maar dit is nieuw voor me en moeilijk te vatten. Hier in Boston moet ik leren om nieuwe oordelen en meningen te vormen. Nog altijd ligt het boek met de uitdagende titel *Break the rules* voor me op tafel.

"In het verre Rusland zit een arme familie op zondagmiddag aan tafel," begint de professor met een verhaal. "Ze zijn arm maar gelukkig met elkaar. 'Waar komt muziek vandaan, opa?' vraagt een tienjarig jongetje aan zijn grootvader, die verdienstelijk viool speelt.

'Ik zou het niet weten, mijn lieve kleinzoon,' antwoordt de grootvader, met de heldere ogen en de lange grijze baard die hem zo kenmerken. 'Er is niemand die dat weet. Mensen maken nu eenmaal muziek, maar hoe dat tot stand komt, is een groot raadsel. Grote mensen spelen klassieke muziek en kleine kinderen zingen kinderliedjes. Maar zelfs de beste muzikant ter wereld kan je niet vertellen waarom muziek bestaat en waar de melodieën vandaan komen. Muziek bestaat gewoon! Elke dag wordt er nieuwe muziek geboren. Bij Wolfgang Amadeus Mozart was dat zelfs al op vierjarige leeftijd. Een klein melodietje kruipt uit het ei, groeit op en wordt langzaam groot. Dan krijgt het vleugels en begint de melodie een reis door de wereld, op zoek naar oren die zijn geluid kunnen opvangen. Heeft de melodie het oor van een mens bereikt, dan groeit ze weer verder. Via het oor, de mond en het hart, van de ene mens naar de andere, al of niet met hulp van een muziekinstrument. De reis van de melodie eindigt nooit.'

Het jongetje luistert ademloos naar zijn opa, die vervolgens zijn viool pakt en een melodie begint te spelen. Het jongetje geniet intens van de klanken uit het instrument. Dan legt de grootvader zijn viool weg.

'Ik zal je een bijzonder verhaal over de reis van een melodie vertellen,' zegt de grootvader. 'Misschien kan dat je vraag een beetje beantwoorden.'

Grootvader begint te vertellen, terwijl het jongetje aan zijn lippen hangt.

'In het dorpje Vilejka in Wit-Rusland leeft een jongeman, die muzikant is. Hij speelt schitterend viool en is één met zijn instrument. Liefde, verdriet en blijdschap speelt de jonge man moeiteloos na en hij weet mensen diep in hun harten te raken met zijn prachtige melodieën. Al gauw is de jongeman, Sarkov genaamd, een graag geziene gast op bruiloften en feesten. Hoewel hij slechts vijf melodieën kent, kan hij er goed zijn brood mee verdienen. Sarkov is gelukkig en probeert zijn geluk vast te houden door nog beter met de viool te worden. Elk moment dat hij tijd heeft, oefent hij dezelfde melodieën om nog meer emotie in zijn vioolspel te kunnen leggen. Steeds mooier en gevoeliger klinken de vijf melodieën uit zijn viool. Een nieuwe melodie leren wil hij niet. Sarkov moet er niet aan denken om met een nieuwe melodie met oefenen te moeten beginnen. Zijn behoudendheid heeft een prijs: de zaken gaan geleidelijk aan slechter. De dorpsgenoten raken uitgekeken op zijn vijf melodieën, hoe mooi ze ook klinken. Het duurt dan ook niet lang of Sarkov is niet meer welkom op bruiloften en feesten. Zijn geld raakt op en Sarkov zit financieel aan de grond. Hoewel hij weet dat hij moet breken met zijn gewoonte om telkens dezelfde melodieën te spelen, lukt het hem niet om afstand te doen van zijn geliefde en vertrouwde melodieën. Op een dag, als hij helemaal geen eten en geld meer heeft, besluit hij zijn verzet op te geven en te breken met zijn gewoonte. Hij trekt het woud in op zoek naar een nieuwe melodie. Dagenlang probeert hij tevergeefs een nieuwe melodie in zijn hoofd te krijgen, maar het lukt hem niet. Hij heeft al bijna de moed opgegeven als hij bij een kleine boerderij een meisje hoort zingen. De stem van het meisje is prachtig en inspireert hem tot een nieuwe melodie in zijn hoofd. Hij pakt zijn viool en speelt in combinatie met haar stem mooier dan hij ooit heeft gedaan. De nieuwe melodie ontroert zelfs de nukkigste Wit-Rus en de melodie laat de inwoners van Vileyka niet meer los. Zodra ze de nieuwe melodie hebben gehoord, blijft deze in hun hoofden rondzoemen. Sarkov is weer van harte welkom op de dorpsfeesten en bruiloften en kan zo zijn kost verdienen. Op een van de bruiloften is een Franse theaterproducent aanwezig. Hij neemt het melodietje mee naar Parijs, waar vele grote artiesten jaren later de wonderlijke melodie zullen gebruiken voor hun liederen. De melodie vormt de basis van de indrukwekkendste Franstalige chanson ooit: *Ne me quitte pas*. De melodie, die ontstond in een afgelegen woud in Wit-Rusland, is inmiddels bezongen door de beroemdste artiesten ter wereld. Tegenwoordig gaat er geen dag voorbij of ergens op de wereld klinkt Sarkovs melodie uit de luidsprekers. Het is een melodie die is ontstaan toen Sarkov door zijn ellendige situatie de beslissing nam zijn gewoonte te doorbreken en op zoek te gaan naar een nieuwe melodie."

Ik ben stil en denk na over het mooie verhaal, terwijl de telefoon van de professor gaat en hij de bibliotheek verlaat. Was ik niet zelf een Sarkov? Ook mijn repertoire van hard werken, handelen op de beursvloer en status verwerven is beperkt van waarde gebleken. Wat heb je aan een Ferrari en een Porsche als je niet echt gelukkig bent? In mijn onverzadigbare ambitie om geld te verdienen, heb ik mijn beperkte repertoire tot een kunst verheven. Gelukkig werd ik gedwongen om op zoek te gaan naar een nieuwe melodie. Filosofie en het schrijverschap hebben me altijd getrokken. Maar ik heb er nooit veel aandacht aan geschonken, omdat het mijn vooroordeel was dat er geen geld mee was te verdienen. Dat paste niet in mijn overtuiging dat je vooral gelukkig kunt worden als je welvaart bezit, gezond bent en maatschappelijk aanzien hebt. Ik had het alle drie en toch was ik niet gelukkig. De angst regeerde in mijn leven, zoals bij zovelen. Ik volgde niet mijn hart, totdat ik daartoe werd gedwongen. Waarom zou je wachten met in opstand komen tegen je baas die je kleineert, tot je een hartaanval krijgt? En waarom zou je pas wachten met energie in je relatie te stoppen totdat het te laat is en je gescheiden bent? Zo was het bij mij gegaan en daarom ben ik Kathleen kwijtgeraakt. Pas achteraf zie ik hoe ik tegen mezelf aan het vechten was en me in slaap liet sussen door gemak en welvaart.

Het leven gaat te snel voorbij om vast te blijven zitten in een tweederangs leven. Voordat we het weten, is er weer een week van ons leven voorbij. Pas als we diep in de ellende zitten en we de pijn daadwerkelijk voelen, zijn we bereid om te veranderen. Vanaf nu volg ik mijn hart en laat ik de angst los. Veel dieper kan ik niet meer zakken. De combinatie van filosofie en het schrijverschap wordt mijn nieuwe melodie. Dat is de boodschap van Sarkov. We moeten in ons leven blijven bewegen en op zoek gaan naar nieuwe melodieën. Als we stilzitten in onze baan, relatie of welvaart, zijn we mentaal dood en lopen we verloren door ons waardevolle leven. Het uiteindelijke doel van de mens is om te groeien en daarvoor heb je af en toe nieuwe melodieën nodig. Ineens doorzie ik de kracht van de *Break the rules* instelling. Als ik niet bereid ben om de bestaande overtuigingen en gewoonten los te laten, heeft het geen zin om de vierde dimensie te ontdekken. Dan ben ik, net als Sarkov, niet in staat om een nieuwe melodie in mijn leven toe te laten. Professor Markowitz komt weer de bibliotheek ingelopen en bergt zijn telefoon op.

"De rest van de dag en vanavond wil ik dat je dit boek leest en daarover nadenkt," zegt professor Markowitz. "Ga voor jezelf uitzoeken waar je passie ligt. Ga iets doen waar je echt gelukkig van wordt en waar je energie van krijgt. Als je je passie nog niet hebt gevonden, blijf dan onvermoeibaar zoeken en luister naar de taal van je ziel. Verzet je tegen een tweederangs leven en heb de moed om je hart en intuïtie te volgen. Pas dan ben je toe aan het ontdekken van de tweede stap naar de vierde dimensie. Morgenochtend tref ik je om negen uur in de bibliotheek."

"Het leven beweegt zich tussen de leegte en de liefde."

-30-

Veel van onze gedachten zijn onbewust negatief geladen. De Amerikaanse psycholoog Timothy Brown heeft onderzocht dat we per dag gemiddeld 40.000 gedachten hebben en dat ongeveer 70% van al onze gedachten negatief is geladen. Alleen al daarom moeten we om vooruit te komen in het leven onze vaste patronen doorbreken. Het boek *Break the Rules* heeft inderdaad de potentie om mijn leven compleet op zijn kop te zetten. Het boek is geschreven voor mensen die niet echt gelukkig zijn, maar zeker ook niet ongelukkig. Mensen van wie hun levens voortkabbelen en die zich daardoor in een saai niemandsland bevinden. Ik weet dat mijn vaders leven ooit zo was in Southampton. Hij werkte in de haven en was niet diep ongelukkig, maar haalde uit zijn kostbare leven niet wat er aan talent en geluk inzat. Totdat hij op jonge leeftijd kwam te overlijden en zijn andere talenten niet verder meer kon ontwikkelen. Ik heb nog een schilderij van hem waar zijn talent vanaf spat. Maar van 'dat ga ik later doen' is niets gekomen, doordat hij op vierenveertigjarige leeftijd is overleden. Het leven is vergankelijk en daarom mag je niet teveel tijd verspillen in het afgestompte niemandsland.

Het boek geeft veel herkenning wat mijn huidige situatie betreft: we klampen ons vast aan mooie ervaringen, maar ook aan achterhaalde meningen en angsten. Hoe moeilijk is het om bestaande overtuigingen en meningen los te laten en ruimte te geven aan nieuwe inzichten? Waarom ben ik zo bang voor veranderingen, onbekende mensen of voor het onbekende? Waarom moest er eerst een ramp in mijn leven gebeuren, voordat ik het oude vertrouwde los kon laten? De vragen zijn weer talloos, maar de antwoorden ontbreken. Mijn leven werd beheerst door angst en duisternis, doordat ik het licht niet meer zag. Pas op het moment dat ik alles kwijt was geraakt en het zwart voor mijn ogen werd, ging ik opnieuw op zoek naar het licht, omdat verder leven anders geen zin meer had. Van *Break the Rules* leer ik dat geluk voor iedereen bereikbaar is op het moment dat we betekenis geven aan ons leven. Nuttig en zinvol bezig zijn, is de vergeten sleutel naar geluk. Het betekent werken aan je eigen footprint op deze wereld. Dat gegeven is nieuw voor mij, omdat ik altijd heb gedacht dat je gelukkig wordt van een leuk, welvarend en gemakkelijk leven. Dit inzicht gaat mijn leven veranderen, want hoe nuttig ben ik voor de samenleving geweest? Als filosoof en schrijver kan ik me nuttig maken voor de maatschappij door mensen te helpen met positief denken en hen te verrijken met nieuwe inzichten. Als lid van het genootschap *Terra Nova* ben ik straks een initiatiefnemer om tot een betere wereld te komen. Een wereld die duurzamer is, ecologisch is ingericht en die rechtvaardiger is. Ik heb het over de nieuwe aarde, waarin we leren alles met elkaar te delen en waarin genoeg ook echt genoeg is. Van dit idee krijg ik energie en pas laat in de nacht val ik in slaap. Deze dag heeft me zoveel gebracht. Eindelijk zie ik een helder licht opdoemen aan het einde van de tunnel.

Als ik de volgende dag de bibliotheek binnenloop, houdt de receptioniste me tegen en overhandigt me een grote, gesloten envelop.

"Professor Markowitz is er niet, maar hij heeft mij gevraagd om u deze envelop te geven. Hij komt later naar de universiteit en treft u in de bibliotheek."

Ik pak de envelop aan en loop naar de bibliotheek, waar verder niemand aanwezig is. Ik leg de envelop op de leestafel en haal eerst een kop koffie voor mezelf op de gang. Daarna scheur ik nieuwsgierig de envelop open. Er zit een stapel geprinte velletjes papier in. Op de eerste pagina staat de titel: 'De wereld moet dit weten', met als auteur Farkas Horvat. Ik begin aandachtig het verhaal te lezen.

De wereld moet dit weten

Ik voel het als een noodzaak om te getuigen voor de mensen die ik in de nazikampen heb verloren: mijn vader en moeder, mijn lieve broertje Emil en vele vrienden. Van alle leeftijdsgenoten die samen met mij uit mijn geboortestad zijn gedeporteerd, heeft niemand de oorlog overleefd. Door schriftelijk te getuigen, geef ik hen een stem. Elke getuigenis is belangrijk om intolerantie en haat te voorkomen, vooral in deze tijd waarin hele groepen burgers als tweederangs burgers worden weggezet. Respect is de basis van een menswaardige samenleving. Sinds een paar jaar houd ik spreekbeurten op scholen. Andere overlevenden zijn hier te oud voor of te ziek en de meesten zijn al overleden. Iemand moet ervoor zorgen dat de nazikampen nooit worden vergeten en dat ze niet voor niets zijn gestorven.

Mijn wieg stond in Nové Zamky, in de jaren dertig behorend tot Tsjecho-Slowakije. We woonden in een streek die na de Eerste Wereldoorlog van Groot-Hongarije was afgesplitst, maar die in 1938 door Hitler aan zijn bondgenoot Hongarije werd teruggegeven. Ik was nummer drie van vier kinderen. Mijn vader was eigenaar van een kleine papierfabriek, we hadden het goed en waren gelukkig. Maar aan het gelukkige familieleven kwam snel na het uitbreken van de Tweede Wereldoorlog een einde. Elders in Europa begonnen toen al de transporten van Joden naar Duitse werkkampen. We vingen flarden nieuws op over deportaties uit de omringende landen, zoals Polen, Tsjechië en Nederland, maar wij dachten veilig te zijn in ons dorp. Hongarije zou niet toestaan dat haar inwoners afgevoerd zouden worden. Mijn vader las wel geregeld artikelen over Jodenhaat in de Duitse kranten en maakte zich zorgen, maar het vertrouwen in een goede afloop bleef bestaan. Ik was toen twaalf jaar oud en had een zorgeloze jeugd. Hoewel we steeds meer verhalen over deportaties hoorden, was ik vooral bezig met het uithalen van kattenkwaad.

Mijn wereld veranderde op 19 maart 1944 toen de Duitse SS Hongarije binnenviel. Het bondgenootschap was blijkbaar ten einde en ook Hongarije werd slachtoffer van Adolf Hitler. Vanaf dat moment moesten alle Joden in Hongarije een Jodenster op hun kleren naaien. Mijn onschuldige jeugd was op slag verdwenen door die verdomde ster. De houding van onze niet-Joodse stadsgenoten veranderde op slag en ineens werd onze familie nagewezen op straat. De buren, die al die jaren goedendag hadden gezegd, deden dat niet meer. Men hing massaal nazivlaggen uit en we werden behandeld als paria's. Let op: zoiets kan vandaag de dag opnieuw gebeuren. De haat ligt verscholen onder slechts een dun laagje beschaving. We leven vreedzaam samen in dezelfde stad of in dezelfde straat, maar we weten niet wat de anderen écht denken. Een mens zoekt altijd een zondebok als het slecht gaat, zoals toen in Hongarije tijdens de naweeën van de crisis van de jaren dertig. Ze vergaten op slag dat we allemaal mensen zijn en dat ieder mens gelijk is en behandeld wil worden zoals jijzelf behandeld wilt worden.

Kinderen op scholen vragen mij vaak hoe het toch komt dat de Joden zich als makke schapen naar de slachtbank hebben laten leiden. Nu, zestig jaar later, begrijp ik het zelf nog steeds niet. Maar wellicht komt dat doordat de omstandigheden zo zijn gewijzigd. We leven in een vrij en democratisch land en zijn ons veel bewuster geworden van misstanden. Maar het laagje beschaving blijft fragiel en de vreemdelingenhaat is nooit ver weg. We blijven sociale wezens die de neiging hebben om de massa te volgen. Als dezelfde omstandigheden (honger en crisis) zich opnieuw voordoen, kan het zo opnieuw gebeuren. We hebben het gezien in Irak, Burundi en Kosovo. Laatst hoorde ik een jongeman voor een voetbalwedstrijd 'kankerjoden' schreeuwen. Ik zou het niet geloven als ik het niet zelf had gehoord. Misschien zit haat bij de aard van de mens ingebakken. Wij hebben niet alleen de kant van het licht, maar we hebben ook een duistere kant die zich in bepaalde omstandigheden uit. Nee, ik ben zeker geen pessimist en ik geloof in het goede van de mensen, maar ik heb de duisterste kant gezien en meegemaakt. Toch blijf ik in het goede van de mens geloven. Ik heb destijds in de kampen gezien hoe zelfs in erbarmelijke omstandigheden de één zichzelf opofferde voor de ander. Zonder gelukkig toeval was ik hier niet meer geweest, maar wat is geluk als je in Auschwitz hebt gezeten?

De Tweede Wereldoorlog loopt al op zijn einde als in Nové Zamky Joodse mannen worden opgepakt en naar de Duitse werkkampen worden afgevoerd. Dat gebeurt met de bekende Duitse 'Pünktlichkeit'. Ook mijn vader treft dat lot, zodat we vanaf dat moment op mijn moeder zijn aangewezen. Op 6 juni, de ochtend van de geallieerde landing in Normandië, worden alle overgebleven ghettobewoners ruw gewekt en naar de tuin van de synagoge gebracht. Ik zit daar ook bij. Het einde van de oorlog komt in zicht, maar voor mij en mijn dierbaren begint de werkelijke oorlog nu pas. Vrouwen, kinderen en ouderen worden in onze Joodse wijk bijeengedreven. Daarna worden we op transport naar Auschwitz gezet. Mijn familie ontsnapt niet aan het lot. Ik zie mijn moeder zorgelijk en angstig kijken en ze probeert ons te beschermen. Maar eerlijk is eerlijk, als twaalfjarig jongetje vind ik het transport met de trein naar een onbekend iets zelfs een beetje spannend. Maar ik ben ook bang, want van binnen voel ik wel dat mijn leven op het spel staat.

Drie dagen en drie nachten blijft het treinkonvooi rijden. Er zitten meer dan zeventig bange Joden bijeengepakt in een beestenwagon en de stank is ondraaglijk. Een hoogzwangere vrouw bevalt in een hoekje van de wagon. Het kind leeft want ik hoor het krijsen. Dat de baby een vreselijk en kort leven is beschoren, begrijp ik als twaalfjarig jongetje nog niet. Een oude man sterft van de uitputting en dorst en kinderen huilen. Hoe kunnen mensen elkaar dit aandoen? Iedereen in de wagon heeft zo zijn mening over de situatie. De een is optimistisch en de ander pessimistisch. De een bidt, de ander slaapt en een derde zingt onafgebroken psalmen. Ik heb geluk, ik zit bij de deur die op een kier open is blijven staan. Zodoende krijg ik frisse lucht, kijk ik naar buiten en ik zie dorpen, steden en mooie landschappen voorbijschuiven. Mijn langste reis tot nu toe, was een reis met paard en wagen met mijn vader naar de hoofdstad Bratislava geweest om daar inkopen te doen. Deze reis met de trein brengt ons dichter bij de hel. Pas op vrijdagavond, als velen de sabbat zelfs in deze barre omstandigheden met een gebed beginnen, wordt het rustiger in de trein en val ik in slaap.

Rond een uur of vier 's nachts schrik ik op uit mijn slaap. Het is nog donker buiten als de trein plotseling tot stilstand komt. Ik kijk door de kier bij de deur en zie een omheining, felle lichten, prikkeldraad en Duitsers met aangelijnde, blaffende honden. Overal om mij heen hoor ik huilen en schreeuwen. Die vreselijke geur van de dood is er onmiddellijk en verdrijft de geur van urine en uitwerpselen in de wagon. We zijn op de bestemming aangekomen, maar waar is dat precies? Het wordt licht in de wagon zodra de deuren worden opengeschoven. Er staan mannen in gestreepte kleding te wachten, die in het Jiddisch en in het Hongaars roepen dat we uit de wagon moeten komen. Alles in mij wil blijven leven zodat ik ooit mijn vader terug kan zien. Dat verlangen wordt alleen maar groter, als ik uit de wagon wordt geduwd. Duitse SS'ers roepen dat het sneller moet gaan. Vanaf het moment van aankomen moet alles rap, rap, rap gaan. We moeten ons in rijen van vijf opstellen en rechtop gaan staan. In de paniek ben ik mijn rugzak met mijn postzegelverzameling vergeten. Deze moet nog in de trein liggen. Ik roep naar mijn moeder om mijn rugzak uit de trein te pakken. Moeder wil terug in de trein klauteren, maar met een welgemikte klap op haar hoofd wordt ze teruggeslagen in de rij. Niemand mag meer terug. We zijn aangekomen in de hel die Auschwitz heet en die we in de laatste maanden van de oorlog nog zullen leren kennen. Ik zie het gebeuren en verbijt mezelf. Als ik nu uit de rij stap, word ik ook neergeslagen of misschien zelfs erger....

Terwijl ik sta te wachten, wordt mijn voornemen om ooit mijn vader weer te zien sterker en sterker. Mij krijgen ze hier niet onder, zowaar ik Farkas Horvat heet. Bij toeval overleef ik de eerste selectie door over mijn leeftijd te liegen. De man naast mij in de rij sist me toe dat ik moet zeggen dat ik zestien jaar oud ben. Als ik niet naast die man in de rij had gestaan, was ik nu dood geweest. Ik zeg op zijn aanraden dat ik zestien jaar oud ben. De SS-dokter aarzelt even, maar stuurt me tenslotte naar de goede kant. Ik heb het geluk dat ik lang ben voor mijn leeftijd. Mijn zussen worden gelukkig ook naar de goede kant gestuurd en nemen plaats in de rij van de volwassen vrouwen. Ze kunnen nog net naar mijn moeder en Emil roepen dat ik mee ben met de mannen! Ik vermoed dat mijn moeder en mijn broertje Emil diezelfde dag nog naar de gaskamers zijn gebracht. Niemand heeft ze hierna ooit nog gezien.

In het kamp krijg ik een gestreepte broek en een jas met een pet. De broek komt tot onder mijn oksels. Ik zie vrouwen met kaalgeschoren hoofden rondlopen: is dit een gekkenhuis? Ook mijn hoofd wordt kaalgeschoren tegen de luizen en op mijn linkerarm wordt een nummer getatoeëerd. Vanaf nu ben ik niet meer Farkas, maar A-967899 en het is niet de bedoeling dat nummer A-967899 lang blijft leven. In een veld even verderop wordt een stapel lijken verbrand; de transporten uit Hongarije zijn zo talrijk dat de vier crematoria het werk niet aankunnen. Later geloof ik dat ik door te helpen met het opruimen van de lijken door de eerste selectie ben gekomen. Vier lange maanden blijf ik in Auschwitz-Birkenau. Ik word gedirigeerd naar de barak van de jongeren, waar ik verder niemand ken. De vrienden uit mijn dorp zijn allemaal naar de andere kant verwezen. Zij stonden niet naast een man die hun vertelde om over hun leeftijd te liegen. We moeten helpen bij het verbranden van lijken en kleding. Het is mentaal zwaar werk, maar ik geef niet op. Ooit zal ik uit het kamp komen en mijn vader weer zien. Tevergeefs, zal later blijken. Van mijn vader is nooit meer iets vernomen en nog altijd weet ik niet waar en wanneer hij is overleden. Na een paar dagen ontdek ik per toeval dat er in mijn barak een oudere jongen uit Nové Zamky verblijft. Zijn naam is Samuel Tibi en hij woonde vroeger een paar straten verderop. Opnieuw zie ik in deze ontmoeting een godsgeschenk om de moed erin te houden. Samen fantaseren we over smakelijke maaltijden die speciaal voor ons worden bereid. Om de beurt mogen we een gang uitkiezen en deze beschrijven. Voedsel is het enige waar we nog aan kunnen denken, omdat we er zo weinig van krijgen. Ons dagmenu bestaat uit waterige soep en af en toe een stuk hard, uitgedroogd brood.

De dood ligt elke dag op de loer, maar het verlangen om mijn vader te zien houdt me op de been. Om de zoveel dagen komt de doodsdokter, Josef Mengele, langs en hij wijst de zwakste jongeren uit onze barak aan voor medische experimenten, zo zal later blijken. Een voor een verdwijnen mijn nieuwe vrienden met de arts mee en hoor ik niets meer van hen. Er wordt gefluisterd dat er onmenselijke experimenten worden verricht en dat je uit handen van Josef Mengele moet blijven. Samuel Tibi drukt me daarom op het hart om er zo gezond mogelijk uit te zien. Waarom hij dat tegen me zegt, weet ik niet, maar dat zijn advies mijn leven zal redden, weet ik wel zeker. Ik maak mijn gezicht elke keer met wat zand rood om er goed uit te zien als Jozef Mengele weer eens de barak bezoekt op zoek naar nieuwe slachtoffers. Ik steek mijn borstkas vooruit en veins een glimlach op mijn gezicht. Op een dag wijst hij mij ongelukkig genoeg toch aan. Van de duizend jongvolwassenen die hij die dag bekijkt, moeten er vierhonderd worden afgevoerd voor een groot experiment. De bewaking is gelukkig niet zo strikt en ik zie enkele jongeren terug naar de ouderen lopen. "Lopen jij," fluistert een man naast me en ik loop onopvallend terug naar de ouderen. Voor de derde keer redt een ander met zijn advies bij toeval mijn leven. De telling blijkt helaas niet te kloppen en deze moet opnieuw gebeuren. Dokter Mengele is een plichtsgetrouwe man en zal en moet precies vierhonderd jonge mannen hebben. Hij begint helemaal opnieuw met selecteren en deze keer blijf ik bij de ouderen staan. Een andere jongen heeft mijn plaats ingenomen. Mijn overleven is zijn dood geworden. Hoe bizar kan het leven lopen!
Een week later wordt mijn leven voor de vierde keer per toeval gered. Een apotheker, die in Auschwitz dienst heeft en die een dorpsgenoot en vriend van mijn vader was, helpt mij door mij te selecteren om werk te doen voor IG Farben. Dankzij hem word ik op transport gezet naar Gleiwitz in Polen om daar te

werken voor IG Farben. Dit is een chemisch bedrijf dat synthetische olie en rubber maakt voor de oorlogsmachine van Adolf Hitler. Het is zwaar werk, maar ik word niet meer geslagen. Mijn taak is cementzakken van de treinwagons afladen en deze de fabriek in te dragen Het is zwaar werk met weinig voedsel. Maar alles is beter dan de hel in Auschwitz, die ik zeker niet had overleefd.

Auschwitz wordt in januari 1945 door het Russische leger ingenomen. Om alle sporen uit te wissen, besluiten de Duitsers om net voor de bevrijding de gevangenen die nog in leven zijn, af te voeren. Deze vluchtpogingen komen later bekend te staan als de dodenmarsen. Velen van mijn vrienden overleven de dodenmarsen niet. Gelukkig begeeft mijn lijf het niet, waardoor ik pas in april 1945 word bevrijd als de sterk uitgedunde karavaan met gevangenen op een Amerikaanse legereenheid stuit. Mijn sterke lijf heeft me gered, terwijl veel van de overlevenden van de hel van Auschwitz alsnog door de uitputting zijn bezweken. Met de bevrijding stopt het dodental niet. We worden door de Amerikanen zo goed ontvangen, dat velen van ons alsnog sterven aan een overdaad aan voedsel, die tot onze beschikking staat en die onze uitgeteerde lichamen niet kunnen verwerken. Na maanden van ontberingen en honger zijn we geobsedeerd door het aangeboden voedsel en grijpen we elke kans aan om onze maag vol te proppen. Ik breng twee weken op het toilet door: aan de ene kant zit ik de hele dag voedsel te proppen, maar aan de andere kant komt het er direct weer uit. Mijn spijsvertering is totaal ontregeld.

Na de bevrijding blijf ik nog vier maanden in Duitsland hangen, terwijl ik wacht op nieuws over mijn familie, dat helaas niet komt. Als een wees zonder mijn broer en zussen kom ik uit de oorlog. Met zevenhonderdvijftig andere wezen word ik uiteindelijk geplaatst in een Joods tehuis in de buurt van Lon-

den in Engeland, totdat ik volwassen ben geworden. Pas nu mijn einde nadert, komen 's nachts de nachtmerries. De dromen zijn altijd hetzelfde: ik ren en ren, terwijl iemand mij achterna zit. De geur van chloor en ether maakt me misselijk en doet me terugkeren naar Auschwitz. 's Nachts ga ik met mijn geest door tijd en ruimte heen. Maar ook in het normale leven is Auschwitz altijd dichtbij. Bij elk kappersbezoek komt de angst terug voor de pijn die ik voelde toen ik in Auschwitz op de eerste dag werd kaalgeschoren. Ik durf niet naakt in bad, onder de douche of voor de spiegel te staan, omdat ik mijn Auschwitznummer niet wil zien. Als ik op bezoek ben in een mooie villa, kijk ik allereerst naar de schouw en zie ik de schoorsteenpijpen van Auschwitz weer voor me. Nu ook mijn einde nadert, weet ik het zeker. Ik zal nooit echt worden bevrijd uit Auschwitz. Nummer A-967899 is in mijn ziel gekerfd.

Farkas Horvat

81 jaar

"De zin van ons bestaan bepalen we zelf."

-31-

Ik leg het levensverhaal van Farkas Horvat weg en denk aan de verschrikkingen, die de Joodse bevolking heeft moeten doorstaan in de Holocaust. Het toeval heeft ervoor gezorgd dat Farkas het kamp Auschwitz heeft overleefd. Want stel dat die man bij aankomst hem niet had gewaarschuwd, dan was Farkas direct naar de gaskamers afgevoerd en was er een leven verloren gegaan. Maar niet alleen het toeval, ook zijn tomeloze verlangen om te blijven leven zodat hij ooit zijn ouders, zusjes en broertje weer in de armen kon sluiten, was bepalend voor zijn overleven in deze hel. Waren de toevallige ontmoetingen met de mensen die hem de juiste aanwijzingen gaven, slechts toeval of waren zij het gevolg van zijn tomeloze verlangen om zijn ouders, broer en zussen ooit weer te zien? Niemand zal het weten. Terwijl ik onder de indruk van het verhaal naar de gebrandschilderde ramen van de bibliotheek staar, komt professor Markowitz binnenlopen en gaat bij mij aan tafel zitten.

"Heb je het verhaal van Farkas Horvat gelezen?"

Ik knik.

"Hoe kon Farkas onder deze gruwelijke omstandigheden overleven? Wat heeft ervoor gezorgd dat hij elke dag zijn hoofd met zand rood maakte en zijn borstkas vooruitstak om niet door de doodsarts Josef Mengele te worden uitgekozen voor medische experimenten of om direct naar de gaskamers gestuurd te worden?"

"Misschien was het zijn verlangen om zijn familie weer te

zien."

"Juist Nick, ik heb Farkas Horvat een paar jaar geleden opgezocht en hem deze vraag gesteld. Door het toeval werd Farkas niet op de eerste dag direct doorgestuurd naar een van de gaskamers, wat bij de rest van zijn leeftijdsgenoten wel is gebeurd. Zijn kracht noemde hij het ontembare verlangen om zijn familie weer te zien en in leven te blijven. Hij accepteerde de dood simpelweg niet. Hij is meermaals door het toeval gered en zijn geluk en zijn sterke lijf zijn zeker ook factoren geweest. Maar als hij het mentaal gezien had opgegeven, had hij Auschwitz zeker niet overleefd."

Ik ben stil en kijk naar de velletjes papier met zijn verhaal die voor mij liggen.

"De eerste stap om de vierde dimensie te ontdekken, is om je bestaande denkbeelden tegen het licht te houden. Je moet kunnen breken met alles waar je heilig in gelooft en je openstellen voor een onzichtbare wereld die ons leven bepaalt. De tweede stap is een intens verlangen om de vierde dimensie te leren kennen. Het is hetzelfde verlangen als dat alle leden van het genootschap *Terra Nova* koesteren om tot een betere wereld te komen. Een verlangen om op een duurzame en ecologische wijze met onze wereld om te gaan en respectvol met elkaar samen te leven. Een wereld waarin iedereen zichzelf kan zijn en zijn of haar talenten volledig kan inzetten. De welvaart is in deze ideale wereld beter verdeeld en niemand hoeft honger te lijden. Het lijkt nu nog een utopie, maar mensen hadden ook nooit kunnen bevroeden dat we met raketten naar de maan zouden vliegen. Je kunt de kracht van een ontembaar verlangen zowel positief als negatief gebruiken. Adolf Hitler had een obsessief verlangen naar een groot Duits-Arisch rijk. Als je zijn toespraken analyseert, zie je de passie bijna van de oude films afspatten. Het vermogen om mensen in hun hart te raken en mee te trekken in je verlangens en dromen kun je dus zowel positief als negatief aanwenden. Wij gebruiken deze kracht op een positieve wijze bij *Terra Nova*."

Het belang van verlangen wordt me duidelijk. Om grootse dromen te realiseren, heb je een sterk en misschien wel obsessief verlangen nodig. Hierdoor zijn oorlogen en nieuwe wereldrijken ontstaan, maar kunnen we nu ook de krachtigste computerchips fabriceren. Op het moment dat er een sterk verlangen ontstaat, gaan de vierde dimensie en het toeval je helpen.

"Hoe creëer je zo'n sterk verlangen?"

"Elk verlangen komt voort uit een innerlijk motief. Bij Farkas was zijn motief om zijn familie weer te zien om hen in de armen te sluiten. Hij droomde ervan om zijn geliefden weer te zien. Dat zou alleen kunnen als hij in leven bleef en zo ontstond er bij hem een intens en geconcentreerd verlangen dat veel verder gaat dan een wens. Hij wilde hoe dan ook overleven en werd hierbij door het toeval geholpen."

"Maar dat geldt toch voor alle gevangenen in het kamp?" zeg ik.

"Helaas is niet ieder mens mentaal en fysiek zo sterk als Farkas. Natuurlijk wilde iedere gevangene herenigd worden met zijn of haar dierbaren, maar de honger en het harde kampleven deden dat verlangen naar de achtergrond verdwijnen en er kwam angst voor in de plaats. Lichamelijk en geestelijk gezien waren de meeste Joodse gevangenen gesloopt en velen gaven daardoor de moed op. Dat is menselijk, maar opgeven stond in het barre nazikamp gelijk aan je eigen doodvonnis tekenen. In die wereld was er geen ruimte voor zwakke momenten.

Een verlangen komt voort uit een motief dat vaak door een heftige ervaring ontstaat. Het motief van Aristoteles Onassis was om de rijkste man ter wereld te worden. Deze kwam voort uit zijn armoedige en ellendige jeugd. Als jonge man nam hij zich voor om nooit meer in armoede te hoeven leven.

Zijn mentaliteit was sterk en onbreekbaar en alles moest wijken voor dat hevige verlangen naar rijkdom en bezit. Vincent van Gogh werd een van grootste schilders aller tijden door zijn intense verlangen naar vernieuwing. Farkas had de kracht om in Auschwitz in leven te blijven door zijn verlangen om zijn familie ooit weer in de armen te sluiten. Waar ligt jouw diepste verlangen, Nick?"
Ik denk even na.

"Bijdragen aan een betere wereld. Zoals we nu met elkaar en met moeder aarde omgaan, is niet houdbaar. We moeten zoeken naar een nieuwe balans in de verdeling van de middelen en de welvaart. Ik heb gezien en ervaren wat hebzucht doet met mensen en hun gedrag. Het levert alleen maar slachtoffers op. Om een nieuwe aarde op gang te brengen, heb je voorvechters nodig."

"Mooi gezegd Nick, en wat is bij jou het onderliggende motief van dit verlangen?"

"Dat weet ik niet precies. Ik weet alleen dat het vijf voor twaalf is."

"Een motief krijg je boven water door de vraag 'waarom' te stellen. Waarom wil jij actief bijdragen aan een betere wereld Nick?"

"Omdat het zo hoognodig is," zeg ik.

"Dat is niet het echte antwoord," stelt de professor. "Nogmaals stel ik je de vraag: waarom wil jij actief bijdragen aan een betere wereld?"

"Om mijn vader trots op me te laten zijn, ook al is hij er niet meer," zeg ik. "Ik heb dat geprobeerd met een succesvolle carrière, maar dat heeft mij geen voldoening gegeven. Ik weet dat hij wel trots op me is als ik bijdraag aan een nieuwe aarde."

"Dat antwoord komt in de richting," zegt de professor. "Maar waarom zou je jezelf moeten bewijzen ten opzichte van je overleden vader?"

"Misschien wegens een gebrek aan liefde, die hij nooit heeft kunnen geven. Ik kan me niet herinneren dat we ooit hebben geknuffeld. En nu hij dood is, moet ik mijn gevoelens voor hem op een andere wijze uiten."

"Nu heb je het echte motief te pakken. Je motief is een gebrek aan liefde dat je wilt invullen. Door zelf een actieve rol te spelen in het tot stand komen van een betere wereld, kun je aan je vader bewijzen dat je veel van hem houdt. Dat maakt je ook waardevol voor het genootschap *Terra Nova*. De intensiteit van je verlangen bepaalt de mate van energie die er vrijkomt. Een eenmalige wens in de trant van: ik wil bijdragen aan een betere wereld, levert je weinig energie op en zal snel uitdoven. Een verlangen dat obsessief is, geeft je enorm veel energie. In Japan zeggen ze van mensen die een obsessief verlangen hebben, dat ze een *Oikido* bezitten. Het gemis van je vader is voor jou een *Oikido*. Je zult nooit stoppen met je missie voordat je je schuldgevoel jegens hem hebt ingelost. Hoe hard deze woorden ook klinken. Het geeft je energie, waarbij de vierde dimensie je gaat helpen. Onthoud dat een brandend verlangen in combinatie met handelen altijd realiteit wordt. Dat hebben alle groten der aarde in de geschiedenis bewezen. De meeste mensen realiseren zich niet hoeveel kracht er in ons huist als we onze *Oikido* eenmaal hebben gevonden. Nelson Mandela gaf de frustratie om als tweederangs burger in Zuid-Afrika behandeld te worden, vorm door het ANC op te richten en te strijden voor gelijkheid van alle mensen en alle rassen. Daarvoor ontwikkelde hij een *Oikido* en hij bleef trouw aan zijn verlangen met een tomeloze energie. Wat Nelson Mandela extra bijzonder maakte, was dat hij altijd vol goede moed bleef en in staat was om anderen onvoorwaardelijk te vergeven. Ik geloof dat elk mens bij zijn geboorte een bepaald levensdoel heeft meegekregen. We lopen niet doelloos rond op aarde, maar hebben iets te leren. Toeval zijn de signalen om het juiste levenspad te volgen. Net zoals de levens van John F. Kennedy, Farkas Horvat en Nelson Mandela door toeval werden bepaald. Zelfs mensen die zeggen dat ze hun leven zelf richting geven, worden gestuurd door het toeval en verklaren pas achteraf dat het hun eigen verdienste was. Als je achter je levensdoel komt, ontstaan er een diepe rust, een sterk verlangen en energie om dit ook te realiseren."

"Hoe zit dat dan precies met John F. Kennedy?" vraag ik.

"Nick, daar komen we later deze week over te spreken. Voor nu is het belangrijk dat je snapt dat verlangen niets anders is dan pure energie. Verlangen wordt realiteit doordat het energie met een bepaalde soortgelijke energie aantrekt. Onze gedachten zijn het doel en ons verlangen is de turbo erachter. Zo worden gedachten, waar een sterk verlangen achter zit, als het ware "magnetisch" en gaat de vierde dimensie helpen om die gedachten en het doel concreet te realiseren. Hoe sterker ons verlangen is, hoe groter is de kans dat ons doel zich manifesteert. We ontmoeten bij toeval iemand die ons verder kan helpen of we slaan een boek open op een willekeurige pagina en vinden precies de ontbrekende informatie. Hoe sterker ons verlangen is, hoe krachtiger deze energie zich manifesteert en hoe sterker het de nieuwe realiteit vormt."

Professor Markowitz staat op.

"Ik heb genoeg voer in je ruif gestopt voor vandaag. De rest van de dag heb je vrijaf om de prachtige omgeving van Boston te verkennen en het verhaal van Farkas Horvat in je op te nemen. Boston is een werkelijk prachtige stad en het weer zit mee. Morgen zie ik je weer om negen uur op de universiteit, dan laten we een echte jongensdroom in vervulling gaan."

"Wat bedoelt u precies?"

"Dat merk je morgen wel," zegt professor Markowitz.

Ik heb behoefte aan even helemaal niets doen en te genieten

van de omgeving en daarom sluit ik me, na de lunch, aan bij een rondleiding over de universiteit. De universiteit is een compleet dorp en ik leer dat Harvard met haar ruim driehonderdvijftig jaar de oudste universiteit is van de Verenigde Staten; dat er momenteel meer dan 18.000 studenten hier hun studie volgen en dat er zeven Amerikaanse presidenten, onder wie John F. Kennedy, aan Harvard zijn afgestudeerd. Daarnaast heeft de universiteit meer dan veertig Nobelprijswinnaars voortgebracht. Ik zie het uitgebreide sportcomplex en realiseer me hoe sterk de verbindingen zijn die hier tussen de studenten ontstaan. Hier worden de netwerken gevormd die later de maatschappelijke elite in de Verenigde Staten en misschien wel in de wereld gaan vormen. Vandaar dat professor Markowitz hier namens het genootschap *Terra Nova* zit. Niet voor niets heeft Harvard zoveel presidenten voortgebracht. Hier worden de leiders van de nieuwe wereld gevormd die duurzaamheid hoog in hun vaandel dragen.

"Er zijn zes miljard waarheden op deze wereld."

-32-

De volgende ochtend laat ik me door een taxi afzetten bij de universiteit. Als ik naar de ingang loop, staat professor Markowitz me al op te wachten.

"Goedemorgen, Nick. We gaan vandaag naar Thompson International Speedway,"

"Wat is dat?"

"Dat is het autocircuit van Boston dat even buiten de stad ligt."

Mijn verbaasde blik beantwoordt de professor met een fijnzinnige glimlach en voor de tweede keer deze week stap ik in de oldtimer. Na drie kwartier rijden, parkeren we de Chevrolet op het zo goed als lege parkeerterrein van het autocircuit. Ik loop achter professor Markowitz aan naar de kantine, die achter de tribune is gevestigd en zie aan een tafel twee mannen in raceoveralls zitten.

"He Don," roept professor Markowitz en hij loopt op de twee mannen af. "Ik heb een speciale gast voor je."

Even later zit ik wat ongemakkelijk met een grote kop koffie bij de drie mannen aan tafel. De man naast Don is Jack en hij is het hulpje.

"Jij komt toch uit Amsterdam!" zegt Don. "Daar hebben ze toch hele andere koffie in de coffeeshops?"

Een harde lach schalt over tafel. Ik lach besmuikt mee en merk dat het bloed sneller door mijn aderen stroomt. Misschien ga ik vandaag voor het eerst in mijn leven racen op een autocircuit.

"Kom, we gaan naar de kleedkamer," zegt Don terwijl hij opstaat.

Verbaasd kijk ik hem aan.

"Ja vriend, jij gaat vandaag een geprepareerde Ferrari F430 met meer dan vijfhonderd pk besturen."

Het voelt alsof er geen woorden uit zijn mond komen, maar bloemen. Voor het eerst in mijn leven ga ik echt racen op een circuit. Niet veel later zit ik met brandwerende kleding aan en met een integraalhelm op in de bijrijdersstoel van het racemonster. We hebben via de microfoons in de helmen contact met elkaar. Don start de motor en geeft gas. De motor buldert en de Ferrari reageert razendsnel op het gaspedaal. We rijden het circuit op en Don geeft direct volop gas, terwijl ik me krampachtig vastklamp. Dit is nog eens wat anders dan rijden in een Ferrari op de openbare weg in Nederland. De G-krachten in de bochten zijn enorm, maar Don is een ervaren coureur die precies weet hoe ver hij kan gaan. Na een aantal rondes te hebben gereden, waarbij mijn maag zich meer dan eens heeft omgedraaid, stelt Don voor dat we van positie wisselen. Voor het eerst kan ik de grenzen opzoeken van een opgevoerde Ferrari. Al snel heb ik grip op de duivelse krachten van de auto en rijd ik elke ronde sneller. Don zit naast me en geeft aanwijzingen. Na een kwartier oefenen, stelt Don voor om een ronde op tijd te rijden. Jack regelt de tijdwaarneming. Ik ga met een ronkende motor bij de startlijn staan en als het stoplicht op groen springt, geef ik vol gas en rijd met spinnende banden weg. Geconcentreerd en gespannen zet ik uiteindelijk een rondetijd van 1 minuut 36 op de klokken. Don dirigeert mij de pitstraat in en laat me uitstappen. Daar wordt de Ferrari door een monteur bijgetankt. Mijn lijf is nat van het zweet en mijn schouders doen pijn van de directe besturing. Toch is dit de waanzinnigste ervaring die ik ooit heb meegemaakt.

"Dat was een prima tijd, Nick. We gaan nogmaals een rondetijd neerzetten, maar nu als een professional. Ik ga je leren om op je gevoel te rijden. Ik wil dat je de auto als een verlengstuk van je lijf ervaart. Dat is het grote geheim van topcoureurs. Je moet als het ware in je lijf het asfalt onder de wielen van de auto voelen. Zo word je één met de Ferrari."

Don legt zijn hand op mijn rug, maar door mijn race overall kan ik zijn hand niet voelen.

"Probeer mijn hand eens door je pak heen te voelen, Nick. Ga met je gedachten naar mijn hand toe en blijf contact houden met mijn hand."

Ik doe wat me wordt opgedragen en of ik het me nu verbeeld of niet; ik voel zijn hand door het pak over mijn rug bewegen.

"Blijf met je gevoel in je lijf," zegt Don.

Don laat me opnieuw in de Ferrari stappen; ik laat de ergste spanning los en concentreer me op het contactvlak van mijn billen in de kuipstoel. Na een aantal oefenronden lukt het me om meer met mijn gevoel de auto te besturen. De Ferrari voelt als een verlengd onderdeel van mezelf en ik kan inderdaad bijna letterlijk het asfalt voelen. Daardoor heb ik meer controle over de auto en neemt mijn zelfvertrouwen toe. Ik voel me rustig, helder en geconcentreerd tegelijk. Don dirigeert me opnieuw naar de startlijn. Daar sta ik geconcentreerd met een brullende motor te wachten op het groene licht. Het voelt dit maal anders dan de eerste keer aan de startlijn, ik ben meer één met het racemonster. Als het licht op groen springt, geef ik vol gas. Ontspannen en geconcentreerd rijd ik nu de ronde in 1 minuut en 30 secondes, waarna ik de Ferrari voor de tweede maal de pitstraat inrijd.

"Prima tijd Nick, wat een verschil in prestatie. Je was deze ronde 6 secondes sneller. Hoe voelt het om op deze manier te rijden?"

"Anders en beter gecontroleerd," antwoord ik. "Door vanuit mijn gevoel te rijden, ben ik rustiger en kost het sturen voor mijn gevoel minder energie. In welke tijd rijden topcoureurs deze ronde?"

"Rond de 1 minuut en 5 seconden," antwoordt Don.

Er is nog een lange weg te gaan om topcoureur te worden. Ik stap uit de Ferrari en aai nog even de felrode sportwagen. Ooit stond deze droom op mijn oprit, maar ik mis hem niet. Een auto is maar een auto. In de hoek van de pits staat professor Markowitz toe te kijken en hij roept me bij zich.

"Dit was het spectaculairste onderdeel van je opleiding Nick. Kleed je snel om. We gaan vandaag leren om vanuit ons gevoel te opereren. Dat maakt je onwaarschijnlijk veel sterker."

Ik laat me op een foto op mijn smartphone met de Ferrari vereeuwigen en bedank Don en Jack hartelijk voor de onvergetelijke ervaring. Daarna kleed ik me om en loop naar de kantine, waar professor Markowitz al aan een tafel met twee mokken verse koffie zit te wachten.

"Wat voel je, Nick?" vraagt de professor als ik naast hem ga zitten.

Ik kijk professor Markowitz met gefronste wenkbrauwen aan. Wat is dit nu weer voor een vreemde vraag?

"Ik voel me prima en energiek," antwoord ik. "Daarnet heb ik een fantastische ervaring met een Ferrari achter de rug en ik ben zo opgewonden als een klein kind op Sinterklaasavond.

"Je antwoordt precies zoals de meeste mensen dat doen. Ik vroeg niet hoe je jezelf voelt, maar wat je voelt. De stoel onder je billen, het stromende bloed door je lijf of je hand om de mok met koffie."

Mijn blik moet boekdelen spreken, want ik begrijp niet wat de professor mij probeert te vertellen.

"Ik heb het over het verschil tussen 'hoe' en 'wat' voelen. Dit verschil klinkt misschien flauw, maar het is precies het probleem waar veel westerse mensen mee kampen. Lichaam en gevoel zijn ondergeschikt aan onze geest en het denken. We geloven dat we alles met ons denken kunnen oplossen en raken het gevoel in ons lijf kwijt. Het lichaam doet niet meer mee en we raken verstrikt in onze gedachten. Dit leidt uiteindelijk tot stress en gezondheidsklachten. Lichaam en geest zijn echter één, Nick en daarbij is de geest leidend. Een ziek lichaam is meestal een signaal dat er op mentaal niveau werk aan de winkel is. Laten we ons tastzintuig eens nader onderzoeken; we hebben een fysiek lichaam dat kan voelen en kan aanraken. Dat doen we vaak zonder ons daarvan bewust te zijn. De tast is het meest onderschatte zintuig van de mens. Aanraken is emotie, beleving, maar vooral contact maken met anderen en met de omgeving. Door fysieke aanraking komen we in gebieden waar ons verstand niet bij kan. In het huidige informatietijdperk is de aandacht te veel op het verstand en op ons denken gericht. Het oog en het oor zijn de belangrijkste zintuigen en het tastzintuig is weggedrukt. We denken alles te kunnen oplossen met onze ratio. Ik sprak pas geleden een bevriende haptonoom in Boston die veel zakenmensen behandelt. Sommigen van deze mensen zijn zo verhard en verstrikt geraakt in hun gedachten dat ze met hun ogen dicht letterlijk het verschil tussen een hand of een stofzuigerslang niet eens meer kunnen voelen. Een geblokkeerd gevoel en een onontwikkelde tastzin maken de mens ziek. Het is wetenschappelijk aangetoond dat mensen die niet genoeg worden aangeraakt, last krijgen van spanningen, onzekerheid, verkilling en eenzaamheid. Uiteindelijk kan het onvoldoende prikkelen van onze tastzin leiden tot allerlei psychische problemen. Dat is de keerzijde van onze hoogontwikkelde technologische informatiemaatschappij, waarin echte vrienden worden vervangen door kennissen op social media. Geef mij eens een stevi-

ge hand."
Ik pak de uitgestoken hand van professor Markowitz vast en schud hem de hand.

"Een hand geven zegt veel over de manier waarop de ander in de wereld staat. Is de gegeven hand zacht en open of hard en gespannen? Is de hand droog of zweterig als je hem vastpakt? De meeste mensen merken geen verschil op. Toch levert de aangereikte hand je veel informatie over de ander op. Zoals dat ik nu aan jouw hand kan voelen dat je op je hoede bent."

"Eerlijk gezegd begrijp ik niet waar u heen wilt met deze uitleg?"

"Als je niet met je lijf kunt voelen, begrijp je niets van energiestromen en krijg je nooit contact met de vierde dimensie. Het leven van John F. Kennedy is niet te begrijpen als je niets weet over gevoel en tastzin. John F. Kennedy werd erg geteisterd door de vele ziekten waaraan hij leed. Hij had voortdurend helse pijnen in zijn lijf, die hij van kinds af aan heeft moeten doorstaan. Hij leed aan de ziekte van Addison, die de bijnierschors aantast, waardoor het stresshormoon cortisol niet meer wordt aangemaakt. Dat hormoon is onmisbaar voor het afweersysteem van het lichaam. Maar Kennedy leed daarnaast aan nog een ernstige aandoening: al bij zijn geboorte was zijn ene been korter dan het andere, waardoor hij chronische rugklachten had gekregen. Schommelstoelen en straalkacheltjes waren niet genoeg: hij kreeg injecties met krachtige pijnstillers. Ironisch genoeg was John F. Kennedy, noodgedwongen door de vele pijnen, zich als geen ander bewust van zijn lijf en tastzin en raakte hij niet verstrikt in zijn gedachten. Bij spreekbeurten kon hij de energie in de zaal als het ware opzuigen en in woorden vertalen. Dit maakte hem een buitengewoon goede spreker die met zijn woorden en gevoel mensen in hun harten wist te raken. Door zijn uitstekend ontwikkelde gevoel en tastzin bezat hij de gave om anderen als het ware in zijn eigen energieveld te trekken. De getuigenissen van mensen die in de ban raakten wanneer ze met hem spraken of in zijn nabijheid verkeerden, zijn talloos. Zijn enorme aantrekkingskracht op vrouwen is welbekend. Het was zijn zwakte dat hij de aandacht van vrouwen niet kon weerstaan, wat heeft geleid tot talloze affaires en immoreel gedrag."

Ik sta perplex. Dit is de vreemdste interpretatie van het succes van John F. Kennedy die ik ooit heb gehoord. Zijn gezondheidsproblemen en helse pijnen vormden de basis van zijn succes, omdat hij zo niet verstrikt raakte in zijn gedachten en direct toegang had tot de vierde dimensie.

"Nick, je zult nooit iets begrijpen van de vierde dimensie als je niet je gevoel en tastzin ontwikkelt. De hardheid die je nu uitstraalt, moet menselijk en zacht worden. Je kunt de vierde dimensie namelijk niet bedenken, maar je moet haar voelen. Daarom heb ik je vanochtend in die raceauto laten rijden. De echte wereld kun je alleen voelen en niet bedenken. Veel mensen zijn overtuigd van de waarde van intuïtie, die is te omschrijven als het opvangen van energievelden. Zo kennen we ondernemers die door hun fingerspitzengefühl precies weten waar de zakelijke kansen liggen. Er zijn voetbalspitsen die altijd net op de juiste plaats staan om hun doelpunt te maken. Dat heeft niets met ratio te maken, maar alles met het kunnen opvangen van energieën. Sommige mensen kunnen aanvoelen dat er onheil hun pad gaat kruisen, zoals de leden van *Terra Nova* aanvoelen dat de wereld ten onder gaat als we niets ondernemen. Deze week ga je leren vertrouwen op je intuïtie."

"Hoe doe ik dat?"

"Door letterlijk de wereld te voelen met je lijf. Voel de zitting van de stoel waar je op zit. Voel de tafel waar je armen op rusten en voel het kopje dat je met je handen vastpakt. Voel het contactvlak met de aarde als je loopt. Geef impulsen aan je tastzin en merk dat daardoor je gevoel en intuïtie scherper worden. Begin met alle contactvlakken tussen je lijf en de omgeving letterlijk te voelen. Probeer één te worden met de voorwerpen waar je contact mee maakt. Als je bijvoorbeeld vanavond in je matras wegzakt, slaap je dieper dan ooit tevoren. Ga eens in een ruimte zitten en probeer of je deze ruimte in je eigen energieveld kunt krijgen. Geef een ander bewust een hand en ervaar wat je echt voelt."

We staan op. Don en Jack zijn nergens meer te bekennen. De ervaring op dit circuit vergeet ik mijn leven lang niet meer. Professor Markowitz brengt mij terug naar Harvard University. Onderweg voel ik bewust het contactvlak met de stoel in de auto. Het vreemde is dat ik warme voeten krijg en rust ervaar.

"We trainen mensen om hard en schijnbaar sterk te worden. Dat doen we in assertiviteitstrainingen. Vooral voor mannen is het niet stoer om hun zachte kant te laten zien. Helaas heeft dit zijn prijs. Veel mensen zijn zo verhard en gevoelloos geworden dat ze pijnlijke plaatsen in hun lichaam niet eens opmerken. Ze voelen hun maagzweer pas als het te laat is of ineens hebben ze een hernia. Een hartaanval of hersenbloeding komt voor hun gevoel vanuit het niets. Als je sensitiever in je lijf wordt, merk je veel eerder op dat er iets mis is. Ik durf te stellen dat onze tastzin ons belangrijkste zintuig is. In ieder geval is tast het zintuig om de vierde dimensie mee waar te nemen."

Hoewel de uitleg me soft en wollig in de oren klinkt, begin ik te begrijpen dat ik zonder een sterker ontwikkeld intuïtie niet veel verder kom in mijn zoektocht naar de vierde dimensie, die blijkbaar onbereikbaar is voor ons verstand. Zou dat de reden zijn waarom de wetenschap deze dimensie wel kent, maar waarom de meeste wetenschappers en medici deze dimensie niet erkennen?

Terug op het terrein van Harvard University neem ik afscheid van de professor. Mijn opdracht voor de rest van de dag is om mijn tastzintuig en gevoel letterlijk te gaan gebruiken. Ik moet mijn lijf leren voelen en vervolgens ontdekken hoe ik een ruimte in mijn eigen energieveld krijg. Ik krijg de opdracht mee om me morgen om negen uur weer in de bibliotheek te melden. Ik ben benieuwd wat er morgen weer mijn pad kruist. Elke dag is tot nu toe een grote verrassing gebleken.

Nadat de professor naar zijn werkkamer is gelopen, ga ik in de bibliotheek zitten om mijn opdracht uit te voeren. Er zit een drietal studenten te studeren en ik ga bij hen aan de houten tafel zitten. Allereerst probeer ik mijn stoel en mijn lijf letterlijk te voelen. Het gaat specifiek om het contactvlak tussen mijn billen en de stoel en mijn voetzolen op de grond. Of ik het me nu verbeeld of niet, ik voel direct de kracht en rust in mijn lijf. Het is alsof ik alerter en helderder ben. In de ruimte die ontstaat, probeer ik mijn energieveld uit te breiden tot de gehele bibliotheek. Voor mijn gevoel lukt dat ook. Ik voel de rust, het overzicht en de controle over mezelf toenemen. Blijkbaar ben ik klaar om de werkelijke kracht in mezelf te ervaren en op deze wijze contact te maken met de vierde dimensie. Hoe kan het zijn dat je zo eenvoudig in je kracht kunt komen? Ik ben verbaasd, maar tegelijkertijd overvalt me een gevoel van enthousiasme. Ik heb vandaag geleerd dat de mens een gevoelswezen is en dat we verstrikt zijn geraakt in ons denken. Daardoor ervaren we een beperkte wereld en zijn we ons niet bewust van de vierde dimensie. Hoe krachtig zou het zijn als we kunnen voelen wat de echte intenties van mensen zijn in plaats van af te gaan op de mooie woorden die ze zeggen? Dat we in een vergadering direct begrijpen wat er speelt en hoe de verhoudingen liggen in plaats van ellenlange verhalen aan te moeten horen. Als we weer terug in ons gevoel geraken, zijn we sterker dan ooit tevoren. John F. Kennedy stond door zijn gezondheidsklachten intensief in contact met zijn gevoel en zijn lijf. Hij had daardoor een uitstraling die heel aantrekkelijk was voor veel mensen.

Later die middag zit ik in een Starbucks in het centrum van Boston. Daar heb ik telefonisch contact met mijn neef Renard. Ik vertel hem enthousiast over de vorderingen die ik maak en hoe ik stukje bij beetje het *Boek van de Waarheid* ontrafel. Ik vertel tot op het detailniveau wat ik tot nu toe heb geleerd. Op de vraag of hij zelf lid is van *Terra Nova* krijg ik een veelbetekenend lachje te horen.

"Alles wat leidt tot een hoger welzijn van anderen is de moeite waard."

-33-

Naast me zit een dame op leeftijd te genieten van haar kop cappuccino. Ze hoort mijn gesprek met Renard en als ik het gesprek heb beëindigd, kijkt ze me doordringend aan.

"Waar komt u vandaan?," vraagt ze.

"Ik kom uit Holland," antwoord ik. "Nick Larson is de naam." Ik steek mijn hand uit.

"Betty Marting en ik woon in Boston," zo stelt ze zichzelf voor.

We raken in een geanimeerd gesprek en Betty vertelt over haar man, met wie ze zevenenveertig jaar samen is geweest en die helaas pas is overleden. Het was volgens Betty een liefdevolle en bijzondere liefdesrelatie geweest, waarin de liefde en passie tot het laatste moment eraf spatten. Aan de wijze waarop ze over haar man vertelt, hoor ik hoe bijzonder haar relatie moet zijn geweest. Ik zit blijkbaar niet voor niets naast deze vrouw, terwijl mijn eigen relatie op de klippen is gelopen.

"Betty, wat is het geheim van een langdurige en liefdevolle relatie?"

Ze draait haar stoel om en schuift aan mijn tafeltje aan.

"Dat is een mooie vraag," zegt ze. "Ik ben door mijn liefdevolle relatie met mijn overleden Harry een ervaringsdeskundige, zo mag ik wel zeggen. Wij zijn destijds getrouwd met als doel er beiden sterker uit te komen. Volgens mij is het grote geheim dat de relatie enerzijds is gebaseerd op onvoorwaardelijke liefde, maar dat je elkaar aan de andere kant de ruimte geeft om spiritueel en persoonlijk te groeien. Dat betekent wederzijds respect, veel praten en elkaar de vrijheid gunnen om te groeien. Daarbij is wat je de ander kunt geven altijd belangrijker dan wat je van de ander wilt ontvangen. Onze relatie was gezegend met de helende kracht van het geven, zelfs tot het einde toe. Heb jij een relatie?"

"Wel gehad," antwoord ik. "Ze heet Kathleen en we waren tien jaar samen. Helaas ben ik financieel aan de grond geraakt en kon ze de situatie niet meer aan. Daarom heeft ze me een maand geleden verlaten."

"Houd je nog van haar?"

"Zielsveel," antwoord ik. "Ik had een drukke baan en daardoor zijn we uit elkaar gegroeid. Het faillissement was een stap teveel en onze relatie is passé."

Het is toch bijzonder dat ik in een Starbucks met een volkomen vreemde vrouw over dit soort gevoelige onderwerpen praat. Misschien is dat het gevolg van bereid zijn om toeval in je leven toe te laten. De woorden van Betty roepen ook vragen op. Was Kathleen wel de vrouw die mij op spiritueel vlak liet groeien? Heb ik haar wel laten groeien in de tijd waarin we bij elkaar waren. Nu begrijp ik waar haar onvrede vandaan kwam, maar het is niet meer terug te draaien. Alles was eigenlijk belangrijk, behalve echt tijd voor elkaar maken. Hoe kun je elkaar laten groeien als je bewust geen tijd voor elkaar maakt? Altijd waren mijn werk op de beursvloer en mijn carrière belangrijker dan Kathleen. Geen wonder dat ze uiteindelijk is vertrokken. Als je geen energie in je relatie stopt, kan deze niet groeien en is de relatie gedoemd om stuk te lopen of om te eindigen in een verveeld huwelijk, waarin de partners slechts uit gemakzucht bij elkaar blijven.

"Liefde is de helende kracht om met tegenslag in je leven om te gaan, welke vorm dat ook heeft. Zonder lucht in je longen kun je niet leven, maar zonder liefde word je depressief. Als jullie van elkaar houden, is er altijd een moment om jullie relatie te herstellen. Zoek die liefde bij elkaar op en merk dat beiden kunnen groeien door elkaar de vrijheid te geven. Ook mijn huwelijk met Harry is niet zevenenveertig jaar lang over rozen gegaan. Maar we hebben altijd gepraat en we geloofden in de magie van de liefde om elkaar te laten groeien."

We nemen afscheid en Betty verlaat de Starbucks. Wat een bijzondere vrouw! Ze straalt zelfs op haar leeftijd nog zoveel positiviteit uit. Haar advies heb ik niet zomaar gehoord. Ik trek de stoute schoenen aan en bel Kathleen om haar te zeggen dat ik zielsveel van haar houd. Kathleen klinkt verbaasd door de telefoon. We spreken af om bij terugkomst weer een keer samen te eten. Ik ben verrast en verheugd tegelijkertijd. Kathleen is bereid om een keer te praten. Waarom sprak Betty mij aan en was haar boodschap louter toeval of zat er meer achter?
Na een middag door Boston te hebben rondgeslenterd, trakteer ik mezelf in een steakhouse op een malse biefstuk. Ik reken af met het budget dat Renard me heeft gegeven en waar ik nog een flink aantal dollars van over heb. 's Avonds kom ik moe bij de receptie van het Schretlen Hotel aan om mijn kamersleutel te vragen. In mijn postbakje ligt een pakketje met mijn naam erop. Ik neem het pakketje mee naar mijn kamer en scheur de envelop open. Er zit een DVD in, tezamen met een briefje.

Beste Nick,

Vogels vliegen, vissen zwemmen en mensen creëren. Alles wat we als mensen hebben bereikt, is ooit begonnen als een verbeelding in onze geest. Bekijk deze film en morgen treffen we elkaar om 9.00 uur in de bibliotheek. Fijne avond.

Roy Markowitz

Ik stop de dvd in de recorder die op de televisie op mijn kamer staat en ga op bed liggen om de film te bekijken. De met vier Oscars bekroonde film *Million Dollar Baby* van Clint Eastwood begint te draaien. Waarom zou de professor mij opdragen juist deze film te bekijken? Het is een hartverscheurend drama over een bijzondere relatie tussen een stugge bokscoach genaamd Bob en een stuurloze vrouw, Claressa, die zich aan de bokssport vastklampt om zo nog iets van haar leven te maken. Claressa is vastbesloten om een professioneel bokser te worden. Ondanks de vele tegenslagen die ze ondervindt met blessures, financiële problemen en slechtlopende relaties, blijft ze in haar droom geloven. Er ontstaat tussen de twee mensen een soort vader-dochterrelatie, waardoor de bokscarrière van de 32-jarige vrouw in een stroomversnelling raakt. Uiteindelijk wordt ze succesvol door de passie, het doorzettingsvermogen en de focus. Ik leef intens mee met de inzet van deze vrouw. Als iedereen op de boksschool al lang en breed naar huis is gegaan, doet ze ondanks de pijn in haar lijf nog een extra serie boksoefeningen. Haar droom om een wereldkampioene boksen in het vedergewicht te zijn, wordt steeds kansrijker en ze lijkt zich uit haar uitzichtloze situatie te vechten. De film laat haar zegereeks zien op weg naar de grootste wedstrijd uit haar carrière. Ineens juichen mensen haar toe en is ze voor het eerst in haar leven iemand die er toe doet. Een vrouw met een ***Oikido***. Dan komt het grote moment in zicht: het met een miljoen dollar genoteerde titelgevecht voor de wereldtitel vrouwen vedergewicht in Las Vegas staat gepland. Het moet de kroon worden op haar lange carrière. Jarenlang hebben de twee eenzame zielen naar dit hoogtepunt toegewerkt. Maar wat het mooiste moment in haar leven had moeten zijn, wordt geheel in Hollywood-traditie haar ondergang. Het noodlot slaat toe. Claressa wordt tijdens het ultieme gevecht over de touwen van de boksring geslagen. Ze komt niet op de grond terecht maar op haar eigen krukje en daarbij breekt ze haar nek. Ze raakt tot haar nek toe verlamd. In het ziekenhuis blijkt dat er geen kans op genezing is. Haar droom is haar ondergang geworden. Na de eerste drukke dagen gaat de aandacht verloren en is ze weer een nobody. Ze verliest langzaamaan alles en iedereen om haar heen. In het ziekenhuis probeert de familie van Claressa haar zuurverdiende boksdollars afhandig te maken, wat tot een definitieve breuk met haar dierbaren leidt. De enige die echt om haar lijkt te geven, is haar dertig jaar oudere bokscoach Bob, die in haar de vervanger van zijn jong overleden dochter ziet. Bob komt regelmatig bij Claressa in het ziekenhuis op bezoek.

Het drama wordt nog erger. Door het lange liggen in het ziekenhuisbed ontstaat er een open wond op haar been, waar een ziekenhuisbacterie bijkomt. De bacterie houdt huis in haar been, zodat de artsen uiteindelijk geen andere oplossing zien dan het been te amputeren om haar leven te redden. In de film is te zien hoe de situatie van Claressa met de dag verslechtert. Als Claressa zich realiseert dat ze werkelijk niets meer heeft om voor te leven, wil ze zelfmoord plegen. Omdat ze verlamd is en de artsen weigeren om op haar verzoek tot zelfdoding in te gaan, heeft ze hulp van buitenaf nodig. Na een aantal indrukwekkende scènes vraagt ze uiteindelijk haar bokscoach om haar te helpen met euthanasie. Bob weigert resoluut, maar kan haar niet op andere gedachten brengen. Omdat Bob niet op haar verzoek in wil gaan, doet ze een zelfmoordpoging, waarbij ze haar tong afbijt in de hoop in haar bloed te stikken. Hier zie ik hoeveel kracht deze vrouw heeft om deze vreselijke actie uit te voeren. De poging lukt niet doordat er toevallig een verpleegster haar kamer binnenkomt. De artsen redden vervolgens met een spoedoperatie haar leven. Het einde van de film is dat Bob het lijden niet meer kan aanzien. De bokscoach helpt haar alsnog in het geheim met pillen om haar doodswens in vervulling te laten gaan. Eindelijk heeft ze vrede en dat is tevens het einde van de film.

Dit is geen verhaal om daarna snel in slaap te vallen. Daarom ga ik naar de bar naast het hotel wat drinken om de film van me af te zetten. Het verhaal is simpelweg te heftig om snel te kunnen vergeten. Het gevecht van Claressa en haar moed om zelf voor de dood te kiezen, hebben me geraakt. Haar droom en haar verlangen werden uiteindelijk haar dood. Toch zei ze, net voor haar zelfmoord, dat ze geen spijt had van haar bokscarrière. De mensen scandeerden haar naam en ze voelde zich eindelijk iemand die waardevol voor deze wereld was. Het boksen gaf vorm aan haar leven, dat daarvoor een totale mislukking was. Ze genoot van het gejuich van de mensen na een overwinning en had dit niet willen missen.
Hoe belangrijk is het om je waardevol te voelen in de samenleving? Ik denk dat het de toegangspoort naar het echte geluk is. Maar er zijn meer thema's in de film die mij raken. Het verhaal dat een vrouw, vanuit een schijnbaar kansloze positie, met zoveel passie en doorzettingsvermogen haar verlangen tot een realiteit weet te maken. En ik leer ook dat alles twee kanten heeft. Haar verlangen en haar doorzettingsvermogen worden uiteindelijk haar dood. Waarom moeten uitgerekend dit soort waardevolle mensen zo door het leven worden gestraft? Waarom werkt het toeval dan niet in haar voordeel? Dat gegeven roept een sterk gevoel van onrechtvaardigheid op. Net zoals ik dat bij mijn eigen faillissement heb gevoeld. Er is zoveel onrecht in de wereld; waarom moet een kind van veertien jaar oud zijn vader verliezen? Wat had ik misdaan om dit lot te treffen? Wat is dat eigenlijk voor een God die juist de verkeerde mensen straft? Ik besluit deze prangende vraag morgen bij professor Markowitz neer te leggen. Er zit overigens nog een mooie afsluitende boodschap in de film. Ik bedenk hem terwijl het tweede glas bier voor me op tafel wordt neergezet.

Je wordt blijkbaar wat je denkt. Met veel verlangen, passie en doorzettingsvermogen wilde Claressa wereldkampioene boksen in de klasse vedergewicht worden en dat lukte haar bijna. Zonder haar tragische ongeval was het haar zeker gelukt. Je wordt uiteindelijk wat je denkt. Zo simpel is het blijkbaar. Claressa accepteerde onder geen beding een terugval naar de kansloze situatie waar ze vandaan kwam. Met een geamputeerd been en een rolstoel dacht ze dat ze geen keuze meer had. Jammer dat ze het toeval geen kans meer heeft gegeven om op een andere manier waardevol te zijn. Met haar kwaliteiten had ze een voorbeeld kunnen zijn voor velen. Er bestaat niet slechts één manier om waardevol in deze wereld te zijn, maar er zijn tal van manieren mogelijk. Claressa koos voor één manier en toen dat niet lukte, gaf ze op. Ze gaf de vierde dimensie geen kans om voor haar te werken en op een andere wijze waardevol te zijn. Met deze mooie gedachte reken ik af en ga slapen. Morgen is het vroeg dag.

"Het leven geeft precies dat waar je om vraagt. Velen vergeten te vragen wat ze willen en stellen zich te bescheiden op."

-34-

Er zijn indianenstammen die leven in de overtuiging dat het menselijk lichaam de capaciteiten in zich draagt om tegelijkertijd ziek en gezond te zijn. Als de geest breekt bij een verminderde weerstand, dan ontstaat er ruimte voor het ziek-zijn en kunnen kwalen toeslaan. Pas als het lichaam onder invloed van de geest besluit om weer gezond te zijn, zet de weg van de genezing zich in. Hoe sterk is onze geest eigenlijk? Vandaag hoop ik dat te ontdekken. Maar daar heb ik op het moment dat ik in de taxi naar Harvard zit, nog geen weet van. Op de universiteit ken ik inmiddels de weg. Ik groet de receptioniste en loop rechtstreeks door naar de bibliotheek, waar de professor aan een tafel zit te werken. Hij kijkt op en knikt naar me.

"Goedemorgen Nick. Hoe vond je de film Million Dollar Baby?"

"Indrukwekkend."

"En verder?"

"Ik vond het jammer dat Claressa het leven geen kans gaf om zich voor haar te ontvouwen. Ook al was ze verlamd, had ze geen contact meer met haar familie en had ze een geamputeerd been, zelfs dan kan het leven waardevol zijn of een positieve wending nemen."

"Juist," zegt professor Markowitz. "Je hebt de kern van mijn boodschap te pakken. De meeste mensen zijn teveel met de toekomst bezig. Ze denken: als ik eenmaal dit bezit of als ik dat heb bereikt, dan word ik vanzelf gelukkig."

Ik moet glimlachen. Deze manier van denken herken ik maar al te goed.

"Denken in termen als bezit en status heeft geen zin," gaat de professor verder. "De toekomst is onvoorspelbaar, omdat het leven voor ieder van ons een aantal verrassingen in petto heeft. Claressa wilde niet meer verder, maar zelfs met een dwarslaesie en een geamputeerd been kan het leven een onverwachte, positieve wending nemen. In plaats van te genieten van de warme vriendschap die ze met haar coach Bob had, dacht ze dat het nooit meer goed zou komen. Dat zijn gedachten over de toekomst en deze hoeven geen realiteit te worden. Levens kunnen in een flits veranderen: ten positieve of ten negatieve. Claressa had voor een andere weg kunnen kiezen om het leven een kans te geven. Hoe verschrikkelijk je omstandigheden ook zijn; als er hoop is, dan is er leven. Ik had haar gegund dat ze de hoop had weten vast te houden. Het is niet de bestemming waar het geluk ligt, maar de reis daarnaartoe."

Het is ineens stil in de bibliotheek als de professor stopt met praten en mij indringend aankijkt.

"Waarom greep deze film je zo aan?"

"Misschien omdat de film zo'n dramatisch einde kent."

"Dat is waarschijnlijk niet de reden. Veel eerder denk ik dat je in de huid van een vrouw op het filmdoek kroop bij wie alles tegenzat. Ze had een droom in haar leven waar ze vol passie en doorzettingsvermogen voor vocht. Dat maakt deze vrouw interessant en daarom leef je met haar mee. Weet je Nick, de meeste mensen om ons heen zijn niet boeiend of interessant."

"Hoe bedoelt u dat?"

"De meeste mensen leven gewoon hun leven en jagen geen dromen na of hebben geen ontembare passie. Anders gezegd: ze laten hun leven door omstandigheden en door anderen leiden."

"Wat is daar mis mee?"

"Niets, maar het is vaak een onbewuste keuze. En zoals bij elke beslissing in dit leven, heeft ook deze onbewuste keuze een consequentie."

Ik ben nieuwsgierig.

"Het gevolg van zonder dromen en zonder ontembare passie door het leven gaan, is dat je bent veroordeeld tot een middelmatig leven. Een mens wordt pas boeiend als er een verlangen of passie om iets echt te bereiken in zijn leven komt en hij daarvoor de strijd aangaat. Dan ontstaat er een *Oikido* dat je alleen kunt bereiken met focus, passie en doorzettingsvermogen. Dat was het geheim van het succes van Claressa. Alles begint met het maken van de belangrijkste keuze, die je bewust of onbewust kunt maken. Neem je de leiding over je leven en volg je je eigen dromen en passies of besluit je, zoals zovelen, dat anderen jouw leven bepalen? De anderen zijn: de media, je baas, je partner of dat je precies doet wat sociaal wenselijk is in onze maatschappij."

Het gemak waarmee de professor mensen veroordeelt, begint me te irriteren.

"Dat is gemakkelijk praten voor een professor van Harvard," zeg ik. "Veel mensen hebben gewoon geen keuze. Ze moeten doen wat er gezegd wordt om brood op de plank te hebben. Voor het najagen van hun eigen dromen is geen plaats in hun leven."

De professor laat zich niet uit de tent lokken.

"Claressa was logisch gezien kansloos voor een succesvolle bokscarrière. Ze was te oud, had geen ervaring, was behept met een liefdeloze jeugd en ze miste een veel te vroeg gestorven vader."

"Het is een geromantiseerde film," zeg ik.

"Je begrijpt de kern nog steeds niet Nick! Iedereen kan dromen en passies najagen. Mensen realiseren zich niet hoe sterk onze geest is. Ze hebben er geen flauw benul van waartoe mensen in staat zijn en vluchten daarom weg in angst en aangepast gedrag. Daarbij vergeten ze wat ze echt willen bereiken in dit leven. Je moet je geest trainen en met name inzetten om je passies en dromen waar te maken. De geest is bij de meeste mensen net als een verwend kind dat zijn eigen zin doordrijft. Probeer maar eens je geest langdurig op iets te concentreren. Er is een gerede kans dat deze afdwaalt naar onzinnige onderwerpen zoals: wat eten we vandaag of ik moet de vuilnisbak nog buitenzetten. Claressa had haar geest gericht op het bereiken van haar ultieme doel. Tijdens het trainen dacht ze niet aan eten of irrelevante zaken, maar aan doorzetten en succes behalen. Net als Claressa kan ieder mens zijn gedachten trainen, zodat je de baas wordt over je geest en over de beslissingen die je neemt. In plaats van slachtoffer te zijn van verleidingen en van een onbeheersbare geest, stuur je jouw gedachten en daarmee je toekomst. Alleen door passie en focus kun je toeval sturen en dan gaat het universum je helpen je dromen te realiseren. Weet je waarom er bij velen zo weinig terechtkomt van alle goede voornemens van 1 januari?"

Ik schud mijn hoofd.

"Het is omdat mensen hun geest onvoldoende op het doel weten te focussen en doorzetten. Jij hebt de leiding over je leven en je geest met je overtuigingen staat aan het stuur! Stoppen met toegeven aan verleidingen van buitenaf, betekent geen complete onthouding, maar de controle in eigen hand nemen. Dan kun je je gaan concentreren op wat je echt wilt bereiken in dit leven met inzet van al je talenten en heb je de kans om te ontsnappen aan de grijze middelmaat. Dit was precies wat John F. Kennedy toepaste om uiteindelijk president van de Verenigde Staten te worden."

"Slechts weinigen opteren voor een leven in de grijze middelmaat. Waarom gebeurt dat dan toch?"

"Dat is nu precies het probleem van zovelen," zegt professor Markowitz. "De angst regeert veel levens en angst is de slechtst mogelijke leidraad. Dan zit je zelf niet aan het stuur, maar is het de angst die de koers bepaalt. Uiteindelijk begint een succesvol leven met het zetten van de eerste stap: controle krijgen over je geest en je niet laten leiden door angst of verleidingen. De menselijke geest is de sterkste creërende kracht in onze kosmos. Er zijn veel voorbeelden bekend van mensen die door hun denkkracht wisten te genezen van ongeneeslijke ziekten. Maar we zijn er ook door op de maan beland en Claressa wist vanuit een verloren positie de wereldtop van het vrouwenboksen te behalen. Onze geest en onze overtuigingen zijn onwaarschijnlijk sterk. Laat ik je een extreem voorbeeld geven. Veel mensen hebben de vaste overtuiging dat je zonder voedsel doodgaat. Toch zijn er monniken die maanden zonder voedsel kunnen leven en zijn er mensen die op de energie van zonlicht weten te overleven. Een overtuiging in je geest heeft de neiging om werkelijkheid te worden; dat komt doordat de mens situaties als een magneet aantrekt waar hij bewust zijn aandacht op richt en die passen binnen zijn overtuigingen. Zo denken veel jonge stellen dat er een babyboom plaatsvindt als de vrouw zwanger is, want ineens zien ze overal kinderwagens in het straatbeeld. Overtuigingen zijn ook de basis van het placebo-effect. Als je werkelijk gelooft dat een suikerpilletje een nieuw revolutionair geneesmiddel is, heb je een gerede kans dat je gezondheidsklachten verminderen of zelfs verdwijnen. Dat is vaak genoeg in wetenschappelijk onderzoek vastgesteld. Onze geest bevindt zich in de vierde dimensie en is tot veel meer in staat dan dat je je kunt bedenken. Door te doen wat je echt wilt, geef je energie en heb je een veel positiever beeld van de wereld. Iedereen die ooit verliefd is geweest, kent dat gevoel dat ons als mensen uniek maakt. Mensen kunnen met hun verbeelding nieuwe werelden scheppen, terwijl dieren alleen in het hier en nu leven."

"Hoe vind je een ontembare passie waar je echt voor wilt gaan?" vraag ik.

"Door antwoorden te formuleren op de volgende twee vragen: wat wil je werkelijk en wat maakt je echt gelukkig? Mediteren is een methode om je geest tot rust te krijgen en om toegang te krijgen tot je dromen en tot de vierde dimensie. Mediteren maakt je geest rustig en sterk en zorgt ervoor dat je in contact komt met je diepste zelf. Daar zitten de antwoorden voor wat je echt wilt bereiken en waar je echt gelukkig van wordt. Dat kun je niet lezen, maar moet je ervaren. Als je vanuit deze twee vragen gaat handelen, dan heb je de essentie te pakken om werkelijk te worden wie je bent. Mensen zijn meer dan slaven van bazen, banken of nuttige instrumenten om hen belasting te laten betalen. Als je vanuit passie en puurheid gaat leven, verandert er veel."

"Zoals u het aan mij vertelt, klinkt het zo logisch, professor Markowitz. Waarom gebeurt het dan niet in de dagelijkse praktijk?"

"Alles wat simpel is, is nog niet eenvoudig," antwoordt de professor. "Hoeveel mensen nemen nu echt de tijd om met zichzelf in conclaaf te gaan? Wat wil ik nu echt met mijn leven en wat past er bij mij? Wat is de rode draad in mijn leven tot nu toe? De antwoorden op deze vragen kun je niet uit boeken halen, maar slechts uit ervaringen. Maar zeg eens eerlijk, hoe vaak sta je echt stil bij jezelf? Als je niet de keuze voor jezelf en je passie maakt, maak je onbewust een andere keuze. Je laat je leven door anderen leiden en het universum kan je niet helpen omdat je zo onduidelijk bent. Aan het einde van je leven ben je ontevreden, omdat je leven anders is gelopen dan je je had voorgesteld. Met pijn en spijt constateer je op je sterfbed dat je niet uit je leven hebt gehaald wat er aan talenten en passie in zat. Wat je vandaag meemaakt, is het gevolg van keuzes uit het verleden. Daarom bepalen de keuzes van vandaag de toekomst van morgen. Wees je bewust van je gedrag, je overtuigingen en van je gedachten van vandaag, zodat je werkt aan de ideale wereld van morgen."

"Alles van waarde in dit leven is ooit ontstaan uit een mens met verbeelding en passie."

-35-

Er waren zeker momenten geweest na mijn faillissement, waarop ik had gewild dat ik dood was geweest. Maar nu komt er steeds meer zicht op hoe ik iets zinvols met mijn leven kan doen en dat gegeven stemt me tevreden. Zelfs in de schuldsanering kan ik de eerste stappen zetten. Professor Markowitz wijst me de weg uit het donkere bos van onmacht, onzekerheid en falen. Daarom verdient professor Markowitz een heldenstatus voor mij. Maar is niet ieder mens die je ontmoet, een leraar voor je? Als je zo naar mensen gaat kijken, verandert je instelling om mensen tegemoet te treden. Dan is het ineens zinvol om ook de mensen met wie je moeite hebt, niet te snel de rug toe te keren. Ieder mens die op je pad verschijnt, heeft je iets te leren. Als dat klopt, hoe zit dat met Frederick Nouwens van Erven, de compliance officer bij Van der Moolen, die mij zonder pardon op straat had gezet? Wat heb ik van hem te leren? Misschien wel dat ik met egocentrisch gedrag niet ver kom. En egocentrisch ben ik geweest, tot op het ziekelijke af. Alle energie die ik in mijn werk had gestopt, was alleen geweest om luid applaus te ontvangen van mijn omgeving. Ik wilde dat mensen met respect en waardering over mij spraken en mij zagen als een gerespecteerd beurshandelaar. Niet voor niets stonden er Porsches en een Ferrari op onze oprit. Het smachten naar aandacht en waardering van anderen was misschien wel het gevolg van het vroege verlies van mijn vader, waardoor ik me had willen bewijzen. Het lijkt wel of de geschiedenis zich herhaalt. Ook mijn vader werkte hard en had maar weinig echte aandacht voor zijn gezin gehad, totdat hij ineens in zijn kist lag en voorgoed weg was. Door het faillissement ben ik in staat om de cirkel van hard werken om waardering te krijgen, te doorbreken. Ik ga mijn leven omgooien en mijn relatie met Kathleen herstellen. Blijkbaar heeft ieder mens de potentie om anderen te laten groeien. Het universum zit wat dat betreft wonderlijk en tegelijkertijd prachtig in elkaar.

"Heb jij zicht op de rode draad in jouw leven?"[1] vraagt de professor.

"Ik heb geen helder beeld hoe logisch mijn leven in elkaar zit. Mijn leven lijkt momenteel meer op chaos dan op een leven met een logische rode draad."

"Dat gaan we onderzoeken. Ik ben niet voor niets wetenschapper geworden." De professor haalt uit zijn tas een rol schildertape tevoorschijn en gaat staan.

"Kom eens in het midden van de bibliotheek staan."

Ik doe wat de professor me opdraagt. De professor staat op, rommelt even in zijn tas en plakt naast mij een stukje schilders tape op de antieke parketvloer. Op het schilders tape staat het woord 'nu' geschreven. Dan loopt hij vijf stappen naar achteren en vraagt naar mijn geboortedatum. Het stukje tape met mijn geboortedatum plakt hij ongeveer vijf meter in een rechte lijn achter mij. Dan gaat de professor naar de plek die vijf meter recht voor me ligt en plakt daar een stukje schilders tape met een kruis erop.

"Je bevindt je nu op je levenslijn," zegt de professor. "Achter je is het begin van deze lijn, je geboortedatum, voor je ligt het punt waarop je de wereld weer gaat verlaten. Je bevindt je in het hier en nu. Je mag zo dadelijk een paar stappen naar voren zetten. Zo loop je letterlijk de toekomst in. Je stopt ergens op de lijn, sluit dan je ogen en vertelt me wat je op dat moment ervaart, voelt, weet en ziet."

Ik doe twee stappen naar voren en blijf stilstaan. Daarna sluit ik mijn ogen. Ik heb geen gedachten, helemaal niets.

"Ik zie, hoor of voel niets."

"Geduld Nick."

Dan zie ik langzaam vanuit de mist een beeld in mijn gedachten opdoemen. Zomaar, zonder dat ik er invloed op heb, lijk ik in een andere tijd te zijn. Zo eenvoudig kan het toch niet zijn?

"Hoe oud ben je nu?" vraagt de professor.

"Rond de vijftig jaar oud," zeg ik, zonder erover na te denken.

"Wat zie je gebeuren?"

"Ik bevind me in een soort kerk, waar een groep mensen in een kring om mij heen zit," zeg ik. "Het lijkt wel of het iets met opleiden van doen heeft. Het volgende beeld speelt zich thuis af. Ik ben de trotse vader van twee mooie kinderen en nog altijd getrouwd met Kathleen, die zich ook in de huiskamer bevindt. Bijzonder om jezelf zo in de toekomst te zien."

"Open je ogen en stap terug in het hier en nu," zegt de professor.

Ik doe wat me wordt gezegd en terug op de plaats van het hier en nu zijn de beelden en gevoelens verdwenen. Wat een bizarre ervaring is dit! Er lijkt wel magie in het spel te zijn. Waar komen die beelden en gedachten vandaan? Hoe kan het gebeuren dat je langs een denkbeeldige tijdlijn loopt en ineens in je gedachten twintig jaar ouder bent? Ik zag mezelf met beginnend grijs haar in de kerk zitten.

"Is het de realiteit die ik heb gezien?" vraag ik.

"De tijd zal het leren," antwoordt de professor. "Over tijd gesproken, wat is de definitie van tijd precies?"

Ik wijs op mijn horloge.

"Dat is tijd," zeg ik. "Seconde na seconde tikt deze weg."

"Die visie klopt gedeeltelijk," antwoordt de professor. "Tijd kent een feitelijke vastlegging die wordt aangegeven op horloges en klokken, maar tijd is ook een subjectieve waarneming. Met de twee stappen naar voren maakte je net in gedachten een sprong van twintig jaar in de tijd. De mens heeft altijd geprobeerd om heer en meester over 'tijd' te worden, maar dat is hem niet gelukt. Tijdsbeleving is voor de mens subjectief. Een uur heeft een heel verschillend effect op iemands beleving, als dat een verloren uurtje is of het is iemands laatste uur. De tijd kruipt als je in spanning zit te wachten op de uitslag van een zware operatie bij een dierbare in een kille ziekenhuiswachtkamer, maar de tijd vliegt tijdens duiklessen in een azuurblauwe zee vol kleurrijke vissen. Kortom, de duur van een uur wordt telkens in een specifieke situatie anders ervaren. Tijd is magisch, terwijl velen dat niet beseffen. Tijd wordt daarom ook de vierde dimensie genoemd. Jij maakte daarnet in luttele seconden, door twee stappen vooruit te zetten, een sprong door de tijd. Onze geest kan reizen door ruimte en tijd. Bij tijdreizen moet je volgens de theorie van Albert Einstein sneller dan het licht kunnen reizen. Onze geest heeft dat vermogen; je kunt nu met je geest binnen een fractie van een seconde in Amsterdam zitten. Bovenop de drie gebruikelijke dimensies van lengte, breedte en hoogte bestaat er de vierde dimensie die zaken als tijdreizen, aura's, reïncarnatie en gedachtelezen kan verklaren. Stel je zoiets voor als een foto uit een tweedimensionaal beeld, waarbij de afbeelding in werkelijkheid drie dimensies heeft. Eigenlijk zien we een tweedimensionale foto van de driedimensionale werkelijkheid.

De tijd is dus de vierde dimensie die je niet met je zintuigen kunt waarnemen. Je kunt slechts de resultante van tijd met je zintuigen waarnemen, maar niet de tijd zelf. Toch is het juist deze vierde dimensie die het leven mogelijk maakt. Mensen kunnen alleen ademen, bewegen en leven in de tijd. Elke ademhaling kost tijd en elke beweging kost tijd. Dit is het verschil tussen een film en een foto. De vierde dimensie, die ons in leven houdt, is daarom het grootste mysterie op aarde. Deze onzichtbare energie waaruit het universum bestaat, laat de aarde draaien, het gras groeien en ons ademen en leven. Deze vierde dimensie zorgde dat je daarnet een sprong in de tijd kon maken en in de toekomst kon kijken. We maken nu samen een sprong door de tijd en gaan terug naar begin jaren zestig, toen John F. Kennedy president van de Verenigde Staten was. Hij begreep de kracht van de vierde dimensie als geen ander. Aan het begin van zijn presidentschap, riep hij drie topmensen van de NASA bij zich in het Witte Huis. In die tijd was de Koude Oorlog in volle gang en lagen de Russen met hun ruimtevaartprogramma ver voor op de Verenigde Staten. De opdracht van John F. Kennedy was simpel: *put a man on the moon, before the Russians do.* Deze opdracht was het begin van een omwenteling in de ruimtevaart. Er kwam meer geld vrij en de ruimtevaartprogramma's van de NASA werden versneld. Dit leidde ertoe dat de Amerikanen op 20 juli 1969 de eerste man op de maan hebben gezet. John F. Kennedy had deze enorme stap in onze ontwikkeling aangevoeld en daar de juiste aandacht of energie op ingezet. Zo werkt de vierde dimensie. De basisregel om haar in beweging te zetten, is dat alles wat je energie geeft, groeit en uiteindelijk realiteit wordt. Als mens heb je een beperkte hoeveelheid aandacht en energie. Hoe vervelend ook, je moet kiezen tussen wat je echt wilt bereiken in je leven en waar je energie op wilt inzetten. Zo stuur je de vierde dimensie. Het klinkt eenvoudig, maar dat is het niet. Veel mensen lopen vast in hun leven. Weet je waarom dit zo is?"

Ik denk na.

"Omdat de juiste focus en doorzettingsvermogen ontbreken," stel ik.

"Juist, Nick. De consequentie is namelijk dat als je ergens voor kiest, je ergens anders niet meer voor kiest. Sterke mensen houden vast aan hun bestaande keuzes en blijven daar

energie voor inzetten. Zo zorgen ze ervoor dat het universum en toeval voor hen gaan werken, terwijl de zwakkere broeders al snel hun doelen en dromen wijzigen en vervangen door nieuwe uitdagingen. Doorzettingsvermogen en tegenslagen overwinnen zijn daarbij cruciaal. Ik houd altijd de tienduizenduren regel aan: je wordt pas echt goed in iets als je er minimaal tienduizend uur in hebt geïnvesteerd. Als je serieus filosoof of auteur wilt worden, heb je nog een hele weg te gaan. Ben je bereid om al die energie in je dromen te stoppen Nick?"
Weer word ik door de professor onder druk gezet. Wat wil ik echt met mijn leven? Nu heb ik een kans een keuze te maken en me daaraan vast te houden. Zijn het auteurschap en de filosofie wel de richtingen die ik wil inslaan? Ligt daar mijn persoonlijke ***Oikido***? De professor onderbreekt mijn gedachten.

De professor loopt naar een kast met boeken en haalt er een boek uit over grote inspirerende leiders.

"Dit is een goed boek om iets te begrijpen over de kracht van de menselijke geest. De inzichten gaan je verder op weg helpen. We eten vanavond samen in het Japanse restaurant Basho op de Boylston Street in Boston. Ik zie je daar om half negen."

Die middag zit ik onder een grote beukenboom op het terrein van Harvard en lees over grote politieke leiders. Mensen die de moed hadden om hun idealen trouw te blijven en daar hun levens voor wilden opofferen. Ze hebben de angst voor de negatieve publieke opinie weerstaan en waren bereid om desnoods hun leven te geven voor hun ultieme droom. Als we voor een ideaal gaan, krijgen we een keer de gelegenheid om te laten zien hoe moedig we zijn. Pas als er weerstand ontstaat, kun je laten zien dat je moedig genoeg bent om je doel te volgen. Moed is een grote kracht die we allemaal bezitten, maar die slechts weinigen inzetten. Er is moed voor nodig om je eigen koers te bepalen en je zelfrespect te behouden, welke offers er ook gevraagd worden. Dat is het ware doorzettingsvermogen. In het hotel fris ik mezelf op. Ik ben benieuwd naar wat de professor me vanavond heeft te vertellen.

"Parttime gaan werken om fulltime te kunnen leven is de beste beslissing die een mens kan nemen."

-36-

Boven de voordeur is een transparante plastic plaat tegen de gevel geschroefd. Naast een aantal Japanse tekens staat in witte letters "Basho" gegraveerd. Ik ben op de juiste plaats door de taxi afgezet, maar ik heb nog geen enkel idee wat het plan van de professor is.

Als ik binnenkom, zit Roy Markowitz aan een laag tafeltje in de hoek te wachten. Een Japanse vrouw, prachtig gekleed in traditionele kleding, brengt me naar het tafeltje.

"Goedenavond, wat een bijzondere locatie," zeg ik.

"Het is ook een bijzondere avond," antwoordt de professor.

Zijn woorden maken me nieuwsgierig. We bestellen beiden een saki. "Hoe kon ik vandaag in slechts twee stappen twintig jaar verder in de tijd zijn met mijn gedachten?"

"Dat heeft allemaal met synchroniciteit te maken," antwoordt de professor. "Synchroniciteit is de taal van de vierde dimensie. Het begrip 'synchroniciteit' is ooit door de Zwitserse psychiater Carl Jung bedacht. Hij had in zijn praktijk een cliënt die hem op de bank vertelde over haar droom, waarin een gouden scarabee was verschenen. Juist op dat moment tikte er een goudkleurige tor op het raam. Carl Jung pakte de goudkleurige tor van de vensterbank en overhandigde deze aan de vrouw. Terwijl ze altijd stug en ontoegankelijk was geweest, opende ze zich nadat ze de tor had gekregen en vond ze uiteindelijk de weg naar genezing. Het hele voorval zette Carl Jung aan het denken en opende zijn bewustzijn voor de vierde dimensie. Zo maakte hij in de jaren vijftig veel van dit soort voorvallen mee, die hij de naam synchroniciteit gaf. Hij noemde synchroniciteit of zinvol toeval de taal van de vierde dimensie en deed er meer onderzoek naar. De meest voorkomende vormen van synchroniciteit zijn toevallige gebeurtenissen en geheime boodschappen. Daarnaast heb je mensen die op je pad komen zodra het zinvol voor je is. Onder deze vorm van synchroniciteit valt bijvoorbeeld het fenomeen om aan iemand te denken, terwijl die persoon je even later belt. Maar ook gebeurtenissen die je overkomen net op het moment dat je ze nodig hebt, zijn een vorm van synchroniciteit, zoals: telepathie, zuiver weten en met je gedachten en ziel door de tijd en ruimte kunnen reizen. Mensen die je ontmoet, hebben soms onbewust een boodschap voor je, die je vanzelf leert zien en leert herkennen als je toegang hebt tot de vierde dimensie. Als je bijvoorbeeld van drie verschillende mensen hetzelfde advies krijgt, is het tijd om serieus over hun suggestie na te denken. Maar de vaakst voorkomende vorm van synchroniciteit is de voorspellende droom. De meeste dromen zijn normale dag verwerkingsdromen, maar af en toe zit daar een voorspellende droom tussen. Vaak weet je direct bij het wakker worden of je een voorspellende droom hebt gehad. In je dromen kun je reizen door de ruimte en de tijd heen, maar we weten er nog weinig vanaf. Er is een man genaamd Chris Robinson, hij is schoonmaker van beroep en hij woont ten noorden van Londen op het platteland. Chris heeft een bijzonder talent: in zijn dromen voorspelt hij de toekomst. Zo voorspelde hij op correcte wijze verschillende vliegtuigongelukken en IRA-aanslagen. Hij voorzag de ramp van de kerncentrale in Tsjernobyl, de aanslag bij Lockerbie en de moord op een bekende tv-presentator. Dit leverde hem de titel de dream-detective op. Chris is nu ruim vijftig jaar oud. Tot zijn zesendertigste jaar had hij een paar keer per jaar een voorspellende droom, daarna kreeg hij steeds vaker voorspellende dromen en nu heeft hij bijna iedere nacht zo'n droom. Chris Robinson werkt nauw samen met Scotland Yard. Hij heeft in zijn dromen direct toegang tot de vierde dimensie en reist door tijd en ruimte. Zodoende kan hij de toekomst nauwkeurig voorspellen. Chris Robinson is ook lid van ons genootschap. Nu je het weet, ga ook jij steeds vaker voorspellende dromen krijgen. Daarom adviseer ik je om een notitieblok naast het bed te leggen om je dromen direct daarin te noteren. Dromen verschijnen vaak in de vorm van metaforen. Als het rustig is, pak je je notitieblok erbij en ga je de metaforen uit je dromen associëren met datgene wat er in je opkomt. Zo kunnen dromen je helpen bij het maken van de juiste keuzes op je levenspad."

De geisha zet voor ieder een nieuwe mok met saki neer, tezamen met twee borden misosoep. Ik zie hoe gracieus ze loopt, ze lijkt door het verder rustige restaurant te zweven.

"Wat ik vandaag in de bibliotheek met die tijdlijn met je heb gedaan, heeft te maken met een toepassing in de vierde dimensie. Deze vorm noemen we opstellingen," zegt de professor. "Dit is een prachtige manier om meer inzicht in een situatie of in een probleem te verwerven. Vandaag heb je ervaren hoe het werkt, maar je kunt deze opstellingen ook bij een concreet probleem gebruiken. Dan werk je met een groep vrijwilligers die hiervoor openstaat. Degene die een thema wil inbrengen, nodigt uit de kring deelnemers een persoon uit om zijn of haar situatie te representeren. De deelnemers kunnen familieleden representeren, maar ook in een zakelijke omgeving is het goed mogelijk om met opstellingen een zakelijke situatie te analyseren. De representanten hoeven niets extra's te kunnen of te doen en hebben nauwelijks informatie over de mensen die werkelijk bij de situatie zijn betrokken. De inbrenger van het probleem heeft vooraf slechts een paar belangrijke feiten over het thema verteld. Dan stelt de inbrenger op intuïtieve wijze de representanten in de ruimte op. Dat doet hij door zijn handen op de schouders van de representant te leggen en hem of haar naar de plek te brengen die zijn gevoel aangeeft. In werkelijkheid wordt de inbrenger gestuurd door zijn intuïtie. Vervolgens doet hij dat meerdere malen met de overgebleven representanten en ten slotte kiest de inbrenger van het probleem een representant van zichzelf. Zo staan alle representanten in de ruimte opgesteld voor het uitwerken van de desbetreffende situatie of probleem. Vervolgens gebeurt er iets opmerkelijks, waar alleen een verklaring in de vierde dimensie kan worden gevonden: de representanten voelen zich als de mensen, die in het echte probleem een rol spelen en zeggen wat ze voelen of wat er in hen opkomt. Omdat ze er geen persoonlijk belang bij hebben, is de communicatie eerlijk en open. Op deze wijze leggen ze complexe problemen bloot, inclusief het onderliggende krachtenspel. Er ontstaat een herkenbaar beeld van de verhoudingen en de krachten die vaak bewust of onbewust een rol spelen in het probleem. Door de nieuwe inzichten krijgt degene die het probleem heeft ingebracht een oplossingsrichting aangereikt."

Terwijl de professor zijn misosoep nuttigt, denk ik na over hoe weinig wij met al onze wetenschap nog maar weten van de onzichtbare wereld om ons heen. Als wij ons bewust worden van de vierde dimensie gaat er een nieuw veld aan mogelijkheden open. Toch leven we in een tijd, waarin we ons bewustzijn verruimen en meer inzicht krijgen in de vierde dimensie. De evolutie van de mens gaat door en we groeien op spiritueel gebied. De Homo Spiritus staat op het punt om geboren te worden. Ik voel het en zie het om me heen gebeuren, vooral bij de jonge generatie. We gaan op het mentale en spirituele vlak sterk groeien en nieuwe mogelijkheden ontdekken. Telepathie, voorgevoel, bewustzijn, tijdreizen en opstellingen worden in de komende decennia gemeengoed. Deze bewustzijnsontwikkeling heeft grote voordelen; voor het eerst in de geschiedenis gaan we ons druk maken om onze planeet aarde en staan we meer in verbinding met elkaar.

De geisha houdt ons ongemerkt in de gaten, want direct nadat wij onze misosoep hebben genuttigd, komt ze met een gedienstige buiging de soepkommen ophalen en schenkt ze opnieuw onze mokken vol met saki. Ik merk dat ik door de drank lichter in mijn hoofd word.

"Je zult je misschien afvragen waarom we in dit speciale Japanse restaurant hebben afgesproken?"

"Inderdaad."

"In de afgelopen dagen hebben we de eerste drie leerfases doorlopen om uiteindelijk tot de vierde dimensie door te kunnen dringen. In de eerste fase zijn we ingegaan op hoe je je overtuigingen los kunt laten. In de tweede fase heb ik je geleerd dat er zonder verlangen geen energie is om echt te kunnen veranderen. Verlangen kun je zien als een innerlijke accu, deze bestaat uit pure innerlijke energie die de motor achter je dromen is. Daarnaast zorgt verlangen ervoor dat er gelijksoortige energie wordt aangetrokken. Gedachten die worden gevoed door verlangen, zijn als het ware 'magnetisch' en sturen het toeval. Positieve gedachten trekken succes aan, terwijl negatieve gedachten de kans op een destructieve uitwerking hebben. Hoe sterker het verlangen, hoe krachtiger deze energie zich zal manifesteren om tot een nieuwe realiteit te leiden.

In de derde fase heb je geleerd hoe sterk onze geest is. Alles wat je om je heen ziet, is ooit als beeld in iemands hoofd ontstaan. De huizen, de stad, dit restaurant, de vliegtuigen, het internet en de mobiele telefoons zijn eerst ergens in iemands geest ontstaan. De menselijke geest is het krachtigste instrument dat op deze aardbol te vinden is. We kunnen erdoor naar de maan vliegen en een paradijs op aarde bouwen, maar ook onze wereld vernietigen met kernbommen of met milieuproblematiek. Geloof is de chemicus van onze geest. Naast liefde is geloof de krachtigste positieve emotie die we als mens in ons arsenaal hebben. Het kan worden ontwikkeld door simpelweg gebruik te maken van zelfsuggestie. Wat je keer op keer tegen jezelf zegt, daar ga je in geloven en uiteindelijk ga je daarnaar leven. Als mens zijn we vrij om te kiezen wat we tegen onszelf zeggen en dus wat we uiteindelijk zien als de waarheid. Zo help je je eigen werkelijkheid vorm te geven. De vierde en laatste fase om de vierde dimensie te kunnen waarnemen, is wat ik noem het besef van eenheid. In deze fase leer je te begrijpen dat alles één is en met elkaar is verbonden. Ieder mens wordt vanuit de eenheid van lichaam en geest geboren. Alleen vanuit de eenheidsgedachte is de vierde dimensie te begrijpen. Zodra je het grotere geheel ziet, verdwijnt de behoefte om je druk te maken over details en jezelf als een individu te zien. We zijn niet voor niets op deze plek. De traditionele oosterse culturen gingen namelijk uit van eenheid in lichaam, geest en ziel. De oude Chinezen hebben het universum omschreven als de Tao, waarin alles met alles en iedereen is verbonden. Daarbij hoort de wet van aantrekken en afstoten; deze houdt in dat we situaties en mensen aantrekken, die bij onze intenties en gedachten passen waarop we ons concentreren. Zodra je ervaart dat je één bent met het grotere geheel, verdwijnen de angst en eenzaamheid uit je leven. De kortste weg naar eenheid van lichaam en geest is de weg naar binnen vinden door te leren mediteren. Door stil te worden kun je innerlijke vrede ervaren, zelfs in deze chaotische wereld. Zo krijg je op de eenvoudigste wijze toegang tot de vierde dimensie."

"Er is een wet in de psychologie die stelt dat als je jezelf een beeld vormt van hoe je zou willen zijn en als je dat beeld lang genoeg vasthoudt, dan word je precies zoals je het jezelf had voorgesteld."

William James, 1910 (grondlegger van de psychologie)

-37-

De geisha komt aanlopen met twee borden sashimi in haar handen. Ze is een mysterieuze vrouw en juist dat maakt haar begerenswaardig. Nadat ze de borden heeft neergezet, schenkt ze onze mokken nogmaals vol met saki en ben ik heimelijk blij dat ik straks niet meer hoef te rijden.

"Zoals gezegd is het besef van eenheid de vierde en laatste fase voordat we echt aan de vierde dimensie toekomen," gaat de professor verder met zijn betoog. "Als je beseft dat we een onderdeel van het universum zijn, stroomt er een enorme kracht naar je toe. De waarde van ons leven is groot en we hebben de plicht om iets zinvols met ons bestaan te doen. Realiseer je dat het de aan jou toevertrouwde opdracht van het universum is om al je talenten en krachtinspanningen aan te wenden om hem verder te volmaken. Dat is de natuur van ieder mens en de waarde van ons bestaan. De vooruitgang van de schepping neemt toe als ieder individu zijn bestemming vervult en een persoonlijke groei doormaakt. Wees de verandering die je wilt zien in de wereld. Dit is de bekendste uitspraak van Mahatma Gandhi. De kans om als lid van *Terra Nova* een prominente rol te spelen in de transformatie naar een betere wereld komt nu op je pad en is eenmalig. Toeval helpt je om het juiste pad te volgen en aan jou de taak om daarop te vertrouwen."

"Waarom ben ik juist uitgekozen?"

"Dat heeft alles van doen met de taak die je in dit leven hebt meegekregen en de wetten van synchroniciteit," antwoordt professor Markowitz. "Je bent niet zomaar op mijn spoor gekomen. Het universum is vol met energie en stuurt elk leven een bepaalde kant op. Helaas beseffen de meeste mensen niet dat alles om ons heen energie is en ze denken dat de wereld uit tastbare materie bestaat. Het universum is een kakofonie van oneindig veel trillingen die met elkaar verbonden zijn en die elkaar beïnvloeden. Ook elke gedachte is een vorm van energie die invloed uitoefent op het universum. Deze gedachte-energie kan in materie worden omgezet. Een belangrijke wet om te onthouden is dat energie die op een bepaalde snelheid trilt de eigenschap heeft om andere energie die op dezelfde snelheid trilt, aan te trekken. De uitdrukking van soort zoekt soort is hier een direct uitvloeisel van. Gedachten en ideeën werken met de snelheid van het licht en daarom is de menselijke geest ook zo'n krachtig middel, misschien zelfs de sterkste kracht op aarde. 'Energy flows, where the intention goes' is mijn favoriete uitspraak. Dat heeft alles te maken met je *Oikido,* daar hebben we eerder over gesproken. Intenties worden na verloop van tijd een realiteit omdat het universum met zijn toeval een handje helpt. De mens is in werkelijkheid een schepper van de werkelijkheid; hij is de magiër op onze planeet. Helaas beseffen maar weinig mensen dit waardoor ze hun volle talent niet gebruiken.
Laat me je een waargebeurd verhaal vertellen. Zoals je ervaren hebt, is synchroniciteit voor veel mensen een abstract en ongrijpbaar fenomeen en daarom is het niet populair om over te praten. Alles wat moeilijk is, stoppen mensen het liefst zo ver mogelijk weg. Synchroniciteit was een niet te bevatten begrip voor William Hughes, een keurige Engelsman uit London. Op een druilerige dinsdagmorgen kreeg hij op weg naar

zijn werk een auto-ongeluk. Op Oxford Street in Londen werd hij geschept door een automobilist die met hoge snelheid door het rode licht reed. Door het ongeval klapte de Engelsman met zijn hoofd hard op de straat en raakte bewusteloos. Toen hij een dag later in een Londens ziekenhuis bij kennis kwam, bleek al snel dat er iets vreemds met William aan de hand was. Hij kon ineens gedachten lezen en ontwaarde een diep gevoel van geluk. Na een onderzoek door de hersenchirurg van het ziekenhuis bleek dat de linkerhersenhelft, waarin onze dominante ratio zit, bij William voor een groot gedeelte was uitgeschakeld door een hersenkneuzing. In zijn rechter hersenhelft, waar ons gevoel en de holistische kijk op de wereld zich bevinden, werd het defect aan de linkerhersenhelft gecompenseerd door extra activiteit. Tot zijn eigen verrassing en die van de artsen gingen zijn intuïtie en zijn inzicht de dagen na het ongeluk met sprongen vooruit. In een fractie van een seconde wist William de juiste oplossingen voor moeilijke beslissingen te geven en doorzag hij complexe vraagstukken. Daarbij ervoer hij een bijna continu gevoel van geluk, waarbij hij volledig in het hier en nu aanwezig was. Zijn logica en zijn innerlijke kritische stem waren verdwenen en daarvoor in de plaats ontving hij een bijna continue stroom aan ingevingen en wist hij wat mensen dachten en voelden. Kortom, hij was één met zijn omgeving en volledig aangesloten op het universele energieveld om hem heen. Zo werd William Hughes het levende bewijs dat er een allesomvattend veld bestaat, waarin alle wijsheid, ingevingen en ideeën van mensen liggen opgeslagen. In de loop van enkele maanden genas zijn hersenkneuzing en werd zijn connectie met het allesomvattende veld minder sterk. Zijn ratio en kritische innerlijke stem namen de functies van de rechterhersenhelft weer over. Nu nog, jaren later, verlangt William vaak terug naar de tijd waarin hij zonder dominante ratio door het leven ging, zo vlak na zijn ongeluk. In die tijd was het constante gevoel van werkelijk geluk zijn deel. Mensen die veel mediteren, stimuleren daarmee hun rechterhersenhelft en maken deze dominanter. Ook zij rapporteren veelvuldig dat hun gevoelens van innerlijke rust en geluk toenemen. Door te mediteren krijg je direct toegang tot het universum, dat in wezen een allesomvattend energieveld is."

"Wat bedoelt u precies met het allesomvattende energieveld?" vraag ik.

"Begin jaren zestig van de vorige eeuw zat op Harvard University Rupert Sheldrake, een student uit Engeland. Hij was een briljant student en studeerde filosofie. Uiteindelijk is hij in 1961 gepromoveerd in Cambridge. Hij werd celbioloog en stelde dat er een allesomvattend veld bestaat, waarin alle wijsheid, ideeën en ingevingen liggen opgeslagen. Daarmee was hij een belangrijke wetenschapper die zich met de vierde dimensie bezighield. In de visie van Rupert Sheldrake houdt ons bewustzijn niet bij onze schedel op, maar ligt dit buiten onszelf in een allesomvattend veld. Zo zijn we in staat om telepathie, ingevingen en gedachtelezen te verklaren. Ons bewustzijn is onderdeel van het allesomvattende veld en op deze wijze staan alle geesten op deze wereld in direct contact met elkaar."

Ik denk na over de woorden van professor Markowitz. Er is om ons heen een allesomvattend veld te vinden, waarin alle energie, ideeën en wijsheid liggen opgeslagen. Alleen onze ratio blokkeert het contact met dit veld. Stel je eens voor dat ik mijn linkerhersenhelft minder dominant kan laten worden, zodat ik beter ben aangesloten op dat allesomvattend veld. Dan weet ik vooraf antwoorden op vragen als: is dit wel de juiste partner voor me? Moet ik deze baan wel nemen of moet ik het contact met deze persoon aanhouden of juist verbreken? Dan hoef ik mijn keuzes niet meer te beredeneren, maar weet ik gewoon wat ik moet doen. Mijn nieuwsgierigheid naar al die onbekende kennis neemt alleen maar toe.

"Er is een hele nieuwe wereld aan mogelijkheden te ontdekken als je echt contact maakt met de vierde dimensie," zegt professor Markowitz. "Je kunt het zinvolle toeval als kompas gebruiken en het helpt je bij het bewandelen van je levenspad. Daarom is het belangrijk om altijd goed te luisteren naar wat het leven je aanreikt. Als je jezelf meer openstelt voor signalen vanuit *Het Veld,* hoor je de stem van je ziel en leer je werkelijk wie je bent. Gebeurtenissen overkomen je niet zomaar, maar ontstaan in *Het Veld* om je iets te leren of om verder te kunnen groeien. Daarom is het belangrijk om na te gaan wat gebeurtenissen je te vertellen hebben. We zijn hier vanavond in dit bijzondere restaurant omdat het onze laatste avond samen is. Morgennacht vlieg je naar London om daar op vrijdagavond te worden ingewijd als nieuw lid van *Terra Nova.*"

"Maar ik ben nog niet het plan om afscheid te nemen," zeg ik.

"Dat bepaal je helaas niet zelf. Je bent klaar om te worden ingewijd Nick," antwoordt de professor. "Je moet leren om de controle los te laten en erop te vertrouwen dat het leven het goede met je voorheeft. Alles komt op tijd op je pad, geen seconde te vroeg, maar ook geen seconde te laat."

Hoe laat ik de controle in hemelsnaam los? Zeker na het faillissement was de neiging om alles onder controle te willen krijgen alleen maar groter geworden. Ik wilde controle over mijn leven, controle over Kathleen en uiteindelijk controle over mijn gedachten en mijn gedrag. Maar het is allemaal niet gelukt en het leven bepaalde de koers. Ik heb geleerd dat controle een onbereikbare illusie is, waar ik veel energie aan heb besteed, maar wat me niets heeft opgeleverd. In feite probeer ik iets in stand te houden wat niet in stand te houden is. Het leven gaat zijn eigen gang en stuurt onze levens. Nu krijg ik te horen dat ik morgennacht naar London vlieg om daar tot het geheime genootschap *Terra Nova* toe te treden.

Mijn gedachten worden onderbroken door de geisha die ons het hoofdgerecht brengt dat bestaat uit geroosterde stokjes yakitori en witte rijst. Voor de laatste maal deze avond worden onze mokken met saki bijgevuld en dat werkt merkbaar stemmingsverhogend.

"We zien elkaar alleen morgen nog," zeg ik.

"Inderdaad."

"Dan heb ik u nog een laatste belangrijke vraag te stellen. Wat is volgens u het geheim van een gelukkig leven?"

"Dat is een mooie vraag Nick en het is tevens de vraag waar zovelen mee worstelen." antwoordt de professor. "De meeste mensen denken het geluk te kunnen vinden in bezit of in hun maatschappelijke status. Niet voor niets doen honderden miljoenen mensen over de hele wereld mee met loterijen in de hoop dat het geluk hen toelacht en dat ze financieel onafhankelijk worden. Dat is ook de reden waarom zo veel mensen handelen op de beurs in de hoop daar een financiële klapper te maken. Toch is het geluk niet te vinden in bezit, geld of in maatschappelijke status. Gelukkig worden kent maar één weg en die zit opgesloten in het woord 'zielsgelukkig'. Mensen worden gelukkig als ze hun diepste zelf leren kennen en in contact treden met hun ziel. Als je je ziel kent, begrijp je wie je bent, waarom je hier bent en wat je hier te doen hebt. Dan hoef je niet meer verder te zoeken en wordt het rustig in je hoofd. Of je dan geld hebt of niet, is irrelevant. Je ervaart de zuivere wereld zoals deze in werkelijkheid is. Het vinden van je eigen ziel klinkt als een eenvoudige opgave, maar dat is het niet. Je moet er namelijk je ego voor opgeven. Veel mensen zijn helemaal niet bezig met contact maken met hun ziel en laten hun leven leiden door het ego. Maar het ego is nooit tevreden en genoeg is nooit genoeg, waardoor geluk uitblijft. Vanuit hun honger naar geld, bezit en status doen we elkaar de vreselijkste dingen aan om uiteindelijk niet te bereiken wat we graag willen. Je ziel is datgene wat je werkelijk bent en deze blijft in de vierde dimensie voortbestaan als je lichaam is gestorven. Je ziel kan door de tijd en ruimte reizen. Anders gezegd: je lichaam kun je op de foto vastleggen, maar dat lukt niet met je ziel. Die is namelijk vluchtig en bevindt zich in een hogere dimensie. De mens is meer dan zijn lichaam en is in wezen een eeuwig bestaande ziel die door middel van reïncarnatie keer op keer terugkomt op aarde. Zonder in contact te zijn met je ziel, ben je een dolende in de woestijn en blijf je afgesloten van puur geluk."

"Hoe kun je gelukkig worden en een waardevol leven leiden?" vraag ik.

"Stel jezelf af en toe de vraag of je iets positiefs bijdraagt aan een betere wereld. Zo hak je iets wat oneindig groot is in kleine, behapbare stukjes. Vrijdagavond word je ingewijd in het genootschap *Terra Nova*. Als voorbereider op de nieuwe wereld bepaal je met je handelingen en beslissingen in hoeverre je daadwerkelijk vanuit Nederland gaat bijdragen aan een nieuwe aarde. De keuzes die wij nu met z'n allen maken, bepalen de leefbaarheid van de aarde voor onze kinderen en kleinkinderen. Ieder mens heeft daarin zijn eigen taak en de taak van de ene mens is niet urgenter dan die van de ander."

De professor vraagt me om me morgen bij een kerk in Boston te melden. Verdoofd door de vele saki knik ik gedienstig, maar van binnen zijn er vraagtekens. Wat moet ik in hemelsnaam in een kerk? Weet de professor dan niet dat ik verre van gelovig ben?

"Het is boven net zoals beneden (universum versus aarde) en binnen net zoals buiten (wat je denkt, manifesteert zich)."

-38-

Voor niets heeft de mens meer angst dan voor het onbekende. Dat geldt ook voor de bijeenkomst in London, waar ik vanavond naartoe vlieg. Van professor Markowitz heb ik twee adressen gekregen. Het eerste adres waar ik mij direct bij aankomst moet melden, is het Centre of Martial Arts in een buitenwijk van London. Het tweede adres dat op het briefje staat, is van de Temple Church, waar ik me morgenavond om exact acht uur moet melden. Tot mijn ergernis ben ik vanochtend met een hevige hoofdpijn opgestaan. De saki gisterenavond was net iets teveel van het goede. Nadat ik mijn koffer heb ingepakt, bel ik de vliegtuigmaatschappij om mijn ticket om te boeken en een extra tussenstop in London in te lassen. Het kost wat moeite en extra geld, maar het lukt me om vanavond om negen uur vanuit Boston weg te vliegen om met het tijdsverschil om elf uur in de avond in Londen aan te komen. In de ontbijtzaal van het familiehotel probeer ik met zwarte koffie mijn hoofdpijn weg te drinken, wat maar slecht lukt. De tijd in Boston is omgevlogen en heeft een onuitwisbare indruk op me gemaakt. Het schrijverschap en de filosofie worden mijn nieuwe dagbestedingen en misschien zelfs mijn nieuwe baan. Boston is daarmee de ommekeer in mijn leven.

Na het ontbijt check ik uit bij de receptie en laat me afzetten bij de prachtige, in 1723 gebouwde Old North Church die midden in Boston ligt. Professor Markowitz staat me al voor de ingang van de kerk op te wachten.

"Goedemorgen, juist religie is gebaseerd op de vierde dimensie," zegt hij. "Daarom hebben kerkelijke vaders het allesomvattende veld de naam God gegeven."
Ik ben direct wakker. Juist ik heb het bestaan van een God mijn leven lang geprobeerd te ontkennen en te ontlopen. Maar het lot tart me blijkbaar en juist op de dag dat de professor een extra uitleg geeft over de vierde dimensie, ontmoeten we elkaar in een kerk.

"Wat is de relatie tussen de kerk en de vierde dimensie?" vraag ik.

"Beide hebben iets met geloof van doen en zijn wetenschappelijk niet te bewijzen. In wezen zijn ze hetzelfde, maar hebben een andere naam. God staat synoniem met het allesomvattende veld."

Professor Markowitz knikt me bemoedigend toe en loopt de kerk met prachtig gebrandschilderde ramen in. Ik volg hem op de voet. Voor het grote kerkorgel aan de rechterkant blijven we staan.

"Ik heb je de afgelopen dagen over het bestaan van de vierde dimensie verteld, zonder er expliciet op in te gaan," zegt professor Markowitz. "Het is niet mijn taak om je te vertellen wat je moet doen, alleen om je inzicht te geven. Net als verliefdheid is de vierde dimensie niet te beschrijven, deze moet je ervaren."
De professor steekt zijn arm omhoog, wat blijkbaar een teken voor de organist is om te gaan spelen. Een prachtige melodie galmt door de lege kerk en doet me denken aan het Russische verhaal over de muzikant Sarkov. Ik herken de melodie uit de Matthäus-Passion van Bach en geniet van het imposante geluid van het orgel in de nagalmende kerk. Even plotseling als dat

het orgelspel is begonnen, stopt het en is het stil in de kerk.

"Heb je het orgelspel tot je laten doordringen?" vraagt de professor.

"De muziek van Bach is prachtig."

"Dat bedoel ik niet te zeggen."

Ik kijk de professor met gefronste wenkbrauwen aan.

"Het orgelspel is een metafoor voor het leven en daarom laat ik je deze muziek deze ochtend horen. Ons leven is als een magisch orgel. Stel je eens voor dat de wereld een orgel zou zijn en dat ieder mens in het orgel een orgelpijp is, die binnen de samenhang van al die andere orgelpijpen zijn eigen specifieke toon voortbrengt. Het geluid van die ene orgelpijp past prachtig binnen de gehele symfonie van het orgel. Maar die ene orgelpijp kan ook valse noten voortbrengen en daarmee de uitvoering verpesten. Alleen de samenhang tussen de verschillende tonen maakt de melodie. Een orgelpijp is alleen mooi als de toon zuiver is."

Ik begrijp niet waar de professor heen wil met zijn verhaal.

"Mensen overschatten of onderschatten zichzelf dikwijls. Gedreven door hun sterke ego zeggen ze: hoor mij eens een mooie toon voortbrengen of juist aan de andere kant: ik ben niet om aan te horen. Let wel: een toon is nog geen melodie. Het is zelfs zo dat een orgelpijp op zichzelf geen toon kan voortbrengen. Het is de organist die, niet zichtbaar voor de orgelpijpen, de lucht door de orgelpijpen blaast en zo de toon in de orgelpijp opwekt. Ieder mens heeft onzichtbare lucht nodig om zijn of haar werkelijke stem te laten horen. Pas als er lucht door je heen wordt geblazen, ben je in staat om mee te doen aan de symfonie van het leven. Maar wat of wie is die onzichtbare lucht die mensen in beweging zet? Juist, dat is de vierde dimensie, het allesomvattende veld. Elk mens wordt gestuurd door dit veld. Het magische orgel begint te spelen zodra mensen zich laten begeesteren door de vierde dimensie. Daarom is het mooiste wat je als mens kunt bereiken, worden wie je echt bent. Dan breng je de toon voort die zo door de schepping is bedoeld en kun je het werkelijke geluk ervaren. In samenhang met de andere tonen ontstaat er muziek. De toon die we voortbrengen, ligt al vast voordat we geboren worden. Een smalle orgelpijp kan geen zware bastoon voortbrengen, ook al wil ons ego dat nog zo graag. Je kunt jezelf niet langdurig verloochenen zonder daar problemen mee te krijgen. Niemand zit te wachten op valse noten. Vaak gaan mensen pas na een ziekte, groot verlies of een burn-out nadenken over wat ze echt willen en wat ze hier te doen hebben. Dan gaan ze op zoek naar hun eigen toon. Want uiteindelijk is het onze diepste wens om gelukkig en in harmonie te leven en onze toon te laten horen in de symfonie van het leven. Om te ontdekken welke toon bij jou past en om ons ware zelf te ontdekken, hebben we de onzichtbare lucht, de vierde dimensie nodig."

Het is een prachtige metafoor, maar wat is mijn toon eigenlijk? In ieder geval geen stressvol bestaan als beurshandelaar. Niet voor niets komen er de laatste paar dagen steeds meer filosofische gedachten opzetten. Wat ik weet en wat ik aan inzichten doorkrijg, wil ik delen met anderen. Daar ligt mijn ware aard en dat is mijn rol in dit leven. Dit inzicht wordt voor mij steeds helderder. De metafoor van het magische orgel ga ik mijn leven lang niet meer vergeten.

"De vierde dimensie is de lucht die door ons heen blaast en die ervoor zorgt dat niets eeuwig is en dat alles aan verandering onderhevig is," gaat de professor verder met zijn betoog. "De mens verandert in de loop der tijd en zelfs sterren ontstaan en doven op een gegeven moment uit. Alles wat we zien en kennen, is aan verandering onderhevig en niets is constant in het universum. De tijd komt nooit meer terug. Daarom is het belangrijk om het geluk in het hier en nu te zoeken."

De professor gaat in een kerkbank zitten en ik ga naast hem zitten. Beiden kijken we naar de preekstoel van de kerk, vanaf waar sedert honderden jaren op zondagen stichtelijke woorden over de kerkgemeenschap worden uitgestort. Al die preken zijn opgeslagen in de tijd, maar zijn niet verloren gegaan. Er komt ooit een moment waarop we ze kunnen terughalen. Als we de vierde dimensie leren kennen, is er zoveel meer mogelijk.

"Ik wil je opleiding eindigen met de vijf wetten die in de vierde dimensie gelden. Ze zijn belangrijk voor de rest van je leven," zegt professor Markowitz. "De eerste wet luidt: *alles in het universum is energie en doet ertoe*. Alles is met alles verbonden en zo ontstaat synchroniciteit. De mens bestaat uit energie, gedachten zijn energie, maar ook geld en bezit zijn pure energie. Elk mens krijgt bij zijn geboorte een ziel, een opdracht en een bepaalde verantwoordelijkheid mee. Daar heb je het mee te doen en dat is de toon die je in de wereld zet."

Ik begrijp dat ik veel te lang op het verkeerde paard heb gewed? Er moest eerst een ramp gebeuren tot ik bij zinnen kwam en op zoek ging naar mezelf.

"De tweede wet van de vierde dimensie is: *alles heeft een diepere laag van betekenis*. Dat geldt ook voor de onbenulligste zaken. Eén opmerking kan het begin zijn van een wereldoorlog of het inzicht van slechts één persoon kan leiden tot een wereldwijd netwerk van mensen die de nieuwe aarde vorm geven. In de chaostheorie stelt men anekdotisch dat de vleugelslag van een vlinder in een Braziliaans oerwoud de doorslag kan geven tussen mooi weer en een orkaan in Japan. Als je inzicht hebt in de vierde dimensie, begrijp je pas hoe schijnbare futiliteiten aan de basis kunnen staan van grote revoluties. Wees daarom elk moment van de dag waakzaam en richt je op het toeval dat je leven kruist. Laat ik een voorbeeld geven. Als je door een auto-ongeluk levenslang in een rolstoel komt te zitten, is dat een gevolg van slechts een moment op de verkeerde tijd en de verkeerde plaats te zijn. Als je tien seconden later op die plaats was geweest, was de auto al voorbij gereden en was je nooit invalide geraakt. Als je een straat verderop had gelopen, was je de auto niet tegengekomen. Soms is een blik van een persoon op een druk perron voldoende om op deze persoon verliefd te worden en vijftig jaar samen te leven en kinderen en kleinkinderen te krijgen. Dat is de magie van de vierde dimensie en de reden dat jij bent uitverkoren om een prominente rol in *Terra Nova* te gaan vervullen. Bij *Terra Nova* zoeken we naar wereldvrede en die begint bij jou, net als dat elk mens verantwoordelijk is voor vrede op aarde. Jouw belangrijkste taak bestaat om Nederlanders ervan bewust maken dat we de verkeerde weg zijn ingeslagen. Daarnaast krijg je een taak in het vermogensbeheer van ons genootschap. Morgen kun je beslissen om toe te treden tot ons genootschap.

De derde wet van de vierde dimensie is: *de wet van behoud van energie*. Deze wet geldt ook in de fysieke wereld. Deze natuurkundige wet stelt dat de totale hoeveelheid energie in een afgesloten systeem (zonder uitwisseling met de buitenwereld) constant is. Energie kan wel van vorm veranderen en kan doorgegeven worden aan andere delen van het systeem, maar kan niet uit het systeem verdwijnen of uit het niets verschijnen. Als we het universum als een afgesloten systeem beschouwen, betekent dit dat alle energie die binnen het universum wordt gebracht voor altijd daar behouden blijft. Gedachten en aandacht kunnen we als een energievorm beschouwen. Dat betekent dat elke gedachte die je vormt voor altijd blijft voortbestaan."

"God is niets anders dan het allesomvattende veld."

-39-

Nog een paar uur te gaan, voordat ik op het internationale vliegveld moet inchecken. We lopen gezamenlijk de kerk uit. Ik voel me geïnspireerd door de professor, maar bemerk toch ergens nog twijfel in mijn lijf. Is de metafoor van het magische orgel niet te simplistisch voorgesteld? Hoeveel invloed hebben we eigenlijk op ons leven? Ik spreek de professor erop aan.

"Het wereldbeeld dat door de vierde dimensie ontstaat, leidt tot een fatalistisch mensbeeld, waarin we volledig door het toeval worden gestuurd," zeg ik. "Wat is nog de invloed van de mens op zijn eigen leven?"

De professor staat voor de kerk stil en kijkt mij aan.

"Net als zovelen kom je er gedurende je leven achter dat controle over het leven een illusie is. We komen daarmee tot de kern van ons leven," zegt hij. "Laat ik je het in de vorm van een metafoor vertellen. Ons leven lijkt op een enorm groot spoornet van treinen dat talloze stations bevat. Er zijn tussenstations, maar ook eindstations in het spoornetwerk. We zitten allemaal in een rijdende trein die zich ergens in de wirwar aan sporen bevindt. Toevalligheden in ons leven ontstaan op een tussenstation of op een eindstation. Op een tussenstation kun je zelf kiezen of je na de gebeurtenis overstapt op een andere trein, maar op een eindstation word je gedwongen om over te stappen. Een tussenstation is bijvoorbeeld de uitnodiging van je neef Renard om hem te bezoeken. Je bent op zijn aanbod ingegaan, maar had dit ook kunnen weigeren. Ook als je een mogelijke partner tegenkomt, ben je op een tussenstation en kun je overstappen op een andere trein om een relatie met die partner aan te gaan. Je kunt hem of haar ook laten lopen en in dezelfde trein blijven zitten om je leven te vervolgen. De keuze die je maakt wat toevallige ontmoetingen of gebeurtenissen betreft, is aan jou. Dat is de keuzevrijheid die elk mens heeft. Maar als je trein op een eindstation aankomt, word je gedwongen om uit te stappen. De financiële crisis die heeft geleid tot jouw faillissement is zo'n eindstation. Je wordt door het leven gedwongen om over te stappen op een andere trein. Je leven wordt na het faillissement nooit meer hetzelfde. Dit principe geldt ook als je een dwarslaesie bij een auto-ongeluk oploopt of als je de loterij wint. Dat zijn eindstations die als toeval op je pad komen en die je dwingen om uit de huidige trein te stappen. Het zijn gebeurtenissen die je leven veranderen en waar je geen macht over hebt. Maar er zijn genoeg gebeurtenissen waarbij je wel een keuze hebt. Zo bepaal je tijdens je leven je levensreis door wel of niet op tussenperrons over te stappen op andere treinen. Elk mens treft ook een aantal eindstations in zijn leven, waarbij hij of zij gedwongen wordt om over te stappen. Zo is je leven metaforisch een treinreis door een wirwar aan sporen, waarbij je soms een eigen keuze hebt en soms wordt gedwongen om in een andere trein te stappen.

Je intentie en je focus bepalen op welke tussenstations je uitstapt. In het onzichtbare veld kunnen we met verlangen en intentie toeval sturen en zo tussenstations bouwen op onze levensreis door het toeval op te roepen. Het doel van het leven met al die tussenstations en eindstations is om als mens te groeien. Als je de levenslessen niet oppakt, krijg je dezelfde lessen nogmaals. Eindstations met een gedwongen overstap op een andere trein zijn bedoeld om als mens van te leren. Natuurlijk is niet elk eindstation leuk. Pas na je faillissement kwam je in een trein terecht, waarbij je op zoek ging naar jezelf en wilde weten hoe je werkelijk een waardevolle bijdrage aan deze wereld kunt leveren. Zo is ieder mens zelfsturend op basis van wat hij of zij aantrekt."

Inderdaad is de positieve wending in mijn leven te danken aan de laatste verschrikkelijke maanden, waarin ik zelfs aan zelfmoord heb gedacht. Maar ik ben niet blijven hangen in mijn ongeluk. Pas nu heb ik het idee dat ik iets van de vierde dimensie begrijp. De metaforen van het magische orgel en het spoornet hebben daar sterk aan bijgedragen. Door mijn intentie kan ik toeval sturen. De professor loopt een Starbucks binnen en bestelt twee koppen cappuccino. Als we aan het tafeltje zitten, is er ruimte om mijn meest brandende laatste vraag te stellen. Binnen een paar uur zit ik op het vliegveld en zal ik professor Markowitz voorlopig niet meer zien."

"Hoe zit het universum precies in elkaar?"

"Dat is een mooie vraag zo op het einde van je opleiding," antwoordt de professor. "Het universum is oneindig groot. Niemand heeft ooit de grenzen van ons heelal kunnen aantonen en naar mijn idee zijn deze er ook niet. We weten nog niet wat er zich achter de zwarte gaten in ons universum bevindt. Daar is misschien nog een nieuw zonnestelsel te ontdekken. In ons onbegrensde universum ligt oneindig veel informatie opgeslagen. Vanuit deze informatie ontstaan zinvolle gebeurtenissen die mensen in hun dagelijkse levens treffen. Die toevallige gebeurtenissen kunnen in het verleden hebben plaatsgevonden, in het heden bestaan of voorbestemd zijn voor de toekomst. De factor tijd bestaat niet in het universum; daarin lopen verleden, heden en toekomst dwars door elkaar heen. Alle informatie uit het verleden, heden en toekomst is dus in feite al in het universum aanwezig. De mens maakt deel uit van dit immense informatiesysteem en wordt af en toe geraakt door bepaalde toevalligheden. Als je ervoor openstaat, kun je dat zelf ervaren en gaan herkennen. Je denkt aan iemand en het volgende ogenblik belt hij je op. Je moet een belangrijke keuze maken en ineens spreek je iemand die je advies geeft of lees je een artikel dat jou bij die keuze helpt. Dat is synchroniciteit in optima forma, oftewel zinvol toeval. Als synchroniciteit een rol gaat spelen in je leven, bevind je je vaak op een tussenstation en kun je zelf bepalen of je overstapt op een andere trein of dat je blijft zitten in je huidige trein. Maar soms tref je het toeval op een eindstation en moet je wel in een andere trein stappen."

"Hoe weet ik of ik op een tussenstation moet overstappen of dat ik moet blijven zitten?" vraag ik.

"Daarvoor heb je bij de geboorte je intuïtie meegekregen. Dit vermogen kun je inzetten bij het achterhalen van voor het oog onzichtbare informatie, waar we met ons logisch denken niet bij kunnen. Je voelt vanzelf of je in de huidige trein moet blijven zitten of dat je moet uitstappen. Dat is een heldere gedachte waarnaar je moet luisteren. De meeste mensen wantrouwen hun intuïtie, omdat de logica vaak ontbreekt bij de ingegeven keuzes. We zijn bang om slechts op basis van intuïtie beslissingen te nemen en als zwevers te worden gezien. Intuïtie is namelijk niet grijpbaar en doet voor veel mensen zweverig aan. In ieder geval vinden we het in onze westerse cultuur voor intelligente mensen geen uitgangspunt om beslissingen op te baseren. Wanneer we twijfelen, laten we ons denken meestal de oplossing creëren en slaan we onze intuïtie als raadgever over. De ratio heeft in de westerse wereld een te grote rol ingenomen. Succesvolle mensen nemen namelijk wel opvallend veel beslissingen op grond van hun intuïtie. Zij hebben weet van de onzichtbare lucht die door het magische orgel blaast. Beslissingen die zijn genomen op basis van gevoel en intuïtie, blijken achteraf veelal superieur te zijn."

"Hoe zit dat precies met het overkoepelende, collectieve veld?" vraag ik.

"Er is zoveel meer dat ons omringt dan wij tot op heden beseffen. Vorig jaar werd ik door de directeur van de Ramtha's School of Enlightenment in Californië uitgenodigd. Dit is een spiritueel instituut dat al lange tijd bezig is met de vraag hoe je het intuïtief vermogen kunt ontwikkelen en de vierde dimensie praktisch kunt toepassen in je leven. Ze namen me mee naar een experiment in een weiland, net even buiten Los Angeles. Een groep van ongeveer honderd leerlingen moest een tekening maken en zich daarop volledig concentreren. Vervolgens kregen ze allemaal een blinddoek voor en werden alle tekeningen willekeurig aan het hek van een weiland vastgeniet. De geblinddoekte leerlingen gingen nu het weiland in op zoek naar hun eigen tekening. Een groot gedeelte van de leerlingen, in ieder geval veel meer dan je statistisch zou mogen verwachten, lukte het om geblinddoekt de eigen tekening te vinden. Er is blijkbaar een hele wereld om ons heen die we niet met onze primaire zintuigen kunnen ervaren, maar die toch bestaat. Zo is er een bekend wetenschappelijk experiment uitgevoerd met studenten. Ze kregen tweemaal een serie rekensommen te maken met dezelfde moeilijkheidsgraad. Voorafgaand aan de eerste serie rekensommen moesten ze tien minuten lang associaties maken met een professor. Voorafgaand aan de tweede serie rekensommen maakten ze tien minuten lang associaties met een secretaresse. De eerste serie rekensommen werd significant beter gemaakt. Blijkbaar kan de mens alleen al door vooraf te denken aan een professor ervoor zorgen dat de opgaven beter worden gemaakt. Door te associëren krijg je toegang tot een bepaald veld en een bepaalde kennis."

De voorbeelden maken me nieuwsgierig. Wat gaan we de komende jaren nog meer allemaal ontdekken? Misschien vinden we een gelukspil uit of een mini-robot die kankercellen in je lijf kan opeten. Stel dat ik in mijn geest bewust kan tijdreizen, dan kan ik weer mijn ouders ontmoeten. De vierde dimensie is een bizar fenomeen waar we nog weinig van weten. Het ontdekken van een nieuwe dimensie geeft zoveel nieuwe mogelijkheden voor de mens. Ik voel me net een ontdekkingsreiziger van lang geleden, die door nieuwsgierigheid gedreven barre tochten onderneemt op zoek naar een nieuwe, onbekende wereld.

"Waarom is de vierde dimensie onzichtbaar en blijft deze voor veel mensen zo vaag?" vraag ik.

"Simpelweg omdat mensen de vierde dimensie maar lastig kunnen ervaren. De trillingsfrequentie in de vierde dimensie is hoger dan je ogen kunnen waarnemen. Vergelijk het maar met röntgenstraling, die is evenmin zichtbaar en toch bestaat deze. Het allesomvattende veld is voor onze ogen niet waarneembaar, maar *Het Veld* stuurt wel de wereld en onze levens. Een van de eerste wetenschappers die zich met deze materie heeft beziggehouden, was Albert Einstein. In 1950, toen hij zeventig jaar oud was, schreef hij: 'De mens die zich omringt met feiten, die niet toestaat dat hij verrast wordt, die geen flits van intuïtie kent, die geen veronderstellingen maakt en geen risico's neemt, die leeft in een afgesloten cel en staat buiten de werkelijkheid.' Ik geloof dat de religie van de toekomst een kosmische religie zal zijn. De religie die het beste strookt met *het overkoepelende veld* is het boeddhisme. Dit is de godsdienst die sterk gaat groeien vanaf het moment dat mensen zich bewust worden van dat er meer tussen hemel en aarde is en ze inzicht krijgen in het oneindige veld."

Mijn huis stond vroeger ook vol met boeddhabeelden, maar deze zijn na het faillissement achtergebleven. Kathleen was eraan verslaafd. De prominente plaats van Boeddha was niet alleen in mijn huis het geval. Elk respectabel tuincentrum heeft een grote afdeling met boeddhabeelden in alle vormen en kleuren. Ook op dit vlak heeft Albert Einstein gelijk gekregen en neemt Boeddha langzaam een plaats in onze westerse levens in. De professor onderbreekt mijn gedachten.

"Gisteren heb ik je de eerste drie wetten van de vierde dimensie geleerd. Ken je ze nog?"

"Ik heb ze opgeschreven in mijn notitieboekje, maar kan ze nog niet reproduceren," antwoord ik.

"Ik herhaal ze voor je. De eerste wet van de vierde dimensie is: *alles in de wereld is energie en alles doet ertoe*. De tweede wet is: *alles heeft een diepere laag van betekenis*. De derde wet die in de vierde dimensie geldt is: *energie blijft in een systeem behouden en kan niet in het niets verdwijnen*.

Er is nog een vierde wet die werkt in de vierde dimensie, namelijk: *de wet van actie is reactie*. Ook deze wet ervaren we in ons dagelijks leven. Deze wet stelt dat elke actie een reactie tot gevolg heeft. Dat betekent concreet dat alles wat je doet tot een reactie leidt die uiteindelijk bij je terugkomt. Daarom heeft elke intentie, elke gedachte en elke handeling invloed op het grotere geheel. Behandel anderen zoals je zelf wilt worden behandeld, is het advies dat ik je wil meegeven. Want alles wat je een ander aandoet, komt op een of andere wijze weer bij je terug. Veel mensen geloven dit principe niet, omdat ze de factor tijd onderschatten. Maar het universum kent geen tijd, dat heb ik je al verteld. Daarom kan een reactie een hele tijd duren, maar uiteindelijk krijg je wat je een ander aandoet toch op je eigen bordje terug. Laat ik je een concreet voorbeeld geven. Stel, je belazert iemand met een financiële transactie. Actie is reactie betekent dat deze actie tot een negatieve tegenreactie gaat leiden. Omdat tijd relatief is in de vierde dimensie, hoeft de reactie niet direct plaats te vinden, maar kan deze een jaar later of zelfs twintig jaar later optreden. Doordat er zoveel tijd zit tussen het tijdstip waarop de actie plaatsvond en het moment van de reactie, vergeten mensen dat ze die reactie ooit zelf in gang hebben gezet. Onthoud dat bij alles wat je een ander aandoet, goed of slecht, dat ooit bij je terugkomt. Wie goed doet die goed ontmoet, is een gezegde dat in de vierde dimensie maar al te waar is."

''Hoe overtuigd je ook bent van je eigen waarheid, respecteer altijd de versie van een ander.''

-40-

Professor Markowitz pakt uit zijn aktetas een stapeltje met foto's van tien verschillende mensen en legt deze op het tafeltje in de koffiebar neer.

"Ik heb hier tien mensen, vijf mannen en vijf vrouwen," zegt hij. "Ze vormen vijf paren die een langdurige relatie met elkaar hebben. Leg de mannen en vrouwen die bij elkaar horen op een stapeltje."

Wat is dit nu weer voor vreemde opdracht? Maar het daagt me wel uit. Ik doe daarom wat me wordt opgedragen. Op mijn gevoel leg ik de vijf paren bij elkaar. Professor Markowitz bestelt ondertussen nogmaals twee cappuccino bij de counter. Als hij weer aan het tafeltje zit, bekijkt hij de door mij neergelegde stelletjes.

"Je hebt ze alle vijf goed, Nick. Het is bijzonder om te zien dat bijna iedereen die deze oefening doet, de juiste paren weet te selecteren."

"Hoe werkt dat precies?" vraag ik.

"Dat heeft te maken met de vijfde en laatste wet van de vierde dimensie: *de wet van aantrekken en afstoten*. Deze wet wordt bepaald door onze intentie en ons bewustzijn. Daar waar je je aandacht op richt, werkt als een magneet in het universum. Gedachten en intenties trekken gelijkgestemde situaties en mensen aan. Soort zoekt soort zeg ik altijd. Mensen die langdurig samen zijn, komen in eenzelfde ritme terecht en gaan soms zelfs een beetje op elkaar lijken. In ieder geval stralen ze dezelfde soort energie uit. Hoe werkt deze wet in de praktijk? Agressieve mensen vinden vooral agressiviteit op hun pad, maar positief ingestelde mensen trekken vooral andere positieve mensen en situaties aan. Als jij en je partner een kind verwachten, zie en spreek je ineens heel veel vrouwen die zwanger zijn of paren die net een kindje hebben gekregen. Er loopt een bepaald type mens in de zorg rond, zoals er ook een bepaald type mens bij banken werkt. Ook in de liefde trekken gelijkgestemde mensen elkaar vaak aan zij en vormen een stelletje."

"Hoe kan het dan gebeuren dat ook tegenpolen elkaar graag opzoeken en een paar vormen?"

"Die stellen lijken van de buitenkant tegenpolen, maar bij een relatie is er altijd een diep gelegen verbondenheid tussen mensen aanwezig die voor de echte aantrekkingskracht zorgt. Dat kan ook een positieve instelling zijn of een gezamenlijke interesse," antwoordt de professor. "Mensen komen elkaar niet toevallig tegen en gaan niet zomaar een verbinding aan. Mensen die niets met elkaar hebben, blijven nooit lang bij elkaar. Als je de wet van aantrekken en afstoten werkelijk begrijpt, zie je dat ieder mens op deze wijze zijn werkelijkheid creëert. Je trekt namelijk aan wat er in je interessegebied ligt en stoot af wat niet bij je past. Je gedachten sturen de energiestromen en daarmee het zinvolle toeval.

Maar je kunt de vierde dimensie voor veel meer gebruiken. Stel je eens voor dat de antwoorden op al je vragen al in het universum aanwezig zijn. Dan bestaat er geen twijfel meer en weet je wat je wel en niet moet doen. De hele dag door maak je bewuste of onbewuste keuzes in je leven. Soms zijn dat grote en ingrijpende keuzes, maar veel vaker zijn dit kleine en onbeduidende beslissingen. Stel je eens voor dat je op alle vragen, uitdagingen en dilemma's de juiste antwoorden weet.''

Het lijkt me een aantrekkelijk vooruitzicht. Niets liever wil ik dan in contact komen met de vierde dimensie.

''Hoe sluit ik aan op de vierde dimensie?''

''Door de controle los te laten, in het hier en nu te leven en je intuïtie sterk te ontwikkelen. Over intuïtie wordt nogal eens geheimzinnig gedaan. Intuïtie komt uit het Latijn en betekent: innerlijk zien of inzicht. Dat vermogen tot innerlijk zien heeft iedereen, omdat dit een menselijke eigenschap is. Door alleen blind te varen op je ratio lopen we de kans dit unieke vermogen te verliezen. Het ontwikkelen van je intuïtief vermogen is vooral een kwestie van veel oefenen. Hoe meer je oefent, des te sterker zal je intuïtie worden.

We komen nu langzaamaan bij de kern van de vierde dimensie en dat is dat de vierde dimensie je bewustzijn vergroot.''

''Hoe bedoelt u dat?'' vraag ik.

''We maken allemaal deel uit van een systeem waar niemand de eigenaar van is. In elke cultuur doen mensen dingen omdat het zo hoort of omdat ze erbij willen horen. Ook al heeft het systeem grote nadelen of is het zelfs aantoonbaar destructief, iedereen blijft zijn ding in het systeem doen om maar niet buiten de boot te vallen. Mensen zijn sociale wezens en doen alles om erbij te horen. We beseffen niet eens dat we een onderdeel zijn van een systeem en daardoor gaan we ver buiten onze grenzen en normen. Van de bewakers en beulen van Auschwitz in de Tweede Wereldoorlog was bekend dat ze de ene dag op een afgrijselijke wijze Joden aan het vermoorden waren, om de volgende dag op kerstavond in de kerk over vrede te zingen om elkaar vervolgens vrede toe te wensen. Hoe kun je vrede en moorden met elkaar rijmen als je echt wakker bent? Bevolkingsgroepen in het voormalige

Joegoslavië leefden decennialang als vreedzame buren samen om tijdens de Balkanoorlog ineens elkaar uit te moorden. Hoe kunnen brave huisvaders in korte tijd veranderen in moordenaars? De reden is dat we sociale wezens zijn en dat we ons aanpassen aan het systeem. We zijn onderdeel van vele, vaak onzichtbare richtlijnen die onze levens sturen. Godsdiensten, politieke stromingen, bedrijfstakken, media en multinationals zorgen allemaal dat wij ons gedragen zoals we dat in het dagelijkse leven doen. Daar denken we niet eens over na. We leven ons leven zonder ons af te vragen of we daarmee bijdragen aan een betere wereld en of het past bij wie we werkelijk zijn. Zo ontstaat er systeemgedrag bij mensen, waardoor we soms ver buiten onze persoonlijke normen en waarden gaan. Destructieve systemen kunnen alleen worden omgegooid als mensen zich bewust worden van het duivelse karakter van het systeem en in opstand komen. Zo is uiteindelijk ook de Tweede Wereldoorlog beëindigd.

Ons huidig economisch systeem is ook een systeem met destructieve elementen. We hebben namelijk een economisch systeem van groei en hebzucht ontworpen, dat aantoonbaar de aarde vernietigt en uiteindelijk de mensheid grote schade toebrengt. Ieder mens realiseert zich op individueel niveau dat we niet onbeperkt kunnen doorgroeien met zes miljard, en in 2050 zelfs met negen miljard mensen, op deze planeet. Wetenschappelijke berekeningen tonen aan dat de aarde is berekend op maximaal negen miljard mensen om in hun minimale dagelijkse behoeften te voorzien. De minimale dagelijkse behoeften betekenen een hele sobere levensstijl in vergelijking met de normale wijze waarop we in het Westen leven. Kortom, het einde lijkt te naderen en toch blijft iedereen gewoon zijn leven leiden en vasthouden aan het groeimodel dat onze economie kenmerkt. Iedereen wil graag duurzaam zijn, zolang het niet ten koste gaat van economische groei. En zo concurreren landen feitelijk op groei die op de korte termijn welvaart oplevert. Dit systeem van ongebreidelde groei kunnen we niet blijven volhouden, zonder dat het grote consequenties voor moeder aarde en uiteindelijk voor de mensheid heeft. Die grens is binnen een paar jaar bereikt. Zeker als de grote volksverhuizingen eenmaal op gang komen van al die mensen in ontwikkelingslanden die willen profiteren van de westerse hebzucht en welvaart. We kunnen de wereld niet ten onder laten gaan. Daarom is het genootschap *Terra Nova* opgericht. Als we het contact met de vierde dimensie bij de wereldbevolking herstellen, komt de menselijke maat terug en gaan we beseffen hoe bizar we bezig zijn met z'n allen. Niemand wenst zijn kleinkinderen toe dat ze straks moeten vechten voor hun eerste levensbehoeften. Als het bewustzijn toeneemt dat het zo niet verder kan, stoppen de hebzucht en de drang naar ongebreidelde groei. *Terra Nova* is opgericht om het economische systeem van ongebreidelde groei drastisch om te gooien. Wij hebben de verantwoordelijkheid om een leefbare wereld achter te laten voor onze kinderen en kleinkinderen. Als er maar genoeg mensen wakker worden om het contact met de vierde dimensie te willen herstellen, ontstaat er een mensenmassa die de straat opgaat om het systeem van ongebreidelde groei omver te werpen.

We moeten naar een systeem van een duurzame en leefbare wereld en weer terug naar de menselijke maat van kleine, lokale gemeenschappen. Het kan niet zo zijn dat we maar blijven doorgroeien als wereldbevolking. Jij hebt de taak om in Nederland mensen ervan bewust te maken dat we op de verkeerde weg zitten. We moeten ons beseffen dat we zijn beland in een krankzinnig systeem van onbeperkte groei, regels en wantrouwen, waarin elke menselijke maat is verdwenen. De boodschap moeten we blijven herhalen, totdat het doordringt tot het collectieve bewustzijn en mensen de straat opgaan. Dan wil de meerderheid anders met elkaar en met de wereld omgaan en komt het huidige economische systeem tot stilstand. Het omverwerpen van het systeem is het einde van een maatschappij vol met hebzucht, angst, bemoeizucht en macht. Nu maken we de beslissingen die bepalend zijn voor de toekomst van onze kleinkinderen."

"De mensheid maakt een einde aan oorlog of oorlog maakt een einde aan mensheid."

John . F. Kennedy

-41-

Je weet niets van het leven als je nog nooit hebt nagedacht over de vierde dimensie en misschien zelfs het bestaan van de vierde dimensie ontkent. Dat gevoel kreeg ik door de laatste woorden van de professor. Iedereen weet dat we op deze aarde niet tot in het oneindige kunnen doorgroeien, maar toch is het geen belangrijk thema op de politieke agenda's. Hoe kunnen we massaal zo kortzichtig denken? Het is alsof we met een toverstaf in slaap zijn gesust en geen weet hebben van de werkelijke problemen.

"De man, die het allereerst het gevaar van ongebreidelde economische groei zag, was John F. Kennedy," zegt de professor. "Dat maakte hem briljant, maar kostte hem ook zijn leven. De moord op John F. Kennedy lijkt een mysterie, maar is dat niet. Ik heb uiteindelijk het motief van zijn moord gevonden."

Niet zonder trots kijkt de professor me aan. Wat hele volksstammen journalisten nooit is gelukt, daar heeft professor Roy Markowitz het motief van de moord wel gevonden. Het klinkt te onwaarschijnlijk voor woorden.

"Hoe bent u daarachter gekomen?" vraag ik.

"Ik heb in eerste instantie vooral naar de experts geluisterd. Zoals meestal in dit soort gevallen, is het elke keer weer net een ander verhaal. Maar in de kern komen de meeste verhalen op hetzelfde neer: John Kennedy werd vermoord omdat hij de

Federal Reserve System (FED) aan banden wilde leggen."

"Hoe zit dat dan?" vraag ik.

"De FED is een private organisatie die als enige de bevoegdheid heeft om tegen een renteheffing geld te lenen aan de overheid van de Verenigde Staten. Zij bepalen dus de hoeveelheid geld die er in het financiële systeem terechtkomt en dat geeft hun een ongekende macht. Vijf maanden voordat de president is vermoord, had John F. Kennedy Executive Order nummer 11110 ondertekend. Deze wetswijziging gaf de overheid van de Verenigde Staten de macht terug om haar eigen geld uit te geven, waarbij zij geen rente hoefde te betalen. Het behoeft geen betoog dat deze politieke beslissing veel kwaad bloed heeft gezet binnen de FED."

"Is John F. Kennedy dan vermoord door de FED? Dat lijkt me toch onwaarschijnlijk."

"Je hebt het mis Nick," zegt de professor. "De FED heeft wel degelijk direct of indirect iets met zijn moord te maken. Dat is mijn conclusie. Luister, president John F. Kennedy waarschuwde op 27 april 1961 in een toespraak tegenover de Amerikaanse pers voor het bestaan van geheime genootschappen in Amerika en in Europa, die op de achtergrond de financiële touwtjes in handen hebben en zich boven de wet wanen. Hij noemde geen namen, maar hij doelde op een genootschap bestaande uit de meest vermogende families, dat de Illuminati wordt genoemd. Deze schatrijke families maken op de achtergrond de dienst uit in het bankwezen. Niet alleen het bankwezen, maar ook over de militaire industrie hebben zij controle en toezicht. De Illuminati streven naar een nieuwe wereldorde, waarin de politieke, militaire en financiële macht volledig in hun handen terechtkomt. Om hun doel te realiseren, hebben ze naast de wapenindustrie een aantal belangrijke organisaties in handen. Een van de instituten die volledig onder controle van de Illuminati staat, is de Amerikaanse Centrale Bank, oftewel de Federal Reserve (FED). De eigenaar van de Amerikaanse Centrale Bank is niet de overheid, maar zijn de banken."

"Is John F. Kennedy door de Illuminati, vermoord?"

"Dat is voor mij een meer dan plausibele verklaring," zegt de professor. "De Illuminati hadden namelijk een sterk motief om de president te vermoorden, omdat hij hen met Executive Order nummer 11110 buitenspel wilde zetten. De macht van de FED zou zo worden verbroken en de Illuminati zouden de controle over het geldsysteem in het belangrijkste land ter wereld verliezen. Vervolgens hebben zij naar mijn overtuiging Lee Harvey Oswald ingehuurd om hem daarna weer door een andere moordenaar te laten ombrengen. Zo maakten ze van de moord op John F. Kennedy een groot mysterie, waar tot op de dag van vandaag geen duidelijkheid over bestaat."

"Hoe is de FED dan ooit aan de macht gekomen?" vraag ik.

"De Federal Reserve werd in december 1913, zéér tegen de zin van het Congres en het Huis van Afgevaardigden, opgericht. Dat gebeurde in het geniep, toen de meerderheden van het Congres en het Huis van Afgevaardigden op kerstverlof waren. President Woodrow Wilson bekrachtigde de oprichting nog vóór de verlofgangers terug waren gekeerd van hun kerstverlof, waardoor de oprichting van de FED een voldongen feit was en niet meer kon worden teruggedraaid. Zoals je al hoort, is destijds de overdracht van de macht om geld te scheppen aan een groepje inhalige bankiers verre van zuiver verlopen. Later zou president Wilson spijt krijgen van deze overhaaste bekrachtiging en hij heeft publiekelijk het volgende verklaard: ik ben een hoogst ongelukkig man, want onbedoeld heb ik mijn land geruïneerd. Een grote industriële natie is afhankelijk van haar geldsysteem; ons systeem is nu namelijk gecentreerd. Daardoor is de groei van onze natie en al haar activiteiten nu in handen gekomen van een paar mannen."

"Hoe hebben zij dan de macht?," vraag ik. De macht van de Illuminati intrigeert me enorm.

"Binnen een economisch systeem is het belangrijk wie er bevoegd is om geld uit te geven. Dat hadden John F. Kennedy en zijn staf al snel door. Die taak was tot dan toe exclusief voorbehouden geweest aan de FED. Door Executive Order nummer 11110, die in juni 1963 door de president is ondertekend, kreeg het ministerie van Financiën de mogelijkheid om zelf geld uit te geven, buiten de FED om. De nieuwe dollars werden uitgegeven op basis van de onderliggende waarde in zilver. De FED werd door de maatregel van Kennedy feitelijk buitenspel gezet als monopolist van het drukken van de Amerikaanse dollar. Dat is ook het motief van de moord op John F. Kennedy geweest in mijn ogen. Met één pennenstreek had John F. Kennedy zijn doodvonnis vastgelegd, omdat hij de FED met zijn wet buitenspel had gezet. De executie werd vijf maanden later op 22 november 1963 uitgevoerd in Dallas door Lee Harvey Oswald. De moordenaar werd enkele dagen later door Jack Ruby neergeschoten. Zo ontstond het mysterie rondom de moord op John F. Kennedy. In het regeringsvliegtuig dat het stoffelijk overschot van Kennedy naar Washington terugbracht, legde vice-president Lyndon B. Johnson de eed af. Een van de eerste presidentiële orders die hij heeft uitgevaardigd, was het ongedaan maken van Executive Order 11110, waardoor de Federal Reserve het recht op geldcreatie terugkreeg. Het niets ontziende genootschap de Illuminati had zijn macht weer teruggekregen.

Terra Nova heeft als doel om het recht om geld te scheppen weer bij de overheden neer te leggen. De overheid hoeft namelijk geen rente aan zichzelf te betalen en dat zorgt ervoor dat zij het volledige bruto nationaal product voor het eigen volk kan inzetten. In feite wordt de macht over het financiële systeem weer teruggegeven aan de mensen, zodat zij weer zeggenschap krijgen over hun eigen geld. Nu verdwijnt er veel geld naar rente en aflossing van de schulden bij private partijen. *Terra Nova* bereikt zijn doel door mensen bewust te maken van de misstanden in het huidige financiële systeem. Massaal verzet van burgers tegen het huidige systeem is de enige manier om het systeem te breken. Niets is bestand tegen de kracht van de massa, zelfs de Illuminati niet. We moeten ons overheidsbudget stoppen in onderwijs, zorg en armoedebestrijding in plaats van in rentebetalingen voor nationale schulden, die inmiddels tot astronomische bedragen zijn opgelopen. In de Verenigde Staten is de schuld bijvoorbeeld al zestien biljoen dollar en deze loopt elke seconde met vijfenveertigduizend dollar op. Kun je nagaan wat er maatschappelijk kan gebeuren als de rentebetalingen en aflossingen van schulden wegvallen om te kunnen investeren in burgers. We zijn momenteel beland in de eindfase van het systeem, waarin de Illuminati het voor het zeggen hebben. De wereld verwordt langzaam tot een chaos, waarin destructie en angst heersen. Na de bankencrisis is de kredietverlening stilgevallen, waardoor de reële economie knarsend tot stilstand is gebracht en het Westen in een armoedeval terecht dreigt te komen. Als reactie op de crisis is er een enorme afbraak van sociale verworvenheden gaande en raken mensen ontevreden. De macht van nationale regeringen is overgedragen aan één centrale dictatoriale regering in Brussel en aan de federale regering in Washington, die nauwe banden onderhouden met de Illuminati. Het wordt hoog tijd dat mensen zich bewust worden van wat er allemaal gaande is en hoe hun levens worden gemanipuleerd. Het verspreiden van deze boodschap is je voornaamste taak de komende jaren als lid van het genootschap *Terra Nova*! Kom, ik breng je naar het vliegveld."

Ik kan alleen maar stil zijn van wat ik heb gehoord. Dit is schokkend en beangstigend tegelijkertijd. Er is zoveel gaande omtrent de werkelijke macht op de achtergrond waar wij in ons dagelijks leven totaal geen weet van hebben. Landen hebben zich in een enorme nationale schuld gewerkt, waardoor ze de werkelijke macht uit handen hebben gegeven en aan de leibanden lopen van hun schuldeisers. Schokkend!

"Datgene wat in verleden werkte om succesvol en gelukkig te zijn, is in de nieuwe tijd uitgewerkt."

-42-

Voor mijn gevoel ben ik twee keer geboren: eerst als baby op een prachtige dag in Amsterdam, drieëndertig jaar geleden; en de afgelopen week nog een keer hier op Harvard University in Boston, als een kerel in de kracht van zijn leven. De geboorte duidt op een nieuwe periode in mijn leven, waarin ik ben verbonden met de vierde dimensie. Voor het eerst na al die tropenjaren, weet ik wie ik ben. Vanavond word ik geïnaugureerd als nieuw lid van *Terra Nova*. Dat voelt voor mij als de doop in een kerk, zoals ik vroeger als baby in Southampton ben gedoopt. Pas in het vliegtuig realiseer ik me echt wat er in de afgelopen dagen is gebeurd en hoe dit verblijf in Boston mij heeft gevormd. Ik voel me helder en wakker, alsof ik na drieëndertig jaar wakker word uit een oneindig lange droom. Ik ga mensen in Nederland helpen om zich bewust te worden van de manier waarop wij met elkaar en met de wereld omgaan. Pas als er meer mensen wakker worden, is de wereld te redden en kunnen we op een menswaardige wijze met elkaar leren omgaan. Met respect voor de aarde, voor het leven en voor elkaar. Er is op deze planeet voorlopig genoeg voor ieders behoeften, maar niet voor ieders hebzucht. We moeten een leefbare wereld aan onze kinderen en kleinkinderen achterlaten. Met de keuzes van nu bepalen we de toekomst van morgen. Alles hangt met alles samen.

Als mensen hun witte kern ontdekken, krijgen ze toegang tot

zichzelf en tot het werkelijke geluk, zodat ze alle bezittingen en status niet meer nodig hebben. Als mensen worden wie ze zijn, leren ze de waarde van het leven kennen en krijgen ze toegang tot de vierde dimensie. We lopen hier niet zomaar rond, maar hebben de plicht om anderen te helpen en om persoonlijk te groeien.

Professor Markowitz heeft me in de afgelopen dagen gevormd. Ik realiseer me hoe sterk mijn geest is en dat geeft me de rust en de energie die ik nodig heb om te strijden tegen de duistere machten in deze wereld. De Illuminati geven zich niet zomaar gewonnen daar ben ik zeker van. Toch kunnen ook zij niet op tegen de kracht van de massa. Onder de laag van hebzucht en streven naar macht zit bij ieder mens het goede verscholen. Het is mijn taak om het goede bij mensen omhoog te halen. Maar ik kan alleen de wereld en anderen veranderen door mezelf te veranderen. Als ik op een goede en zuivere wijze leef, kunnen anderen daaraan een voorbeeld nemen. Als door mijn toedoen maar één mens beter gaat leven en dat doorgeeft aan anderen, is mijn taak volbracht. Je hebt tenslotte maar één kaarsje nodig om de wereld in brand te steken. De basis van mijn missie is de kracht van het verlangen dat de vierde dimensie aan het werk zet, gelijkgestemde geesten aantrekt en het toeval in mijn voordeel laten werken. Dat is, naast het beheren van het kapitaal van het genootschap, mijn belangrijkste taak binnen *Terra Nova*. Nu ik mezelf heb leren kennen, ontdek ik een diep verlangen om te strijden voor het goede. Ik heb nooit geweten dat mijn persoonlijke drive zo krachtig kan zijn. Na een avondmaaltijd wordt het licht in het vliegtuig gedempt en val ik in een diepe slaap. Ik word pas een uur voor de landing op Heathrow International Airport in Londen wakker. Rond de klok van elf uur plaatselijke tijd loop ik met mijn koffer naar de taxistandplaats. Daar neem ik plaats in een hoge, typisch Engelse taxi en geef de chauffeur het adres waar ik me van professor Markowitz moest melden. Londen is een totaal andere stad dan Boston; het verkeer is hier chaotischer en iedereen rijdt links. De panden zijn ouder en London heeft een groot en modern zakencentrum. We rijden rechts langs het financial district, waar praktisch alle grote banken ter wereld een indrukwekkend, veelal glazen kantoor hebben. Dit is een van de thuishavens van de Illuminati. Voor mijn werk ben ik hier vaak geweest om nieuwe, verpakte derivaten uit te leggen en aan pensioenfondsen te verkopen, in de tijd dat alles goud werd wat ik aanraakte.

London is op dit tijdstip één grote file, zodat de taxi tergend langzaam zijn weg moet vervolgen. Na een paar kilometer filerijden richting de Theems, slaan we linksaf en rijden we een buitenwijk van Londen in. Aan de verpaupering en de graffiti op de muren te zien, rijden we door een achterstandswijk. Het vuil ligt op de grond en allerlei randfiguren hangen op straat. De muren van de oude, vervallen panden zijn veelal zwartgeblakerd door de jarenlange roetaanslag. De taxi slaat nog een paar keer af en de straten worden steeds smaller en donkerder. Er zijn hier maar weinig mensen op straat te zien en de buurt geeft me een ongemakkelijk gevoel. De taxi stopt bij een vervallen pand. 'Centre of Martial Arts' staat er op een kapotgeslagen en door de tijd aangetast neonpaneel boven de deur te lezen. Ik stap uit de taxi en vraag de taxichauffeur even te wachten. Het kan toch niet zo zijn dat professor Markowitz mij naar deze achterstandswijk in London stuurt? Wat heeft deze plaats met *Terra Nova* te maken? Bij het aangegeven adres bel ik drie keer aan. Aan de andere kant van de deur hoor ik tot mijn opluchting een gestommel. De deur gaat open en een man met kort geschoren zwart haar kijkt me vriendelijk aan. De man met een Aziatisch uiterlijk is gekleed in een zwart pak en loopt op slippers.

"Kom jij van Roy Markowitz?" vraagt hij.

Ik knik en reken eerst bij de taxichauffeur af. De man laat me binnen en loopt zonder iets te zeggen door de smalle, donkere gang naar de achterkant van het pand. Daar schuift hij een bamboescherm open en ik zie tot mijn verrassing een Japanse theetuin, compleet met bamboe, een Japanse grote gong en een laag houten tafeltje. Aan de muur hangt een groot papier met gekalligrafeerde tekens en een foto van een oude Japanner in traditionele, zwarte gevechtskleding. Waar ben ik in hemelsnaam terechtgekomen? De man die zich voorstelt als Akihito spreekt gebrekkig Engels en heeft een sterk Japans accent. Mijn nieuwsgierigheid neemt alleen maar toe. Zou Akihito een lid zijn van het genootschap? Zo vraag ik me af. Ik durf het hem niet te vragen.

"Welkom in de Japanse theetuin," zegt Akihito.

"Het is bijzonder om hier te zijn," antwoord ik.

Als we op de lage kussens hebben plaatsgenomen, komt er een traditioneel geklede Japanse vrouw binnengelopen met een dienblad gemaakt van bamboe. Al snel heb ik in de gaten dat ik een traditionele theeceremonie krijg aangeboden. Op het blad staan een ijzeren theepot, een met goudverf versierde lakdoos, twee gietijzeren kommetjes en een lange, dunne lepel. De vrouw zet het dienblad op de grond en zet twee gietijzeren kommetjes voor ons neer. Ze roert vervolgens met de lepel in de kommetjes groene poederthee. Uit de theepot wordt in een speciale pollepel heet water op het groene poeder gegoten en vervolgens gebruikt de vrouw een soort klopper van bamboe om het groene poeder tot een schuimige, groene thee op te kloppen. Akihito buigt bij de ontvangst van de thee en zet de kom op de palm van zijn linkerhand. Vervolgens draait hij met drie korte bewegingen van zijn hand de gietijzeren kom thee met de klok mee. Ik volg zijn voorbeeld en daarna verlaat de Japanse vrouw met een diepe buiging de ruimte en kunnen wij van onze thee genieten. Ik kan de smaak van de groene thee niet echt thuisbrengen.

"Vanavond gaan we je inwijden bij *Terra Nova*," zegt Akihito. "Voordat we het ritueel starten, is het belangrijk dat je begrijpt dat ons lichaam en onze geest één zijn."

Ik knik. Deze informatie had ik al van de professor meegekregen.

"Je geest is leidend en stuurt de vierde dimensie," zegt Akihito. 'Mensen moeten gaan beseffen dat we zacht van buiten zijn en krachtig van binnen. Dat is onze natuurlijke staat van zijn. Pas dan verliest je ego terrein en ben je bereid om anderen te helpen en krijg je interesse in de medemens en in de wereld. Bij veel westerse mensen werkt dit momenteel andersom. Ze zijn hard van buiten, wat zichtbaar leidt tot een grote mond en een agressieve levenshouding, waarbij je alleen op eigenbelang uit bent. Ze zien de wereld als een spel met winnaars en verliezers. De mensen die sterk door ego worden gedreven, lijken de winnaars in onze maatschappij te zijn, omdat ze door hun assertieve houding vaak de vooraanstaande posities bekleden. In werkelijkheid hebben ze hun ego's opgeblazen en zijn ze vooral in zichzelf geïnteresseerd. Achter die uiterlijke zelfverzekerdheid zitten vaak angst, onmacht en onzekerheid. Veel van de ego gedreven mensen zijn diep ongelukkig, omdat de werkelijke verbinding met zichzelf en met de wereld ontbreekt. Ze hebben geen weet van de vierde dimensie en blijven hun leven lang zoeken".

De Japanse vrouw komt binnen om nogmaals thee bij te schenken en Akihito praat honderduit over het genootschap. Hij vertelt over de mores die binnen *Terra Nova* gelden. Ik maak samen met Akihito plannen om *Terra Nova* in Nederland op te zetten en hij geeft me goede en bruikbare tips. De belangrijkste aanwijzing die ik deze middag oppik, is om over mijn verhaal een boek te schrijven om zo mensen in Nederland mee te nemen in het gedachtegoed van *Terra Nova*. Mensen moeten gaan begrijpen dat we niet verder kunnen gaan op de ingeslagen weg en dat verandering noodzakelijk is. Er moet een einde komen aan onze consumptiemaatschappij die slechts geënt is op bezit en groei. Het zijn mooie woorden in een rustige en ontspannen omgeving.

Als de groene thee is genuttigd en de theeceremonie is beëindigd, ga ik samen met Akihito naar buiten en lopen we de smalle, donkere steeg uit. Bij een drukkere doorgangsweg houdt de Japanner een taxi aan. Op mijn horloge zie ik dat het inmiddels vier uur in de middag is.

"Temple Church," zegt Akihito tegen de taxichauffeur en hij laat mij instappen.

"Ik zie je daar vanavond om klokslag acht uur," zegt hij.

De deur van de taxi wordt dichtgegooid en de chauffeur geeft gas. Wat een bijzondere man is Akihito bedenk ik me. Hij straalt zoveel wijsheid en kracht uit. De taxichauffeur rijdt langzaam door de smalle straatjes van de wijk, totdat hij de snelweg de A 3211 opdraait. Het is aan het vele verkeer te merken dat de avondspits al is aangebroken. We rijden stapvoets in de file, totdat we de 'Temple Avenue' opdraaien.

"Ik breng u naar de parel van Londen, mijnheer," zegt de taxichauffeur.

"Blijkbaar," antwoord ik. "Maar ik heb nog tijd om iets te

eten. Weet u een goed restaurant in de buurt van Temple Church?"

De chauffeur zet me rond kwart over vijf bij het restaurant Temple Brew House af en wijst me aan hoe ik bij Temple Church kan komen. Ik ben benieuwd wat mij vanavond allemaal staat te wachten.

"Pas als je het doorhebt, geloof je niet meer in toeval."

-43-

Temple Brew house is een typisch Engelse pub waar je uitstekend kunt eten. De bruine inrichting, de houten tafels en het lage plafond geven de pub een huiselijke uitstraling. Het is nog rustig in de pub zo vroeg op de avond, waardoor ik direct word geholpen. Aan de bar bestel ik de specialiteit van het huis en een glas *Tempale*. Dit is een donkerbruin Engels bier, waarvan wordt gezegd dat het oorspronkelijke recept nog stamt uit de tijd waarin de Tempeliers als genootschap actief waren. Een half uur later wordt het bord met 'fish en chips' voor me op de bar neergezet en raak ik met de barman in gesprek.

"Wat brengt je hier?" vraagt hij met een typisch, haast niet te verstaan plat Engels accent.

"Ik kom vanavond een bezoek brengen aan Temple Church," antwoord ik.

"Temple Church is vanaf vijf uur gesloten," zegt hij. "Daar kom je vandaag niet meer in. Waar kom je vandaan?"

"Uit Nederland."

"Jullie glorietijd is voorbij en het voetbal stelt niet veel meer voor," stelt de barman met een triomfantelijke lach.

Ik draai me van de barman weg en kijk naar het televisiescherm achter de bar, waar een Engelse voetbalwedstrijd opstaat. De wedstrijd kan me niet echt boeien, maar het is beter dan met de barman praten over het slechte voetbal in Nederland. In één teug drink ik mijn glas bier leeg.

"Er wordt gefluisterd dat Temple Church een geheim met zich meedraagt."

Als door een wesp gestoken draai ik me om en kijk vragend naar de grijnzende barman, die al ver in de zestig moet zijn.

"Wat voor een geheim?" vraag ik hem.

"Eerst nog maar een biertje?" vraagt hij.

Ik knik en de barman tapt mijn glas weer vol.

"Temple Church, het is een vreemde plaats," zegt de barman. "Al eeuwenlang wordt er generatie op generatie over het geheim van de Tempeliers gefluisterd", zegt de man.

Hij komt met zijn hoofd dichter naar mij toe, waardoor ik zijn slechte adem kan ruiken.

"Eeuwenlang heeft er in de ronde kapel van de kerk een manshoog schilderij gehangen uit het jaar 1463. De titel van het schilderij was 'Dans des doods'. Op het schilderij stond de volgende tekst: ik roep een ieder op mee te dansen; de paus, keizer en alle schepselen, arm, rijk, groot en klein. Dans maar mee, want rouwen helpt niet! Je moet naar mijn pijpen dansen."

Zonder enige hapering spreekt de barman de tekst uit, alsof hij deze al duizenden keren heeft uitgesproken. Hij kijkt mij met een onderzoekende blik aan.

"Luister goed mijn vriend. Het schilderij is begin deze eeuw op een mysterieuze wijze verdwenen, maar de Tempeliers liggen nog altijd in de ronde kapel. Niemand weet wat er met het schilderij is gebeurd. Maar dat is niet het enige mysterie."

De barman buigt zich voorover en begint te fluisteren.

"In Temple Church...," zegt hij langzaam en nadrukkelijk, "komen de dood en het leven op één plek samen. Op deze plaats kun je in contact komen met het dodenrijk. Er komen

zelfs mensen hierheen om contact te maken met de doden."
Dat moet iets met de vierde dimensie te maken hebben, bedenk ik me. Daar komen het heden, verleden en de toekomst samen en daar is geen verschil tussen leven en dood. De barman heeft me nieuwsgierig gemaakt en ik ben nieuwsgierig naar wat ik daar vanavond aantref. Ik eet mijn bord leeg, reken bij de barman af en loop de pub uit. Buiten haal ik diep adem en schud mijn hoofd. Wat een bizar gesprek! Wat heeft de dood met Temple Church te maken en waarom is het schilderij van de dood verdwenen? Ik loop in de richting van de kerk. Op mijn horloge zie ik dat het pas zeven uur is. De zon staat laag aan de hemel en er heerst een ongemakkelijke stilte in de geplaveide straten rondom de oude kerk.

Ik loop door de poort naar het plein van Temple Church. De kerk bestaat uit een kruisvorm met een ronde toren op de kop, die lijkt op een wachttoren van een kasteel. Op het plein voor de kerk staan, hoog op twee stenen pilaren, beelden van Tempeliers op hun paarden, waardoor de ontstaansgeschiedenis van deze kerk zich naast de naamgeving niet moeilijk laat raden. Op het plein voor de kerk zijn vijf mensen die zichtbaar staan te wachten. Ik loop naar het bordes bij de ingang van de kerk. Het hek is gesloten, zodat er niets anders opzit dan tot acht uur te wachten, zoals Akihito mij had opgedragen en wat de andere vijf mensen ook lijken te doen. De contouren geven de kerk een mysterieuze uitstraling. Het is een plaats waarvan ik instinctief weet dat deze bijzonder is. Er komen langzaam meer mensen het plein opgelopen en ook zij wachten op wat er gaat komen, zodat we rond acht uur met zeker vijftien verschillende mensen zijn die stilzwijgend voor het hek van de kerk staan, zonder ook maar een woord te wisselen. Om exact acht uur gaan de met koper beslagen deuren van de hoofdingang van Temple Church open en komen er drie mannen naar buiten gelopen, die ieder een witte lange pij dragen met een rood tempelierskruis op de borst. Met een statige, langzame tred loopt het drietal de trap af en komen ze naar het hek toegelopen. Een van de mannen herken ik als Akihito. Vanuit de kerk is een vaag gezang te horen. De mannen maken met een sleutel het ijzeren hek open en de mensen op het plein lopen stilzwijgend naar het hek. Onze namen worden voorgelezen, waarna we een voor een door het hek naar binnen mogen en het hek na de laatste naam wordt afgesloten. De mannen gebaren de groep om hen te volgen. Zijn dit allemaal mensen die voorbestemd zijn om lid te worden van het genootschap? Aan hun uiterlijk te zien, komen ze uit verschillende landen en culturen.

We lopen de trap op naar de hoofdingang van Temple Church. Ik zie dat de kerk aan de buitenkant prachtig is versierd met beelden, symbolen en versierselen, uitgehouwen in steen. Het hoge vrouwengezang dat vanuit de kerk klinkt, wordt helderder en ik probeer door diep adem te halen de controle over mezelf terug te krijgen. Bij de ingang van Temple Church blijven de mannen stilstaan en doen ze een stap opzij om ons naar binnen te laten. De kerk is verlicht met honderden kaarsen, die het geelwitte binnenschip van de kerk doen oplichten alsof het van goud is. De kerk is onbeschrijfelijk mooi gedecoreerd met talloze hoge, gotische bewerkte bogen en een prachtig gedecoreerd plafond. Er ligt een roodfluwelen loper op de vloer en op een verhoging vooraan in de kapel, staat een groot stenen altaar, dat is bedekt met een wit kleed waarop een groot rood tempelierskruis is aangebracht. Op het altaar staat een bloemstuk met prachtige witte lelies. In de kerkbanken zitten mensen met witte pijen over hun kleren aangetrokken met daarop een rood tempelierskruis. Het moeten er, zo snel te tellen, ongeveer vijftig zijn. Ze kijken stilzwijgend toe. Met op de achtergrond de hoge vrouwenstemmen die traditionele Keltische liederen zingen, is het alsof ik in een wonderschone film ben beland. Ook de rest van de groep mensen is zichtbaar onder de indruk van het schouwspel. Het vrouwenkoor houdt op met zingen en ineens is het stil. Hier en daar hoor ik zachtjes gekuch.

"De novieten van *Terra Nova* zijn gearriveerd," hoor ik een zware mannenstem door de kerk galmen. Akihito wenkt de groep om hem te volgen en op de kerkbanken voor het altaar plaats te nemen. Er galmt drie keer een kort trompetgeschal door de kerk en alle aanwezigen gaan staan. De novieten volgen het voorbeeld van de aanwezigen. Vanuit de ronde kapel komen drie vrouwen aangelopen, ook zij dragen een witte pij met een rood tempelierskruis op de borst geborduurd. Het is een bizar tafereel, dat zo van het filmdoek lijkt te zijn weggetrokken. De middelste vrouw, die tegen de zestig jaar oud moet zijn, neemt plaats op een stoel achter het hoofdaltaar, met voor zich het doek met het rode, gekartelde kruis. De andere twee zichtbaar jongere vrouwen gaan aan weerskanten van haar staan.

"Novieten van het genootschap *Terra Nova,*" hoor ik de vrouw met een heldere stem in de Engelse taal zeggen. "Jullie zijn geroepen en het toeval heeft jullie hier vanavond bijeengebracht. De wereld bevindt zich in een deplorabele staat en er is actie geboden om haar en daarmee de mensheid te redden. Ieder lid van dit genootschap heeft de taak om het bewustzijn bij de mensen te vergroten, zodat de massa in opstand komt tegen het huidige economische systeem, waarin alles lijkt te draaien om groei, hebzucht en geld verdienen. De wereld mag niet ten onder gaan aan onze hebzucht.
Jullie komen uit verschillende landen en hebben ieder in zijn of haar eigen land deze taak uit te voeren. Het toeval zal een-

ieder zijn of haar weg wijzen om deze taak te volbrengen. Vanavond worden jullie ingewijd in het genootschap *Terra Nova*. Vanaf morgen zien jullie levens er anders uit. Sta open voor toeval en signalen uit de vierde dimensie. Ons genootschap wordt geholpen vanuit het grotere geheel en heeft als doel om de verandering in deze wereld vorm te geven en de massa wakker te schudden. Jullie zijn de nieuwe lichtbrengers in deze verdorven wereld, waarin alles maar lijkt te draaien om macht en hebzucht. De macht over het geld scheppen en het financiële systeem moet weer teruggegeven worden aan het volk en hoort niet bij de private banken te liggen. Geld moet weer een middel worden in plaats van een doel en de macht van het geld is ondergeschikt aan de democratie. Alleen zo kunnen we aan een toekomstbestendige wereld bouwen waarin we de beschikbare middelen eerlijk verdelen."
Na deze woorden is het stil in de sprookjesachtige, verlichte kerk.

"Volg mij naar de koepel, waar de lichamen van onze voorvaderen liggen begraven. Ook zij vonden hun belangrijkste levenstaak in het beschermen van de zwakkeren in onze samenleving. Als zo dadelijk je naam wordt voorgelezen, loop je achter een van ons aan om je daarna te laten inaugureren in ons genootschap."

Een voor een worden onze namen voorgelezen. Aan de namen te horen, zijn het mannen en vrouwen van over de gehele wereld, die vandaag hier in London bijeen zijn gebracht om het netwerk van *Terra Nova* te versterken.

"Nicolas Peter Larson," klinkt de heldere vrouwenstem door de kerk.
Ik schrik. Het is mijn beurt om naar voren te komen om te worden geïnaugureerd als lid van *Terra Nova*. Voor mij uit

loopt Akihito, zoals elke noviet wordt begeleid door een lid van het genootschap. Dat was dus de reden dat ik vanmiddag voor de theeceremonie was uitgenodigd en eerst werd ondervraagd. Het was blijkbaar de laatste controleslag voordat ik zou worden toegelaten tot dit geheime genootschap, waarin de voorvechters van de nieuwe aarde zijn verenigd. Tijdens de loop naar de koepel begint het vrouwenkoor een prachtig, oud-Keltisch lied te zingen, waarbij ze wordt begeleid door een harp. Het is een surrealistische situatie, ik had niet gedacht dat een dergelijke bijeenkomst in het jaar 2009 nog zou bestaan. We lopen langs de kerkbanken naar achteren, totdat we ons exact in het midden van het ronde gedeelte van de kerk bevinden. Om ons heen liggen op de stenen vloer de grijze graftombes van tien Tempeliers. De stenen beelden die plat op de grond liggen, zijn onmiskenbaar ridders, compleet met versteende schilden en zwaarden. Op elk van de schilden staat een tempelierskruis en op de kleine zwarte borden aan de voet van de beelden staan in het wit de namen van de ridders te lezen. Zo zie ik de naam van Graaf Geoffrey de Mandeville, die gestorven is in het jaar 1144. Naast hem ligt William Marshal, die is gestorven in het jaar 1231. Beiden hebben hun zwaard in hun hand en dragen een schild.

Een onwerkelijk gevoel neemt van me bezit en het is net alsof ik hier al eens eerder ben geweest, ondanks het feit dat ik in Londen nooit meer dan het vliegveld en het financiële district heb gezien. Zo blijven we een paar minuten in stilte staan en ik laat de sfeer op me inwerken. De namen van de andere novieten worden hardop voorgelezen en ook zij melden zich in de ronde koepel. Kathleen zou me hier eens moeten zien staan. Misschien zou ze weer trots op me zijn en het me vergeven. Maar mijn gedachten aan Kathleen worden onderbroken door een man en een vrouw die op een stenen graf van een Tempelier zitten en geamuseerd toekijken. Mijn adem stokt in mijn keel. Het zijn onmiskenbaar mijn ouders en ze lijken levensecht te zijn. Zou de barman dan toch gelijk hebben en komen in de Temple Church de dood en het leven echt bij elkaar? Het kan toch niet zo zijn dat mijn doodgewaande ouders hier springlevend aanwezig zijn?

"Papa, mama?," mompel ik.

"Een moedig mens is degene die durft te dromen en die vervolgens zijn dromen najaagt. "

-44-

De man steekt zijn hand naar me op. Net als ik naar hen toe wil lopen, zie ik vanuit de richting van het altaar in een rij twee mannen en drie vrouwen aan komen lopen en mijn ouders verdwijnen uit beeld. Ze dragen alle vijf een witte pij met een rood tempelierskruis. Ik weet nu dat mijn beide ouders bij de inauguratie aanwezig zijn. Achter de vijf volgen op drie meter afstand twee mannen: één met de zwaaiende wierookbol en één met een gouden Keltisch kruis voor zijn borst. Het Keltische kruis weerspiegelt het kaarslicht en lijkt daardoor op te lichten. Het gezelschap loopt, begeleid door het Keltische gezang van het koor, door de kerk in onze richting. Als ik niet beter wist, zou ik denken dat ik in een film terecht ben gekomen. De Keltische liederen en de prachtige harpmuziek gaan dwars door me heen.

Akihito heeft zijn armen kruislings voor zijn borst geslagen en staat in een licht gebogen houding naast me. De groep volgt zijn voorbeeld en iedere noviet slaat zijn armen kruislings voor de borst en buigt het hoofd. Uiteraard blijf ik niet achter. Hier gaat iets bijzonders gebeuren, dat voel ik aan alles.

De vijf gaan in een kring rondom de graftombes van de oude Tempeliers staan. De man met de rokende wierookbol stapt opzij en maakt plaats voor de laatste man. Pas nu heb ik goed zicht op het prachtig bewerkte, gouden, Keltische kruis dat hij bij zich draagt. Het gezang stopt en de stilte keert terug in de kerk. De man met het gouden kruis stapt naar voren en begint te spreken. Zijn zware stem klinkt galmend door Temple Church:

"Nicolas Peter Larson, Maria Frederica Solana, Britt Ekland, Helene Solange, Hiro Futsiyama, Zhong Liu Xin, Alexandra Phillipa Turcu, Hans Nick Palzen, Andrzej Smolarek, Ambra Berlini, Francois Arnoud Dupart, Celine Williams, Ronaldo di Mario, Maria Sofia Buchner en Jubèrt Pineau worden gegroet door alle aanwezigen van het genootschap *Terra Nova*. Wij zijn hier vandaag bijeen om jullie toetreding tot het genootschap in te zegenen. *Terra Nova* wordt versterkt met vijftien mooie mensen, bij wie het innerlijk licht is ontbrand. Vandaag hebben leden van het genootschap en onze geestelijke helpers uit de vierde dimensie zich verzameld in Temple Church om de feestelijke inauguratie van de honderd drie en dertigste lichting van ons genootschap mee te maken. Wij dragen allen het Keltische tempelierskruis bij ons als symbool voor de nieuwe aarde. Al vele eeuwen staat dit kruis symbool voor de vooruitgang en beschermt het de mensen die voor de goede zaak strijden. Na deze inauguratie beschermt dit kruis ook jullie in de strijd tegen de Illuminati om de verdere vernietiging van de aarde en de mensheid tegen te gaan."

Daarna moeten we een voor een knielen voor het aangezicht van de geestelijke helpers van het genootschap. Als mijn naam wordt omgeroepen, doe ik wat me wordt opgedragen en loop naar de plaats tussen de graven van de Tempeliers. Daar ga ik op mijn knieën zitten en buig diep mijn hoofd. Als ik op mijn knieën zit, voel ik dat het koude kruis tegen mijn voorhoofd wordt aangedrukt. Het grote moment is daar.

"Leg je rechterhand op je hart."

Ik volg de aanwijzing op.

"Leden van het genootschap *Terra Nova* en alle geestelijke helpers die hier vanuit de vierde dimensie vandaag aanwezig zijn, u wordt allen gegroet," hoor ik een zware mannenstem opzeggen. "Wij vragen voor Nicolas Peter Larson toestemming om toe te treden tot het genootschap *Terra Nova*. Laat degene die daar bezwaar tegen heeft zich nu uitspreken of voor eeuwig zwijgen."
Het blijft stil in de kerk en ik voel mij verlicht. Met een houten staf wordt er nu zeven keer op de grond getikt, terwijl de bol met wierook boven mijn hoofd zwaait.

"Nicolas Peter Larson," zegt de man op luide toon, terwijl het kruis nog altijd tegen mijn voorhoofd is aangedrukt. "Herhaal voor het aangezicht van de leden van het genootschap *Terra Nova* en al zijn geestelijke helpers in de vierde dimensie mijn woorden: *Ik Nicolas Peter Larson, vraag u allen om te worden toegelaten tot het genootschap* Terra Nova. *Mijn verdere leven zal ik ten dienste stellen aan de vooruitgang van deze wereld, aan het helpen van de zwakkeren in de samenleving en aan het bewust maken van mensen om op een duurzame wijze met planeet aarde om te gaan. Sober en standvastig zal ik mij aan deze taak wijden en daarbij als voorbeeld voor anderen dienen, waarbij niets anders dan de dood mij kan weerhouden van mijn taak. Hierbij zal ik trouw de aanwijzingen van mijn geestelijke helpers uit de vierde dimensie volgen, die in de vorm van toeval en ingevingen op mijn pad zullen komen. Ik zweer dat ik mij volledig voor mijn taak in zal zetten. Zo waarlijk helpe mij God almachtig!*"

Zin voor zin herhaal ik met kracht de zinnen van de man, terwijl het gouden kruis nog altijd tegen mijn voorhoofd is gedrukt. Daarna sta ik op en zet ik mijn handtekening in een zwart lederen boek, waarin al meer dan duizend handtekeningen van andere leden van *Terra Nova* staan opgetekend. Het is zeker dat ergens tussen al die handtekeningen ook de handtekeningen van Roy Markowitz en Renard de Veuster staan. Opnieuw klinken er exact zeven tikken van de stok door de kerk. Ik sta op, krijg een witte pij aangereikt met een rood tempelierskruis en word de kring uitgeleid. Daarna wordt de naam van Maria Solana omgeroepen en zij knielt in de kring tussen de graven neer. Zo gaat het bij elke noviet. De ceremonie raakt me en dat is zacht uitgedrukt. Alle pijn, die na het overlijden van mijn ouders en het verlaten van Kathleen in mijn lijf is ontstaan, komt eruit en het is alsof ik innerlijk word schoongespoeld. Het lijkt wel of ik uit mijn lichaam treed en in de vierde dimensie word opgenomen, terwijl alle andere novieten een voor een worden geïnaugureerd.

Nadat alle novieten lid zijn geworden van het genootschap *Terra Nova*, worden we door de overige leden gefeliciteerd en naar een kamer geleid waar we met elkaar een drankje kunnen nuttigen en kunnen napraten. De witte pijen zijn na de ceremonie uitgetrokken en zorgvuldig opgeborgen. De mensen komen werkelijk van over de hele wereld en de voertaal tijdens de borrel is Engels. Zo sta ik een tijd te praten met Maya Vlodicz, een vrouw van middelbare leeftijd uit Split, die in het dagelijks bestuur zit van de universiteit van Split. In de Balkan-oorlog was ze alles kwijtgeraakt. De universiteit was door tanks kapotgeschoten, haar huis was afgebrand en haar man was vermoord. Maar ze is niet bij de pakken neer gaan zitten en ik zie de vechtlust in haar ogen. Het is haar, na het eindigen van de Balkanoorlog, gelukt om met behulp van een buitenlandse beurs te gaan studeren aan de universiteit van Harvard. Daar maakte ze kennis met professor Markowitz en een paar jaar geleden is ze toegetreden tot het genootschap.

Ze helpt nu jonge studenten in Kroatië om zich bewust te worden van hoe we met onze wereld en met elkaar omgaan. Daardoor heeft ze veel invloed op de studenten die de volgende generatie beleidsmakers in Kroatië gaan worden. Dit is de strategie van *Terra Nova* die in elk land wordt toegepast. Stapje voor stapje werkt ook Maya mee aan het tot stand komen van een nieuwe aarde.

Bij het afscheid nemen, ontvangen alle nieuwe leden een inlognaam en wachtwoord voor de streng beveiligde website, waarop alle verdere informatie over het genootschap staat beschreven en waar we met elkaar in contact kunnen treden. Langzaam stroomt de kerk leeg en waaieren de mensen over Londen uit. Nergens in de kerk blijft een spoor achter van wat zich tijdens deze avond heeft afgespeeld. Alleen de zoetige wierooklucht blijft nog een paar uur hangen, maar zal morgen zijn verdwenen. Dan is de kerk weer het domein van de toeristen die de parel van Londen bezoeken en geen flauw idee hebben van ons genootschap. Van al die miljoenen toeristen die jaarlijks de kerk bezoeken, zal niemand weten wat er hier op deze avond voor een bijzonder ritueel heeft plaatsgevonden. Het is zelfs de vraag of iemand van al die mensen een flauwe notie heeft dat er nog altijd Tempeliers bestaan. Nadat ik mijn koffer uit het voorportaal heb gepakt, verlaat ik samen met een groepje leden en Akihito als laatsten de kerk. De zware met koper beslagen kerkdeur valt met een klik achter ons in het slot. Ik neem afscheid van Akihito. Daarna loop ik het plein af richting de Temple Church Street en ga op zoek naar een hotel. Pas morgenochtend vroeg gaat mijn vliegtuig naar Schiphol. Ik voel me door de emoties bekaf, maar tegelijkertijd licht in mijn hoofd. Misschien is het de jetlag die me parten speelt. Het eerste het beste hotel dat ik tegenkom, ga ik binnen. Het blijkt een klein familiehotel te zijn waar gelukkig nog een kamer vrij is. Bij een aardige, oudere dame check ik in. Op mijn kamer bel ik Kathleen om haar iets over vanavond te vertellen en haar deelgenoot te maken van de meest bijzondere avond uit mijn leven. Ze staat door de telefoon niet afwijzend tegenover me en dat geeft me nog meer hoop. Ik vraag haar om me morgen op Schiphol op te komen halen en tot mijn verrassing stemt ze toe. Daarna bel ik mijn neef Renard om verslag te doen van deze avond. Ik spreek met hem af om hem volgende week te bezoeken in de abdij om daar uitgebreid verslag van mijn reis te doen. Hij was het tenslotte, die deze reis financieel mogelijk heeft gemaakt. Met alle liefde draag ik aan hem de kennis over die professor Markowitz mij heeft bijgebracht.

Vanaf vandaag werk ik met toewijding en met al mijn energie aan het tot stand komen van een nieuwe wereld. De belangrijkste troef is om mensen ervan bewust te maken dat het zo niet kan doorgaan en dat we anders met elkaar en met planeet aarde om moeten gaan. We kunnen niet ongebreideld blijven doorgroeien, zonder moeder aarde grote schade te berokkenen, waarmee we het voortbestaan van de mensheid in gevaar brengen. Nadat ik voor de zoveelste keer het beeld van mijn ouders in de Temple Church voor mijn geestesoog heb laten passeren, val ik in het bed met een slecht matras toch direct in slaap.

Na een typisch Engels ontbijt met scrambled eggs houd ik voor het hotel een taxi staande en laat me naar Heathrow Airport rijden. Londen ga ik nooit meer vergeten en zeker na gisteravond niet meer. In mijn portemonnee zit mijn toegangscode voor de website van *Terra Nova*, die ik morgen direct ga bezoeken. Na het inchecken verlaat het vliegtuig Londen om precies half negen in de ochtend. Over ruim een uur land ik op Schiphol en zie ik voor het eerst in een maand Kathleen weer. Ik heb nog altijd last van een jetlag, waardoor ik boven de Noordzee mijn ogen sluit totdat de landing op Schiphol wordt ingezet. Eindelijk voel ik weer Nederlandse grond onder mijn voeten. Het lijkt wel of ik een half jaar ben weggeweest in plaats van ruim een week. Ik loop door de paspoortcontrole naar de bagageband en denk aan de afgelopen maanden en in het bijzonder aan wat er allemaal in de afgelopen week is gebeurd. Het is bijna niet voor te stellen dat dit allemaal toevallig op mijn pad is gekomen. Mijn leven is veranderd in een spannend jongensboek. Een onzichtbare hand heeft mij bij de arm genomen en mij op het juiste pad gezet. Eerst ben ik tot op de bodem afgebroken en langzaam word ik weer opgebouwd. Ik kom in Nederland terug als nieuw lid van het genootschap *Terra Nova*. Aan dit lot valt blijkbaar niet te ontsnappen. Als ik mijn bagage heb opgepikt, zie ik Kathleen al door het glas van de ontvangsthal staan en ik herken haar aan het suède jasje. Nadat ik de douane ben gepasseerd, geef ik Kathleen onwennig een knuffel. We zijn zolang samen geweest en toch voelt dit als de eerste afspraak met een blind date. In de koffiebar zie ik hoe mooi ze is en hoe ik het heb verkloot. Ik realiseer me hoe erg ik haar heb gemist en hoe graag ik wil dat het goed komt. Kathleen reageert gereserveerd op mijn enthousiasme. Alles heeft blijkbaar tijd nodig, maar het contact tussen ons is hersteld. Toch ben ik het gelukkige slachtoffer van een onbeschrijfelijk gevoel in mijn onderbuik dat me intens rustig en gelukkig maakt. Ik realiseer me dat ik als een man ben teruggekeerd die zijn plaats in de wereld heeft gevonden.

Kathleen kijkt me geamuseerd aan.

"Je bent veranderd, Nick."

"Ach, ik heet nog altijd Nick Larson."

"En toch ben je veranderd. Er hangt een waas van wijsheid over je heen en je hebt een onbekende aantrekkingskracht die ik niet onder woorden kan brengen. Vertel me je verhaal, ik ben benieuwd."

Die kans laat ik me niet ontnemen en ik vertel Kathleen alles over professor Markowitz, mijn ervaring met paarden en over de vele andere gebeurtenissen die ik in Boston heb meegemaakt. Ook vertel ik haar over *Terra Nova* en de inauguratie gisteravond in Temple Church.

"Met je gedachten en intenties van vandaag vorm je de wereld van morgen. "

-45-

Woorden hebben een ongekende magie. Ze belichamen iets wat al bestond voordat het een naam kreeg. Voor elk ding in onze wereld bestaat een woord en de woorden zijn sterk cultureel bepaald. Zo hebben Eskimo's wel zeventien verschillende woorden voor ijs, terwijl indianen die diep in het Amazonegebied leven, het fenomeen ijs niet kennen en daar dus geen woord voor hebben. Woorden hebben een bredere functie dan slechts naamgeving voor fysieke objecten. Ook verhalen die al rondzweven, zijn in woorden te vangen. Dat betekent dat elk boek en elk verhaal al bestaat, voordat ze in woorden op papier verschijnen. Het genootschap dat mijn leven nu bepaalt, bestond al voordat het werd opgericht en had zelfs al de naam *Terra Nova*. Hoe bijzonder zit alles toch in elkaar. Zo mijmer ik op een filosofische wijze over de betekenis van woorden, totdat ik word opgeschrikt door een piep van mijn mobiele telefoon. Deze waarschuwt me dat er zojuist een sms-bericht is gearriveerd. Ik zie op mijn scherm dat er een belangrijk persoonlijk bericht van het genootschap voor me klaarstaat. Ik sta op om mijn laptop uit de gang te pakken. Kathleen is nog niet thuis, maar we wonen na ruim drie jaar na mijn terugkomst uit Londen eindelijk weer samen. Uiteraard niet officieel, zodat we het geld dat Kathleen verdient niet direct hoeven af te dragen aan de schuldeisers. Kathleen heeft namelijk een baan gevonden in haar vakgebied antropologie bij het ministerie van Volksgezondheid en ze onderzoekt de gevolgen van de verstedelijking in Nederland. Hoewel ik nog altijd in de schuldsanering zit, zijn we ons leven samen weer aan het opbouwen. De flat in Amersfoort, waarin ik officieel nog woon, heb ik ingeruild voor het kleine, witte huisje op de Balistraat in Baarn dat Kathleen vorig jaar heeft gekocht. Baarn is een mooie, groene gemeente, waar ik urenlang door het bos kan dwalen om te filosoferen en om na te denken over mijn schrijfsels, die uiteindelijk over een jaar mijn tweede roman moeten vormen.

Zeker vier keer per jaar bezoek ik mijn neef Renard in de Abdij in Leuven. Daar filosoferen we en wisselen informatie uit hoe we met Terra Nova in Nederland en België kunnen samenwerken. Naast mijn werk als filosoof en auteur beheer ik het wereldwijde vermogen van *Terra Nova* op duurzame wijze. Ook het genootschap heeft financiële middelen nodig om zijn belangrijke taak te volbrengen. Als vermogensbeheerder gebruik ik mijn talenten als beurshandelaar en weet ik waar de kansen op rendement liggen, terwijl we toch duurzaam beleggen. Zo leef ik in twee verschillende werelden en dat bevalt me goed.

Er zijn meerdere malen per jaar inauguratiesessies in Londen, waarbij jonge, talentvolle mensen worden ingewijd in ons gedachtegoed. *Terra Nova* groeit gestaag verder om op een gegeven moment een kritische massa te bereiken, zodat de oude financiële structuren kunnen worden afgebroken en worden vervangen door een nieuw economisch systeem, zonder schulden en rentebetalingen. Zo zal de macht van de Illuminati tot op de bodem worden afgebroken.

Het is bijzonder te noemen hoe er in zo'n korte tijd met de

leden van het genootschap al zoveel resultaten zijn bereikt. Dat alles was niet mogelijk geweest zonder de nieuwe technologie, waardoor we wereldwijd continu met elkaar in verbinding staan via internet en social media.

Ik merk het aan de snel veranderende wereld om me heen. We staan aan de vooravond van grote veranderingen. Zo worden we ons in de komende decennia bewust van de vierde dimensie en gaan we door tijd en ruimte reizen. In een versneld tempo zal de mensheid zich ontwikkelen, simpelweg omdat er steeds meer bekend wordt over hoe de vierde dimensie werkt en hoe je toeval kunt sturen. Ook door de wetenschap wordt geleidelijk de vierde dimensie ontdekt en erkent. De voorhoede in de wetenschappelijke wereld is al bezig met de eerste publicaties over intelligent design, waarmee in wezen *Het Veld* wordt bedoeld.

Natuurlijk verandert de wereld niet op slag, maar de vooruitgang is onmiskenbaar. Langzaam brokkelt de macht van de Illuminati af, doordat meer mensen zich bewust beginnen te worden van het vieze machtsspel dat achter ons financiële systeem zit. In plaats van het overheidsbudget te besteden aan rentebetalingen over de schulden en aflossingen, kunnen overheden zich beter richten op onderwijs, zorg en armoedebestrijding. Ik pak mijn laptop uit mijn tas en ga naar de streng beveiligde website, waarop je alleen met behulp van een code kunt inloggen. Vanuit deze centrale website wordt het genootschap *Terra Nova* bestuurd. Slechts weinigen kennen het bestaan van het genootschap. Zelfs Google weet de geheel encrypted website niet te traceren. Via de website sta ik in contact met de toekomstige leiders van de politiek, universiteiten, media, bedrijfsleven en maatschappelijke organisaties wereldwijd. We inspireren elkaar vanuit het nieuwe denken, waarbij ecologie, spiritualiteit en ethiek hoog in het vaandel staan. Op de wereldkaart zie ik welke cellen binnen ons netwerk momenteel actief zijn en dat is met meer dan honderd cellen indrukwekkend te noemen. Steeds meer mensen krijgen het besef van de ernst van de toestand van planeet aarde. In tal van landen worden er handtekeningen verzameld om de politiek te dwingen de rol van het geld scheppen als overheid weer op te pakken en de private banken uit te schakelen. Sommige politieke partijen beginnen te begrijpen dat we een leefbare wereld moeten achterlaten voor onze kinderen en kleinkinderen. Het doel is nog niet bereikt. Daarvoor zijn meer medestanders nodig. Helaas is de realiteit van vandaag de dag nog verre van een nieuwe aarde: grondstoffen raken uitgeput en er worden oorlogen gevoerd om de nog resterende water-, voedsel-, grondstof -en olievoorraden. De aarde zal met een ongekend aantal natuurrampen reageren op de snelgroeiende milieuproblemen, zoals de uitstoot van CO2 en de ontbossing. Dat betekent dat we razendsnel het economische beleid moeten wijzigen. We kunnen mondiaal niet onbeperkt blijven groeien en de aarde verder uitputten tot we een opgebrande aarde met teveel mensen hebben. De natuur is niet bestand tegen de explosief groeiende en consumerende mensenmassa en gaat op haar eigen wijze wraak nemen. De eerste natuurrampen dienen zich al aan. Daarom propageren wij dat de huidige wereldproblematiek alleen vanuit een hogere dimensie kan worden opgelost. We gaan massaal contact met de vierde dimensie maken en gaan langzaamaan leren hoe we deze dimensie in ons leven kunnen toepassen. Over een aantal jaren zijn we helderziend, gaan we door de tijd reizen en hebben we onbeperkt toegang tot de hogere bewustzijnsniveaus. De *Homo Spiritus* is geboren en is bereid om vanuit een hogere dimensie naar de wereldproblemen te kijken.

Het is hoog tijd voor een radicale verandering. Daarom leren we mensen om hun welvaart op te geven in ruil voor welzijn en bewustzijnsontwikkeling. We slagen daar nog niet altijd in, maar de eerste resultaten zijn bemoedigend. Steeds meer mensen hebben genoeg van het stressvolle leven, waarin alles alleen maar draait om geld, macht en aanzien en de hoge prijs die wordt betaald in de vorm van stress en burn-out. Zodoende omsluit ons genootschap langzaam de samenleving met zijn tentakels. Dat gaat niet zonder slag of stoot en er is zeker tegenstand vanuit de bestaande gevestigde orde. Het genootschap wordt bedreigd door de Illuminati, die geen afstand willen doen van hun macht en geld. Ze worden daarbij gesteund door multinationals, die hun economische groeiperspectieven in gevaar zien komen. Maar ook bestaande overheden willen hun machtsposities niet kwijt en hechten aan de status quo. Vandaar dat we door tal van veiligheidsdiensten in de gaten worden gehouden en zelfs persoonlijk worden gevolgd, zoals dat bij terroristen gebeurt.

Hoewel we flink worden tegengewerkt, lukt het de bestaande machthebbers niet om ons genootschap te breken. Alle leden kennen het geheim van de kracht van de menselijke geest en zijn daardoor superieur. We worden daarin getraind en weten hoe we de wereld met onze aandacht en intenties kunnen sturen. Het volk wordt gesteund door nieuwe beleidsvoerders. Veel van onze leden bekleden sinds kort gezaghebbende posities die zich kenmerken als sleutelposities. Dat aantal neemt toe en gaat binnen een paar jaar een kritische massa bereiken. Ons genootschap zal de komende jaren verder in de bestaande machtsstructuren infiltreren en zo ons gedachtegoed heimelijk verspreiden om uiteindelijk de massa ermee te kunnen doordrenken. Als mensen eenmaal weten hoe ze de vierde dimensie in hun leven kunnen toepassen, worden de bestaande machtsstructuren verder gesloopt en kan de nieuwe aarde werkelijk ontstaan. Zo bereiken we ons doel zonder geweld en op een manier die niet te stoppen is, zelfs niet door de machtige Illuminati. Met deze opbeurende gedachte zit ik op de bank bij Kathleen thuis en hoor op de radio het prachtige nummer dat Edith Piaf ten gehore brengt: *Ne me quitte pas*. Ik sluit mijn ogen en geniet van de muziek. Dit is de melodie die Sarkov in een woud in Rusland ontdekte en die nu over de hele wereld ten gehore wordt gebracht. Ook mijn melodie is veranderd en als mens ben ik wijzer en authentieker geworden. Ik heb nu succes, maar op een andere wijze dan vroeger als beurshandelaar. Mijn voldoening haal ik uit het inspireren van jonge mensen die aan de vooravond staan om hun leidende rol in de maatschappij op te pakken. Veel jongeren zijn geraakt door het gedachtegoed van ons genootschap. Ze begrijpen dat ze de voorhoede vormen van een nieuwe renaissance, waarin we anders met geld, het financiële systeem, de aarde en met elkaar omgaan. Natuurlijk is dit idealistisch gedacht, maar wat is daar mis mee? Zij zien een wereld zonder schulden, waarin de middelen beter worden verdeeld en waarin er genoeg is voor iedereen.

Zo vul ik mijn rol als profeet in die mijn moeder ooit bij mijn geboorte voor ogen had. Het is bijzonder hoe een leven kan lopen en hoe mijn leven door het overkoepelende veld is gestuurd. Ik loop naar de boekenkast om mijn eerste pennenvrucht te pakken. Het boek is een verslag van mijn eigen levensverhaal geworden. Mijn eerste boek doet me denken aan vorige week, toen ik aanwezig was bij de inauguratie van de honderd zeven en zestigste lichting novieten. Ik besloot om voorafgaand aan de Temple Church een bezoek te brengen

aan het graf van mijn vader in Southampton. Daar stond ik voor het eerst sinds zijn overlijden op de Engelse begraafplaats. De enige verstoring van de stilte waren de grote regendruppels die op de voorruit tikten. Op de parkeerplaats van de begraafplaats was verder niemand anders aanwezig. Ik bleef nog even zitten en keek door de voorruit naar de grijze lucht. Een groep kraaien vloog over de parkeerplaats en nestelde in een oude eik die naast de ingang van de begraafplaats stond.
Ik verzamelde al mijn moed en duwde de deur van mijn auto open. Van de achterbank griste ik het eerste exemplaar van mijn eerste boek. Met een hoog opgestoken kraag van mijn jas liep ik door het toegangshek van de begraafplaats en sloeg daar direct rechtsaf. Honderd meter verderop lag het graf van mijn vader. De route erheen was als kleine jongen in mijn geheugen gegrift en ik liep er zonder weifeling naartoe. Op zijn grijze grafsteen stond: John Larson, geboren 2 november 1936, gestorven 15 maart 1978, te lezen. Ik legde het aan hem opgedragen boek op het verwaarloosde graf en dook extra diep in de kraag van mijn jas om mezelf te beschermen tegen de harde regen, die genadeloos de verlaten begraafplaats geselde.

"Papa," zei ik. "Dit boek heb ik voor jou geschreven. Ik heb het je vergeven dat je zo vroeg uit mijn leven bent verdwenen. Pas nu snap ik dat alles wat je overkomt een reden en een doel heeft. Toeval bestaat niet en ik begrijp dat. Ik hou van je."
Daarna pakte ik het papier uit mijn binnenzak en vouwde dit open. Hardop las ik de tekst van het papier voor, dat niet meer of minder is als het manifest van *Terra Nova*. De woorden klonken krachtig over de verlaten begraafplaats. Het zijn woorden die mijn vader zeker heeft gehoord en die hem trots maken op zijn zoon. De wind voerde de woorden met zich mee om ze te verspreiden over de hele wereld in al haar vier

dimensies. Het zijn woorden die voor altijd door zullen klinken in het almachtige universum.

Manifest Terra Nova

Wij zien een grootse toekomst voor ons.
Een toekomst waarin het financiële systeem,
ondergeschikt is aan ons moreel besef.

Waarin onze rijkdom even groot is als onze wijsheid.
En onze macht is afgestemd op gelijke kansen voor iedereen.

Wij hebben een wereld voor ogen waarin bezit wordt gedeeld en waar we in respect voor de natuur en voor elkaar samenleven.

We willen leven in een wereld, waarin schoonheid, geluk en gezondheid de boventoon voeren, en waar we in harmonie met onszelf en onze natuur leven.

Wij zien een wereld, waarin geen oorlogen meer hoeven worden gevoerd.
Omdat we begrijpen dat we alleen kunnen groeien door samen te werken.

Maar bovenal willen we leven in een wereld waarin elk individu, de kracht en het geluk van de vierde dimensie kan ervaren.

Zodat we uiteindelijk het hoogste doel van de mensheid kunnen bereiken, om uiteindelijk allemaal te worden wie we werkelijk zijn.

"Elke intentie zet Het Veld in beweging, of je dat nu wilt of niet."

Epiloog

Schrijven heeft te maken met het ordenen van chaos, iets zodanig rangschikken dat alles op de juiste plek komt te liggen. Je brengt licht in de duisternis en maakt iets wat onzichtbaar was toegankelijk voor anderen. Dat is in ieder geval het ambacht van een schrijver. Je wacht geduldig totdat je een verhaal uit *Het Veld* hebt opgepikt en vervolgens breng je het verhaal zo mooi mogelijk onder woorden.

Vandaag zit ik, Hans Peter Roel, op mijn verjaardag in een eetcafé in Amsterdam Zuid-Oost. We kijken uit op de voetbaltempel van Ajax en ik begroet mijn afspraak die net is binnengelopen. Arjan is een eind dertiger met een trendy baardje, een lange leren jas en een ontwapenende lach. Het was Arjan geweest die mij zeven jaar geleden op 7 juli 2007 de e-mail had gestuurd met de vergelijking tussen John F. Kennedy en Abraham Lincoln. De e-mail met het schijnbaar onoplosbare mysterie heeft mij de afgelopen zeven jaar niet meer losgelaten. De vergelijking tussen John F. Kennedy en Abraham Lincoln heeft mij bewust gemaakt van *Het Veld* om ons heen en van de wijze waarop onze levens worden gestuurd.

Toeval bestaat niet, dat is me inmiddels wel duidelijk geworden. De e-mail van Arjan was voor mij de aanleiding om als schrijver op zoek te gaan naar een nieuw verhaal. En zo ben ik na jarenlang zoeken eindelijk op het verhaal De vierde dimensie gestuit, dat bij mij binnenkwam op zo'n heftige wijze dat ik er niet meer van kon slapen. De vierde dimensie is een boek geworden waarin toeval, fantasie, werkelijkheid en hoop dwars door elkaar heenlopen. Het verhaal greep me naar de keel. In de loop van het verhaal ben ik onderzoek gaan doen naar wetenschappen die me eerst nauwelijks interesseerden. Daarbij werd het voor mij steeds duidelijker dat de wijze waarop we met de wereld omgaan niet langer houdbaar is. De ongebreidelde hebzucht moet stoppen, zodat de mensheid zichzelf uiteindelijk niet vernietigt. De aarde kan volgens wetenschappers niet meer dan negen miljard mensen herbergen en zeker niet als we zo extreem consumeren als in de westerse wereld gewoon is. We worden gedwongen om anders met elkaar en met moeder aarde om te gaan om als mensheid te kunnen overleven. De toename van natuurrampen is slechts een voorbode van wat ons nog te wachten staat. Om een nieuwe aarde te realiseren, moet ons financiële systeem omver worden gegooid en moet het recht om geld te scheppen weer bij democratisch gekozen overheden komen te liggen. De macht over het financiële systeem moet worden teruggegeven aan mensen, zodat zij weer zeggenschap krijgen over hun eigen geld. Zo kan het overheidsbudget worden gebruikt voor zorg, onderwijs en armoedebestrijding in plaats van rentebetalingen en aflossingen van onoplosbare overheidsschulden. Niet voor niets kwam John F. Kennedy tijdens het schrijven van dit boek prominent in beeld. Hij was de president die in 1963 al de verandering in ons systeem had willen inzetten. Hij wilde met Executive Order no. 11110 uit 1963 de macht om geld te scheppen weer terug bij de overheid leggen in plaats van bij de private onderneming de FED. Een van de theorieën luidt dat hij juist hierom is vermoord. Hoe logisch deze verklaring ook is, deze complottheorie is om duistere redenen nooit verder onderzocht door de FBI.

Hoe dan ook, ik werd mij tijdens het schrijven van dit boek ervan bewust dat verandering van het economische groeimodel noodzakelijk is. Het sterkste wapen dat we hebben om dit te realiseren is de bewustwording van het gewone volk over de nadelen van het huidige financiële systeem kenbaar maken. Alleen zo kan de macht van de Illuminati worden afgebroken. Want wie wil er niet meer geld voor zorg, onderwijs en armoedebestrijding in plaats van rente en aflossingen te moeten betalen over de enorme overheidsschulden? Hoe meer mensen zich ervan bewust worden dat ons systeem moet veranderen om te overleven, hoe beter het is. Met deze wetenschap begon ik met het schrijven van het manuscript De vierde dimensie. Dit verhaal is niet zomaar op mijn pad gekomen, maar heeft het doel om bij te dragen aan de bewustwording in onze samenleving.

Ik heb in de afgelopen jaren ervaren hoe *Het Veld* mijn leven stuurt. Toeval bestaat niet! Je gaat het pas zien als je het doorhebt, zei Johan Cruijff ooit. Deze stelling geldt zeker ook voor toeval. De bizarste uitingen van toeval, kruisten mijn pad in de afgelopen jaren tijdens de totstandkoming van dit boek. Zo kreeg ik "toevallig" de complottheorie van John F. Kennedy onder ogen en werd ik attent gemaakt op een ruilsysteem van tijd, waarin mensen elkaar diensten verlenen in ruil voor tijd. In deze lokaal georganiseerde systemen komt er helemaal geen geld meer aan te pas. De bankencrisis met alles wat daaruit is voortgekomen, maakte ik van heel dichtbij mee. Zo vielen alle puzzelstukjes ineen en ontstond dit boek. Telkens als ik vast dreigde te lopen met mijn verhaal, was er weer een nieuwe opening door iets wat ik las of iets wat tegen me werd gezegd. In ieder geval waren er teveel inspirerende momenten om dat toeval te laten zijn. Anders gezegd: gedurende het schrijven van dit boek heb ik afgeleerd om te geloven dat toeval bestaat. Bijna elk woord in dit boek leek te worden gestuurd door een onzichtbare hand die de regie over het verhaal had. Ik kreeg in het moment dat ik bezig was met mijn manuscript de juiste informatie door.

Het kan niet anders zijn dan dat er in de vierde dimensie blijkbaar krachten spelen die wij nu nog niet kunnen bevatten. In ieder geval ben ik door het schrijven van dit boek sterker gaan geloven in de flow van het leven en in het allesomvattende, intelligente veld dat de wereld lijkt te besturen. Het doel van ons leven hier op aarde is om in de flow van het leven te stappen en je te laten meevoeren door deze stroom. Dat is de basis om je ziel te laten rijpen en deze te ontwikkelen totdat je uiteindelijk verlicht bent. Boeddha was ooit zijn tijd ver vooruit. Door mee te gaan in de flow van het leven, ga je ervaren dat je 'per toeval' dingen en gebeurtenissen op je pad krijgt, waaraan je plezier kunt beleven of waarvan je als mens kunt groeien. Gebruik deze 'toevallige' ontmoetingen of gebeurtenissen goed en geluk is je deel. Als je daarentegen besluit om de flow te negeren en eigenwijs je eigen pad kiest, wordt het leven een stuk zwaarder. Niet voor niets raken zovelen van het pad af en belanden in een burn-out of in een depressie. De mens is nietig vergeleken met *Het Veld*.

Mijn tafelgenoot Arjan is ondertussen gaan zitten. Drie weken geleden, net na kerst, heb ik hem het manuscript toegezonden met het verzoek om dit verhaal te lezen. Vervolgens hebben we deze lunchafspraak gemaakt om zijn opmerkingen mondeling door te spreken. Die afspraak is op mijn verjaardag vandaag in Amsterdam Zuid-Oost. Ik roer door mijn cappuccino en luister naar het verslag van Arjan over *De vierde dimensie*.

"Het verhaal beschrijft de kern van de vierde dimensie Hans Peter," zegt hij. "Het is niet zomaar geweest dat ik je de vergelijking tussen John F. Kennedy en Abraham Lincoln heb gestuurd."

"Hoe kwam het dat je uitgerekend mij deze e-mail heb gestuurd?" vraag ik.

"Ik had je boek Ki gelezen en dat verhaal had me geraakt. Toen ik het boek Ki uit had gelezen, kreeg ik sterk het gevoel om je de vergelijking tussen de parallelle levens van John F. Kennedy en Abraham Lincoln op te sturen."

"Dank daarvoor," zeg ik. "Het heeft een proces in werking gezet waardoor dit boek tot stand is gekomen."

"Het is een bijzonder boek geworden, dat is me wel duidelijk," antwoordt Arjan. "Ik begrijp dat je meer mensen ervan bewust wilt maken dat ons huidige groeimodel is uitgewerkt. Het financiële systeem moet op de schop om de macht terug te geven aan het volk. Het economische model van ongebreidelde groei moet naar een model van duurzaamheid of misschien zelfs in de westerse landen naar stagnatie. We kunnen niet eindeloos blijven doorgroeien zonder dat we ernstige schade toebrengen aan de aarde, de natuur en uiteindelijk aan de mens zelf. Dat vind ik de belangrijkste boodschap uit je boek. We staan aan de vooravond van een nieuw tijdperk, waarin de menselijkheid terugkeert in onze samenleving. Jouw boek "De vierde dimensie gaat daaraan bijdragen.

Er worden steeds meer mensen wakker en misschien is het nog op tijd om een catastrofe te voorkomen."

"Dat is precies de reden waarom ik dit boek heb geschreven. Je hebt soms een andere melodie nodig om een verandering tot stand te brengen."

e-mail: info@nextcompany.nl

Facebook pagina: Vierde dimensie

Blijf op de hoogte van de laatste ontwikkelingen van het boek *De vierde dimensie*.

Kijk op de Facebookpagina: Vierde dimensie

De auteur

De missie van Hans Peter Roel (Soest, 1964) is om mensen wakker te schudden. Hij wil mensen laten ervaren dat levensgeluk binnen handbereik ligt en we gezamenlijk verantwoordelijk zijn voor een betere wereld. Niets of niemand is zo krachtig als wij met z'n allen bij elkaar.

Kijk voor meer informatie op:
www.hanspeterroel.nl
www.nextcompany.nl

N.E.X.T. Company

De visie van uitgeverij N.E.X.T. Company is boeken te publiceren, die een bijdrage leveren aan een betere wereld. Wij geloven dat mensen geïnspireerd kunnen worden door woorden en boeken van betekenis.

info@nextcompany.nl
www.nextcompany.nl

Boeken van deze auteur:

Ki, kracht van binnenuit
ISBN 978 90 79677 108

Ki werkboek
ISBN 978 90 79677 207

Ki voor Kinderen
ISBN 978 90 79677 115

Ki Running
ISBN 978 90 79677 337

Werkboek de Vierde Dimensie
ISBN 978 90 79677 320

Op zoek naar de hemel
ISBN 978 90 79677 351

Het geheim van mijn vader
ISBN 978 90 79677 405

Voor meer informatie:

website : www.nextcompany.nl

email : info@nextcompany.nl